刘乃忠　崔学森 主编

中国近代法制史料

崔学森　吴　迪 编

第七册

中华书局

目　　录

　　整理者按：伪满洲帝国司法协会编撰《满洲帝国六法》，全一册，定价金三圆三角，另有配送费三角，由伪满洲司法协会、新京满洲书籍配给株式会社和东京岩松堂书店发卖。第一版为康德七年十月五日印刷、十月十五日发行，本次整理底本为康德八年一月十日发行的第三版，现藏于日本国会国立图书馆。该馆中国全国图书馆文献缩微复制中心"中国文献珍本丛书"《伪满洲国史料》第 14 册中有全文影印。

　　本资料首页右上竖排"满洲司法协会编纂"字样，中央从上至下书有"满洲帝国六法（满文）"，其中"满"字上方从右向左横排"新制定"三字，另外"满洲帝"三字右侧竖排"（最新考案加除式）"文字，左下书有"新京满洲司法协会发行"字样。

　　本资料共分八编，分别为基本法、行政法、民事法、商事法、刑事法、警察法、税法专卖、诸法。

　　由于纸张偏薄、内容繁多、字体过小、印刷不清等原因，在点校整理本资料时，整理者主要参照了以下资料。

　　一、东亚经济调查局编《经济学全集第二十五卷·满蒙政治经济提要》（改造社，昭和七年）；

　　二、帝国地方行政学会编纂《满日对译·满洲国六法全书》（帝国地方行政学会发行，昭和九年六月一日）；

　　三、国务院总务厅情报处《满洲国大系（日文）第十三辑·满洲帝国组织法》（国务院总务厅情报处，康德元年五月）；

　　四、伪满洲司法协会编纂《满日对译·满洲帝国六法（全）》（新京岩松堂书店兴安社，康德四年十一月十八日）；

　　五、名古屋高等商业学校兴亚会编《日本民商法条数对照·满洲帝国民商法典（日文）》（名古屋高等商业学校兴亚会，昭和十五年六月五日）；

　　六、大同印书馆编辑部编《满洲帝国现行法令类纂（全五册）》（大同印书馆，康德八年六月十日改版第十版）；

　　七、伪满洲司法协会编纂《最新考案加除式·新制定满洲帝国六法（日文）》（新京满洲司法协会发行，昭和十六年十一月二十五日改订二十版）；

　　八、石川信之编辑《满洲帝国文官考试六法全书》（东京昭和书店，昭和十八年）；

九、国务院法制局编纂《满洲国法令辑览(全十六册)》(满洲行政学会,康德十年)。

伪满洲国是不被中国中央政府和多国承认的伪政权,其实质是日本在中国东北建立的殖民地。但是,与日本经营台湾和朝鲜殖民地不同的是,伪满洲国保留了形式上的独立。这样一来,与台湾和朝鲜殖民地通行或参照日本本土的法律体系不同,伪满洲国需要有自己"独立"的法律体系。因而,在伪满洲存在的短短十余年间,建立了相对完善的法律体系,颁布了包括宪法(政府组织法)在内的几乎所有重要法律,并且制定了相应的法令法规,保证其施行。而且,这些法律自制定后一直在不断地修订,直至抗战结束,这实属殖民地法体系中难得一见的光景。但是无论如何,伪满洲的法律体系的构建离不开日本的影响或左右。在"满日一体化"思想的指导下,伪满洲国的六法体系在法律规范和法律用语等方面,都与日本高度相似。伪满洲国政权不仅在立法过程中聘任日本人为顾问,如民法顾问为穗积重远和我妻荣,商法顾问为松本丞治和田中耕太郎,民事诉讼法顾问为池田寅次郎,刑法顾问为泉二新熊,刑事诉讼法顾问为小野清一郎;而且有些法令甚至在整体行文上都保留了浓厚的日语语法特征。

作为短时期内建立起来的一套相对完整的法律体系,尽管它带有殖民主义色彩,但其研究价值仍不容忽视,特别是在许多法律规范方面,参照了诸多当时日本的学说或判例,以中国旧有的习惯为依据,对在日本存有争论或疑义的问题进行了厘清。比如在不动产物权方面,以登记作为效力发生要件,从而将记载登记事项的登记簿视作具有公信力的文书。又如消灭时效完成的效果并非权利的消灭,而是意味着得以主张权利消灭的抗辩权的发生。此外,在法律形式上,伪满洲国一改日本将票据等法全部收入商法中的作风,将相关内容以数部单行法分别加以规范,形成了具有伪满洲国特色的法律体系。

目前,整理者尚未见到系统地梳理伪满各法律制定过程,以及其同日本对应法律相对比的研究,仅见小口彦太《满洲国民法典的编纂与我妻荣》(载池田温等编《日中文化交流史丛书 2:法律制度》,大修馆书店,1997 年),仍留有大量研究空白。

第一编　基本法

帝国组织法

满洲国建国宣言

（大同元年四月一日政府公报）

　　想我满蒙各地，属在边陲。开国绵远，征诸往籍，分并可稽。地质膏腴，民风朴茂。迨经开放，生聚日繁，物产丰饶，实为奥府。乃自辛亥革命，共和民国成立以来，东省军阀，乘中原变乱之机，攫取政权，据三省为己有，貔貅相继，竟将廿年。狼属贪婪，骄奢淫逸，罔顾民生之休戚，一惟私利之是图。内则暴敛横征，恣意挥霍，以致币制紊乱，百业凋零，且复时逞野心，进兵关内，扰害地方，伤残民命，一再败衄，犹不悛悔，外则蔑弃信义，开衅邻邦，反昧亲仁之规，专取排外为事。加以警政不修，盗匪横行，遍于四境。所至掳掠焚杀，村里一空，老弱沟壑，饿莩载途。以我满蒙三千万之民众，托命于此残暴无法区域之内，待死而已，何能自脱。今者何幸，假手邻师，驱兹丑类，举积年军阀盘踞秕政萃聚之地，一旦廓而清之。此天予我满蒙之民苏息之良机，吾人所当奋然兴起，迈进无前，以图更始者耳。

　　惟是内顾中原，自改革以还，初则群雄角逐，争战频年。近则一党专横，把持国政。何曰民生，实置于死；何曰民权，惟利是专；何曰民族，但知有党；既曰天下为公，又曰以党治国？矛盾乖谬，自欺欺人，种种诈伪，不胜究诘。比来内讧迭起，疆土分崩，党且不能自存，国何能顾？于是"赤匪"横行，"灾祲"荐告；毒痛海内，民怨沸腾；无不痛心疾首于政体之不良，而追思曩昔政治清明之会，直如唐虞三代之远，不可几及。此我各友邦共所目睹，而同深感叹者也。夫以二十年试验所得其结果一至于此，亦可废然返矣。乃犹讳疾忌医，怙其旧恶，藉词民意从违未可遏抑。然则从其所之，非浸至于共产，以自陷亡国灭种之地而不已。

今我满蒙民众,以天赋之机缘,而不力求振拔,以自脱于政治万恶国家范围之外,势必载胥及溺,同归于尽而已。数月来几经集合,奉天、吉林、黑龙江、热河、东省特别区、蒙古各盟旗,官绅士民详加究讨,意志已趋一致。以为为政不取多言,只视实行如何;政体不分何等,只以安集为主。蒙满旧时,本另为一国,今以时局之必要,不能不自谋树立,应即以三千万民众之意向,即日宣告与中华民国脱离关系,创立满洲国。兹特将建设纲要,昭布中外,咸使闻知。

窃维政本于道,道本于天。新国家建设之旨,一以顺天安民为主。施政必徇真正之民意,不容私见之或存。凡在新国家领土之内居住者,皆无种族之歧视、尊卑之分别。除原有之汉族、满族、蒙族及日本、朝鲜各族外,即其他国人,愿长久居留者,亦得享平等之待遇,保障其应得之权利,不使其有丝毫之侵损。并竭力铲除往日黑暗之政治,求法律之改良,励行地方自治,广收人才,登用贤俊,奖励实业,统一金融,开辟富源,维持生计,调练警兵,肃清匪祸。更进而言教育之普及,则当惟礼教之是崇,实行王道主义,必使境内一切民族,熙熙皞皞,如登春台,保东亚永久之光荣,为世界政治之模型。其对外政策,则尊重信义,力求亲睦。凡国际间旧有之通例,无不敬谨遵守。其中华民国以前与各国所定条约债务之属于满蒙新国领土以内者,皆照国际惯例,继续承认。其有自愿投资于我新国境内,创兴商业、开拓利源,无论何国,一律欢迎,以达门户开放、机会均等之实际。

以上宣布各节,为新国家立国主要之大纲。自新国家成立之日起,即当由新组之政府负其责任,以极诚恳之表示,向三千万民众之前,宣誓实行。天地照鉴,无渝此言。

即位诏书

（康德元年三月一日）

国务总理大臣　郑孝胥

民 政 部 大 臣　臧式毅

外 交 部 大 臣　谢介石

军 政 部 大 臣　张景惠

财 政 部 大 臣　熙　洽

实 业 部 大 臣　张燕卿

交 通 部 大 臣　丁鉴修
司 法 部 大 臣　冯涵清
文 教 部 大 臣　郑孝胥

奉天承运皇帝诏曰：我国肇基，国号满洲，于兹二年，原天意之爱民，赖友邦之仗义，其始凶残肆虐，安忍阻兵，无辜吁天，莫能自振。而日本帝国，冒群疑而不避，犯众咎而弗辞，事等解悬，功同援溺。朕以藐躬，乃承天眷，假我尺柄，授我丘民，流亡渐集，兴其讴歌，兵气潜销，化为日月。夫皇天无亲，惟德是辅，而生民有欲，无主乃乱。吁请正位，询谋佥同，敢不敬承天命。其以大同三年三月一日，即皇帝位，改为康德元年，仍用满洲国号。世难未艾，何敢苟安，所有守国之远图，经邦之长策，当与日本帝国协力同心，以期永固。凡统治纲要、成立约章，一如其旧。国中人民，利族各异，从此推心置腹，利害与共，无渝此言。有如皦日，无替朕命，咸使闻知。

回銮训民诏书

（康德二年五月二日诏书）

朕自登极以来，亟思躬访日本皇室，修睦联欢，以伸积慕。今次东渡，宿愿克遂。日本皇室，恳切相待，备极优隆。其臣民热诚迎送，亦无不殚竭礼敬。衷怀铭刻，殊不能忘。深维我国建立，以逮今兹，皆赖友邦之仗义尽力，以奠丕基。兹幸亲致诚悃，复加意知观察，知其政本所立，在乎仁爱，教本所重，在乎忠孝。民心之尊君亲上，如天如地，莫不忠勇奉公，诚意为国。故能安内攘外，讲信恤邻，以维持万世一系之皇统。朕今躬接其上下，咸以至诚相结，气同道合，依赖不渝。朕与日本天皇陛下，精神如一体。尔众庶等，更当仰体此意，与友邦一德一心，以奠定两国永久之基础，发扬东方道德之真义。则大局和平，人类福祉，必可致也。凡我臣民，务遵朕旨，以垂万禩。钦此！

组织法

（康德元年三月一日）

修正　康德元年十一月二九日、四年六月五日

朕承皇天眷命，即皇帝位，兹制定组织法，以示统治组织之根本。

朕当行使统治权,循守条章,厥罔有愆。

(国务总理、各部大臣副署)

朕承皇天眷命,行使统治大权,因时制宜,应国运之兴隆,期制度之完备。兹特依建国大义,补修组织法,以资循守,率由罔愆。

(康德元年十一月二十九日)
(国务总理、各部大臣副署)

朕深察世局之进运,广稽宇内之形势,兹念损益关于帝国统治之制度,愈伸国运,益固邦基之要,乃改定组织法条章,垂厥经制,用资循守。尔僚司众庶,克体朕意,赞翼勿怠。

(康德四年六月五日)
(国务总理、各部大臣副署)

第一章　皇帝

第一条　满洲帝国皇帝统治之。

帝位之继承再定之。

第二条　皇帝之尊严不可侵犯。

第三条　皇帝为国之元首,总揽统治权,依本法之条规行之。

第四条　国务总理大臣辅弼皇帝,任其责。

第五条　皇帝依立法院之翼赞行立法权。

第六条　皇帝依法律使法院行司法权。

第七条　皇帝为维持增进公共之安宁福利,或执行法律发布命令,或使发布之,但不得以命令变更法律。

第八条　皇帝为维持公安或防遏非常灾害,在不能召集立法院时,得经咨询参议府,发布有与法律同一效力之敕令。但此敕令应于下次会期报告立法院。

第九条　皇帝定官制任免官吏,并定其俸给。但依本法或法律特定者不在此限。

第十条　皇帝宣战、媾和并缔结条约。

第十一条　皇帝统帅陆海空军。

第十二条　皇帝授与勋章及其他荣典。

第十三条　皇帝命大赦、特赦、减刑及复权。

第二章 参议府

第十四条 参议府以参议组织之。

第十五条 参议府关于左开事项,承皇帝咨询,上奏其意见。

一、法律;

二、帝室令;

三、敕令;

四、预算及为预算以外国库负担契约之件;

五、与列国交涉之条约及合同,并以皇帝名所行之对外宣言;

六、其他重要国务。(康四・六、五本条中修正)

第三章 立法院

第十六条 立法院组织依法律另定之。(康四・六、五本条修正)

第十七条 所有法律预算及为预算以外国库负担契约之件,须经立法院之翼赞。(康四・六、五本条修正)

第十八条 立法院关于国务,得建议于国务院。(康四・六、五本条修正)

第十九条 立法院得受理人民之请愿。(康四・六、五本条修正)

第二十条 立法院由皇帝每年召集之,常会会期为一个月。但有必要时,皇帝得予展期。(康四・六、五本条修正)

第二十一条 立法院非有议员总数三分之一以上出席,不得开会。(康四・六、五本条修正)

第二十二条 立法院议事以出席议员之过半数决定之。可否同数时,则由议长决定之。(康四・六、五本条修正)

第二十三条 立法院会议公开之。但得依国务院之要求或立法院之决议为秘密会。(康四・六、五本条修正)

第二十四条 立法院所议决之法律、预算及为预算以外国库负担契约之件,由皇帝裁可公布施行。

立法院否决法律案、预算案或为预算以外国库负担契约之件时,具其理由,付诸再议。仍不改时,咨询参议府,决定其可否。(康四・六、五本条修正)

第二十五条 立法院议员关于院内之言论及表决于院外不负责任。(康四・六、五本条修正)

第四章　国务院

第二十六条　国务院掌理诸般行政。（康四·六、五本条修正）

第二十七条　国务院置国务总理大臣及各部大臣。

各部大臣关于主管事务任其责。（康四·六、五本条修正）

第二十八条　国务总理大臣及各部大臣，无论何时，得于立法院会议出席及发言，但不得加入表决。（康四·六、五本条修正）

第二十九条　关于国务之诏书、敕书、法律及敕令，由国务总理大臣及主管各部大臣副署之。（康四·六、五本条修正）

第五章　法院

第三十条　法院依法律审判民事及刑事之诉讼。但关于行政诉讼及其他特别诉讼，以法律另定之。（康四·六、五本条修正）

第三十一条　法院构成及法官资格，以法律定之。（康四·六、五本条修正）

第三十二条　法官独立行其职务。（康四·六、五本条修正）

第三十三条　法官除依刑事或惩戒裁判外，不得免其职，又不得反其意，停职、转官、转所及减俸。（康四·六、五本条修正）

第三十四条　法院之对审判决公开之。但有害安宁、秩序或风俗之虞时，得依法律或以法院之决议，停止公开。（康四·六、五本条修正）

第六章

（康四·六、五本章删除）

附则

第三十五条　本法自康德元年三月一日施行。（康四·六、五本条修正）

第三十六条　皇帝暂时得经咨询参议府，发布有与法律同一效力之敕令，定预算及为预算以外国库负担之契约。（康四·六、五本条修正）

第三十七条　无论用教令、院令及其他何等名称，从前之法令仍均有其效力。（康四·六、五本条修正）

附则　（康德元年十一月二十九日）

本令自康德元年十二月一日施行。

附则　（康德四年六月五日）

本法自康德四年七月一日施行。

帝位继承法

（康德四年三月一日）

我满洲帝国，赖日本帝国仗义援助，开斯洪业，奠斯邦基。以是朕自登极以来，仰体眷命所本，俯念国脉所系，所有守国之远，图经邦之长策，悉与日本帝国协力同心，以益敦两国不可分离之关系，发扬一德一心之真义，夙夜勤求，靡敢或懈。今兹制定帝位继承法，于继体付托之重，定厥法典，示诸久远大宝，俨然建中不易实。

日本天皇陛下保佑，是赖夫皇建有极，惟皇作极，裁成天道，辅相地宜。为民父母，仁以行其政，义以制其法，则重熙累洽覆焘之下，永懋君民一体之美。当与天地合其德，日月合其明也。凡为朕继统子孙及臣民者，深鉴肇兴之基，其所繇奠与。

受命之运，其所繇启，咸以朕抚绥万方、宵旰弗倦之心为心，聿修惟慎，钦戴勿替，垂统万年。必享无疆之休，克保长治之福。

（国务总理、宫内府大臣副署）

第一条　满洲帝国帝位由康德皇帝男系子孙之男子永世继承之。

第二条　帝位传帝长子。

第三条　帝长子不在，传帝长孙。帝长子及其子孙皆不在，传帝次子及其子孙。以下皆仿此。

第四条　帝子孙之继承帝位，先嫡出。帝庶子孙之继承帝位，以帝嫡子孙皆不在为限。

第五条　帝子孙皆不在，传帝兄弟及其子孙。

第六条　帝兄弟及其子孙皆不在，传帝伯叔父及其子孙。

第七条　帝伯叔父及其子孙皆不在，传最近亲者及其子孙。

第八条　帝兄弟以上于同等内，先嫡后庶，先长后幼。

第九条　帝嗣精神或身体如有不治重患或有重大事故时，得经咨询参议府，依前数条更易继承之次序。

第十条　继承帝位之次序，概依实系。

附则

本法自公布日施行。

人权保障法

（大同元年四月一日敕令第二号）

修正　康德元年三月敕令第一二号

兹制定《人权保障法》，著即公布此令。

（国务总理副署）

统治满洲帝国之皇帝，除战时或非常事变时外，准据本法之各条，保障人民之自由及权利，并定其义务，决罔有愆。（康元·第一二号前文修正）

第一条　满洲国人民，其身体之自由，不得侵害之。基于公的权力之制限，依法律所定。

第二条　满洲国人民，其财产权不得侵害之。基于公益上必要之制限，依法律所定。

第三条　满洲国人民，无论如何种族、如何宗教，均享国家平等之保护。

第四条　满洲国人民依法律所定，有参与国或地方团体公务之权利。

第五条　满洲国人民依法律所定，均有任为官公吏之权利，并负就其他名誉职之义务。

第六条　满洲国人民得遵法令所定之手续为请愿。

第七条　满洲国人民有受法律所定法官审判之权利。

第八条　满洲国人民若有依行政官署之违法处分被侵害其权利时，得遵法律所定，请求为之救治。

第九条　满洲国人民非依法令，任何名义不得命课税、征发罚款。

第十条　满洲国人民除反公益者外，得依共同组织保护，增进其经济上之利益。

第十一条　满洲国人民对于高利、暴利及其他一切不当之经济的压迫，均受保护。

第十二条　满洲国人民均有享用以国或地方团体公费所行各种施设之权利。

第十三条　本法自大同元年三月九日施行。

附则（康德元年三月一日敕令第一二号）

本令自康德元年三月一日施行。

法院组织法

（康德三年一月四日敕令第一号）

修正　康德四年三月敕令第三二号、四年十一月第三五三号、五年五月第一〇二号、九月第二三八号、六年四月第七八号、七年四月敕令第五七号

朕依《组织法》第四十一条，经咨询参议府，裁可《法院组织法》，著即公布。

（国务总理、司法部大臣副署）

第一编　法院及检察厅之组织并权限

第一章　总则

第一条　法院审判民事、刑事诉讼案件，并依法律所定，管辖非讼案件及其他案件。

第二条　检察厅掌管侦查及公诉之实行、刑事裁判之执行、指挥，并其他法令所定之事项。

第三条　法院分为左列四级。

一、区法院；

二、地方法院；

三、高等法院；

四、最高法院。

第四条　对区法院置区检察厅，对地方法院置地方检察厅，对高等法院置高等检察厅，对最高法院置最高检察厅。

第五条　司法部大臣为使处理地方法院或高等法院事务之一部，得于其管辖区域内之区法院或地方法院各设置分庭，并为使处理地方检察厅或高等检察厅事务之一部，得于其管辖区域内之区检察厅或地方检察厅，各设置分处。

为使常时处理分庭之事务，得用设置分庭之法院或邻近法院之审判官。

为使常时处理分处之事务，得用设置分处之检察厅或邻近检察厅

之检察官。

于前二项情形,选用审判官及检察官之权,属于国务总理大臣。(康五·第二三号本条修正)

第六条　法院置审判官,检察厅置检察官。

第七条　区法院之审判权由单独之审判官行使之。

地方法院之审判权,对于第一审案件,由单独之审判官行使之。第二审案件由审判官三人所组织之庭,依合议行使。

高等法院之审判权,由审判官三人所组织之庭,依合议行使之。

最高法院之审判权,由审判官五人所组织之庭,依合议行使之。

第八条　检察厅之权限由检察官行使之。

第九条　审判官依法律独立行使审判权。检察官对其职务之执行,承上司之指挥。

司法部大臣对于检察事务之执行,得指挥检察官。

第十条　有审判官二人以上之区法院,置监督审判官。地方法院、高等法院及最高法院各置院长。

地方法院、高等法院及最高法院得置次长。

第十一条　有检察官二人以上之区检察厅置监督检察官。

地方检察厅、高等检察厅及最高检察厅各置厅长。

地方检察厅、高等检察厅及最高检察厅得置次长。

第十二条　法院及检察厅各置书记官。

书记官于审问时莅场,掌理记录,保管卷宗,为通译或翻译执行其他法令所定之职务,并承上司之命,办理法院或检察厅之庶务。

第十三条　法院长、检察厅长、监督审判官及监督检察官,得使配属于各该院厅之高等官试补,临时处理书记官或执行官之事务。(康六·第七八号本条修正)

第十四条　区法院及区检察厅各置监督书记官。地方法院、高等法院、最高法院、地方检察厅、高等检察厅及最高检察厅各置书记官长。

第十五条　(删除)

第十六条　区法院置执行官。

执行官掌管裁判之执行及其他法令所定之事务。(康五·第二三八号本条修正)

第十七条　有执行官二人以上之区法院,置监督执行官。(康五·第二三八号本条追加)

第十八条　区法官置送达吏。

送达吏办理文件之送达及其他法令所定之事务。(康五·第二三八号本条追加)

第十八条之二　法院长、检察厅长、监督审判官、监督检察官、独任审判官及独任检察官,得使配属于各该院厅之委任官试补,处理书记官、执行官或送达吏之事务。

第十九条　法院及检察厅之设立、废止,并法院之管辖区域,以法律定之。

检察厅之管辖区域,与其对置法院之管辖区域同。

第二章　区法院

第二十条　区法院管辖左列民事诉讼案件之第一审。

一、诉讼标的之价额未超过二千圆之诉讼案件;

二、基于建筑物租赁关系之诉讼案件;

三、基于占有权之诉讼案件。(康五·第二三八号本条修正)

第二十一条　区法院管辖不属于他级法院管辖之刑事诉讼案件之第一审。(康五·第二三八号本条修正)

第二十二条　区法院除法律另有规定者外,管辖非讼案件。(康五·第二三八号本条修正)

第二十三条　区法院管辖之非讼案件中,登记及公证事务,得使高等官试补,及书记官公证事务,得使执行官分别处理之。(康五·第二三八号本条修正)

第二十四条　司法部大臣为使处理区法院登记事务之一部,得设置其分所。(康五·第二三八号本条修正)

第三章　地方法院

第二十五条　地方法院管辖左列民事诉讼案件之第一审。

一、不属于区法院管辖之诉讼案件;(康五·第二三八号本条修正)

二、破产案件。

第二十六条　地方法院管辖左列刑事诉讼案件之第一审。

一、重罪案件;

二、轻罪中情节繁杂且系禁锢以上之刑之案件。(康五·第二三八

号本条修正）

第二十七条　地方法院作为第二审,管辖左列案件。

一、对于区法院判决之控诉案件;

二、对于区法院判决以外裁判之抗告案件,但属于高等法院管辖者,除去之。(康五·第二三八号本条修正)

第二十八条　地方法院为审判第二审案件,设民事庭及刑事庭。

庭以审判官三人组织之,其中一人为审判长。

庭数由司法部大臣定之。(康五·第二三八号本条修正)

第二十九条　地方法院之庭行审判时,得限于候补审判官一人为其组织员。(康五·第二三八号本条修正)

第三十条　庭置庭长。

院长及次长应为庭长。

庭长应为审判长。庭长有事故时,由资深庭员应为审判长。(康五·第二三八号本条修正)

第四章　高等法院

第三十一条　高等法院管辖左列刑事诉讼案件之第一审。

一、内乱罪;

二、背叛之罪;

三、危害国交罪;

四、合于军机保护法之罪中重罪之罪;

五、暂行惩治叛徒法之罪。(康五·第二三八号本条修正)

第三十二条　高等法院作为第二审,管辖左列案件。

一、对于地方法院第一审判决之控诉案件;

二、对于地方法院以第一审所为判决以外裁判之抗告案件,但属于最高法院管辖者,除去之。(康五·第二三八号本条修正)

第三十三条　高等法院作为终审,管辖左列案件。

一、对于地方法院第二审判决及区法院判决之上告案件;

二、对于地方法院以第二审所为判决以外裁判之抗告案件;

三、对于区法院所为上告驳回裁定之抗告案件。(康五·第二三八号本条修正)

第三十四条　高等法院以终审所为之裁判而宣示法令之解释者,对于各该案件,羁束下级审。(康五·第二三八号本条修正)

第三十五条　高等法院设民事庭及刑事庭。

庭以审判官三人组织之，其中一人为审判长。

庭数由司法部大臣定之。（康五・第二三八号本条修正）

第三十六条　庭置庭长。

院长及次长应为庭长。

庭长应为审判长。庭长有事故时，由资深庭员应为审判长。（康五・第二三八号本条修正）

第五章　最高法院

第三十七条　最高法院作为第一审且终审，管辖大逆罪之刑事诉讼案件。（康五・第二三八号本条修正）

第三十八条　最高法院作为终审，管辖左列案件。

一、对于高等法院判决及地方法院第一审判决之上告案件；

二、对于高等法院以第一审或第二审所为判决以外裁判之抗告案件；

三、对于地方法院所为上告驳回裁定之抗告案件。（康五・第二三八号本条修正）

第三十九条　最高法院以终审所为之裁判而宣示法令之解释者，对于各该案件羁束下级审。（康五・第二三八号本条修正）

第四十条　最高法院设民事庭及刑事庭。

庭以审判官五人组织之，其中一人为审判长。

庭数由司法部大臣定之。（康五・第二三八号本条修正）

第四十一条　庭置庭长。

院长及次长应为庭长。

庭长应为审判长。庭长有事故时，由资深庭员应为审判长。（康五・第二三八号本条修正）

第四十二条　最高法院关于法令之解释，如为与前裁判相异之裁判时，须依联合庭之审判。

联合庭按照案件之性质，以民事庭或刑事庭之审判官全员，或以民事庭及刑事庭之审判官全员组织之。

院长因各该案件担任庭之请求，命依联合庭之审判，并定联合庭之组织。（康五・第二三八号本条修正）

第四十三条　联合庭之审判，非有组织员三分之二以上莅庭，不得行之。

院长应为联合庭之审判长。有事故时,由资深审判官应为审判长。（康五·第二三八号本条修正）

第六章　检察厅

第四十四条　各级检察厅于其对置法院管辖案件范围内,有第二条之权限。（康五·第二三八号本条修正）

第四十五条　司法部大臣得使高等官试补书记官及该地之警察官或宪兵军官,处理区检察厅、检察官应行之事务。（康五·第二三八号本条修正）

第四十六条　检察官遇有紧急必要,或法令另有规定时,于其所属检察厅管辖区域外,或对于不属其管辖之案件所为之侦查及其他行为,不因第四十四条之规定而失其效力。（康五·第二三八号本条修正）

第四十七条　最高检察厅、高等检察厅及地方检察厅管辖对于各直接下级检察厅所为不起诉处分之抗诉案件。（康五·第二三八号本条修正）

第二编　法院及检察厅之职员

第一章　审判官并检察官

第四十八条　审判官及检察官,就有左列之资格之一者,任用之。

一、司法科高等官适格考试,或可为审判官及检察官之司法科高等官登格考试及格者;

二、作为教授、教官,或荐任官之助教授,在建国大学、新京法政大学、国立大学哈尔滨学院或中央司法职员训练所担任法律学讲义三年以上者;

三、执行律师实务五年以上者;

四、在外国有为审判官或检察官之资格者。（康五·第二三八号本条修正）

关于前项第一款考试之事项,依敕令之所定。

第四十九条　有左列各款情形之一者,不任用为审判官或检察官。

一、被处禁锢以上之刑者;

二、禁治产人;

三、准禁治产人;

四、因惩戒之处分，被免官或褫夺律师资格而未复权者。

在外国受有前项各款情形之一之处分或宣告者，亦准于前项。

第五十条　初任用为审判官或检察官者，得暂作为候补审判官或候补检察官，令其勤务于区法院、地方法院、区检察厅或地方检察厅。

候补审判官及候补检察官，除法律另有规定者外，执行与其所勤务院厅之审判官或检举官同一之职务。（康五·第二三八号本条修正）

第五十一条　审判官及检察官为特任、简任或荐任。（康五·第二三八号本条修正）

第五十二条　最高法院长以特任审判官特派之。最高检察厅长以特任检察官特派之。

最高法院之次长及庭长、高等法院之院长及次长，经司法部大臣呈请，由国务总理大臣奏请，以简任审判官派之。最高检察厅之次长、高等检察厅之厅长及次长，经司法部大臣呈请，由国务总理大臣奏请，以简任检察官派之。

前二项以外之审判官及检察官，经司法部大臣呈请，由国务总理大臣奏请，以简任或荐任之审判官或检察官派之。（康五·第二三八号本条修正）

第五十三条　非任审判官五年以上者，不得派充高等法院审判官。非任审判官十年以上者，不得派充最高法院审判官。

第五十四条　有为审判官之资格者，任左列各款之职时，关于前条之适用，视为在审判官之职。

一、检察官；

二、司法部高等官；

三、军法官；

四、在建国大学、新京法政大学、国立大学哈尔滨学院或中央司法职员训练所担任法律学讲义之教授、教官或荐任官之助教授。

五、执行实务之律师。

有为审判官之资格者，在外国任审判官或前项第一款至第三款及第五款之职者，亦与前项同。（康五·第二三八号本条修正）

第五十五条　审判官及检察官不得为左列事项。

一、干与政治或加入政党或政社；

二、经营商业或为营利法人之重要职员。

审判官不得兼任行政官。（康五·第二三八号本条修正）

第五十六条　审判官及检察官被处禁锢以上之刑时，丧失其官。（康五·第二三八号本条修正）

第五十七条　审判官及检察官有左列各款情形之一时，退官。

一、届停年时；

二、依第六十一条第一项第三款及第四款之规定，被命休职已至满期时。

前项第一款之停年在最高法院之院长及次长，并最高检察厅之厅长及次长，为满六十三岁。在其他审判官及检察官，为满六十岁。（康五·第二三八号本条修正）

第五十八条　审判官及检察官有左列各款情形之一时，得免其官。

一、因残废或身体或精神之衰弱，不堪执其职务时；

二、有不良之嗜好，无矫正之希望时；

三、因伤痍疾病，不堪其职，或因其他正当事由呈请免官时。

依前项第一款或第二款免其官时，须预经法官考迁委员会之决议。（康五·第二三八号本条修正）

第五十九条　因司法行政上之必要，虽反审判官之意，得经法官考迁委员会之决议，令其转职。（康五·第二三八号本条修正）

第六十条　审判官或检举官有左列各款情形之一时，得命休职。

一、有刑事诉追或惩戒裁判之请求时；

二、因法院或检察厅废止，或其组织变更，兹无应派该院厅审判官或检察官之缺额时；

三、六月以上生死不明时；

四、因身体或精神之故障，三月以上不能执其职务时；

五、为兵役及其他特别公务，六月以上不能执其职务时。

前项休职之期间，在第一款之情形，为该案件于法院或法官惩戒法院系属中之期间，在第三款之情形为六月，在第四款之情形为二年，在第二款及第五款之情形为其事由存续中期间。（康五·第二三八号本条修正）

第六十一条　审判官及检察官除前五条情形外，非因惩戒处分，不得反其意免官、转官、转职、休职或减俸。但因司法行政上之必要，命检察官转职者，不在此限。（康五·第二三八号本条修正）

审判官及检察官除法律另有规定者，不得令其停止执行职务。

第六十二条　审判官及检察官被停止执行职务时，其期间中支给俸给之半额。（康五·第二三八号本条修正）

第六十三条　关于审判官及检察官惩戒之事项，以法律定之。（康五·第二三八号本条修正）

第六十四条　关于法官考迁委员会之事项，以敕令定之。（康五·第二三八号本条修正）

第二章　书记官

第六十五条　书记官为荐任或委任。

最高法院、高等法院、最高检察厅及高等检察厅之书记官长以荐任书记官，地方法院及地方检察厅之书记官长以荐任或委任书记官，其他书记官以荐任或委任书记官派之。（康五·第二三八号本条修正）

第六十六条　书记官长及监督书记官承上司之命，指挥监督书记官之司法行政事务。（康五·第二三八号本条修正）

第六十七条　关于书记官执行职务方法之事项，由司法部大臣定之。（康五·第二三八号本条修正）

第六十八条　（删除）

第三章　执行官

第六十九条　执行官为荐任或委任。（康五·第二三八号本条修正）

第七十条　监督执行官承上司之命，指挥监督关于司法行政之执行官之事务。（康五·第二三八号本条修正）

第七十一条　执行官于管辖其所属区法院之地方法院管辖区域内，行其职务。（康五·第二三八号本条修正）

第七十二条　关于执行官执行职务之事项，由司法部大臣定之。（康五·第二三八号本条修正）

第四章　送达吏（康五·第二三八号本章追加）

第七十三条　送达吏为委任。

第七十四条　送达吏于管辖其所属区法院之地方法院管辖区域内，行其职务。

第七十五条　关于送达吏执行职务之事项，由司法部大臣定之。

第五章　庭吏（康五·第二三八号本章修正）

第七十六条　法院及检察厅置庭吏。

庭吏为委任。（康五·第二三八号本条中修正）

第七十七条　庭吏服从审判官、检察官及书记官之命令，导引诉讼关系人并办理其他司法部大臣所定之事务。

第七十八条　有文件送达之必要而送达吏有事故时，得使庭吏送达之。

第七十八条之二　法院长、检察厅长、监督审判官、监督检察官、独任审判官及独任检察官，得使配属于各该院厅之委任官试补处理庭吏之事务。（康六·第七八号本条追加）

第三编　司法事务之处理

第一章　事务之分配并代理

第七十九条　司法年度自一月一日起至十二月三十一日止。

第八十条　地方法院、高等法院及最高法院之庭长并庭员之配置，由院长与次长及庭长协议，每年预定之。

第八十一条　法院之事务按照处务规程，在区法院则对各审判官，在地方法院则对各庭及各单独审判官，在高等法院及最高法院则对各庭分配之。

前项之事务分配方法，在区法院则由监督审判官，在地方法院则第一审案件由院长与次长协议，第二审案件由院长与次长及庭长协议，在高等法院及最高法院则由院长与次长及庭长协议，每年预定之。

第八十二条　法院之事务分配已经决定后，于该司法年度中不宜变更之。但事务分担显失均衡或审判官有疾病及其他不得已情形时，不在此限。

第八十三条　区法院之审判官中，因遇事故不能处理其担任事务者，由该法院之他审判官代理之。

前项之代理顺序，由监督审判官每年预定之。

第八十四条　如无依前条规定应为代理之审判官时，该管地方法院长与次长协议，得命地方法院审判官或该管内之区法院审判官代理之。

第八十五条　地方法院之审判官中，因遇事故不能处理其担任事务者，由该法院之他审判官代理之。

前项之代理顺序，对于第一审案件则由地方法院长与次长协议，第二审案件则由地方法院长与次长及庭长协议，每年预定之。

第八十六条　如无依前条规定应为代理之审判官时，地方法院长依前条第二项之区别,与次长或与次长及庭长协议,得命该管内之区法院审判官代理之。

第八十七条 高等法院之审判官中,因遇事故不能处理其担任事务者,由该法院之他审判官代理之。

前项之代理顺序,由高等法院长与次长及庭长协议,每年预定之。

第八十八条 如无依前条规定应为代理之审判官时,由高等法院长与次长及庭长协议,得命该管内之地方法院审判官代理之。

第八十九条 最高法院之审判官中,因遇事故不能处理其担任事务者,由该法院之他审判官代理之。

前项之代理顺序,由最高法院长与次长及庭长协议,每年预定之。

第九十条 如无依前条规定应为代理之审判官,由最高法院长与次长及庭长协议,得命高等法院审判官代理之。

第九十一条 司法部大臣遇区法院不能处理其事务之全部或一部之情形时,得使该管地方法院管内之他区法院代行其事务。

第九十二条 检察厅之事务按照处务规程,在区检察厅则由监督检察官对各检察官,在地方检察厅、高等检察厅及最高检察厅则由庭长与次长协议,对各检察官分配之。

第九十三条 检察厅长与次长协议,得自行处理该管内检察厅所管辖之事务,或使次长或该管内检察厅之他检察官处理之。

第九十四条 法院及检察厅之处务规程,由司法部大臣定之。

第二章 开庭

第九十五条 公判庭在法院或其分庭内开之。但有特别情形时,得经司法部大臣之认可,在管辖区域内之法院及其他处所开庭。

第九十六条 公判庭非有定数之审判官莅庭,不得开庭。

法院长认为必要时,得依审判长之请求,于定员外指定补充审判官,使其莅庭。

定员审判官遇有事故时,以补充审判官列入定员,完结该庭之审判。

第九十七条 停止公开公判之裁定,须开具理由宣告之。

虽停止公开公判,审判长得许可认为适当者在庭。

第九十八条 审判长于开庭中,有维持法庭秩序之权。

第九十九条 审判长得禁止有害法庭威严或秩序之虞者入庭,或令其退庭。

第一百条　审判长认为法庭秩序维持上有必要时，得将开庭中妨害审判或言动不当者看管至闭庭时。

第一百零一条　停止公开公判或依第九十九条之规定禁止入庭或命令退庭时，应连同其理由，记明于诉讼记录中。

其依前条之规定命为看管者亦同。

第一百零二条　第九十七条第二项及第九十八条至第一百条所规定审判长之权限，与单独审判官亦适用之。

第一百零三条　审判官、检察官、书记官及律师在公判庭执行职务时，均应服一定制服。

第三章　合议

第一百零四条　依合议行裁判时，应遵本法所定，由定数之审判官评议，以过半数之意见决定之。

第一百零五条　审判长召开合议，并综理其议事。

第一百零六条　行合议时，先由资浅审判官陈述意见，递至审判长为终。

审判官不得拒绝陈述意见。

第一百零七条　关于数额，如审判官之意见分三说以上，各不达过半数时，由最多额之意见，以此顺次算入其次额之意见，至达过半数为止。

关于刑事，如审判官之意见分三说以上，各不达过半数时，由最不利于被告之意见，以此顺次算入其次不利于被告之意见，至达过半数为止。

第一百零八条　合议不公开之。但得许高等官试补旁听合议之颠末，并审判官之意见及其多少之数，不得漏泄。（康五·第二三八号本条中修正）

第四章　司法事务之共助

第一百零九条　法院关于其事务之处理，依法律所定，互为辅助。

辅助之嘱托，除另有规定者外，对于应为其行为地之区法院为之。

第一百十条　检察厅关于其事务之处理，依法令所定，互为辅助。

第一百十一条　书记官、司法警察官吏并执行官关于各该事务之处理，依法令所定，互为辅助。

第四编　行政监督
第一章　司法行政之机关

第一百十二条　法院长及检察厅长掌管各该院厅之行政事务,区法院之监督审判官及独任审判官并区检察厅之监督检察官及独任检察官,掌管各该院厅之行政事务。

分庭之资深庭长、分处之资深检察官及庭长,掌管各该分庭、分处或庭之行政事务。

法院及检察厅之次长,辅佐各该院长或厅长之行政事务。

第一百十三条　法院长或检察厅长有事故时,由次长代理之。次长有事故时,由资深庭长或资深检察官代理之。

监督审判官或监督检察官有事故时,由资深审判官或资深检察官代理之。独任之审判官或检察官有事故时,由代理其司法事务之审判官或检察官代理其行政事务。

分庭之资深庭长、分处之资深检察官或庭长有事故时,由次席之庭长、检察官或审判官代理之。

第一百十四条　掌管行政事务者,应司法部大臣或上级监督官之咨询或命令,负陈述关于法制、司法行政及其他之意见并提出必要资料之义务。

第二章　监督权之行使

第一百十五条　行政监督权之行使,依左列规定。

一、司法部大臣监督所有法院及检察厅;

二、最高法院长监督该院,最高检察厅长监督该厅及下级检察厅;

三、高等法院长监督该院及其分庭,并管内之下级法院。高等检察厅长监督该厅及其分处,并管内之下级检察厅;

四、地方法院长监督该院及其分庭并管内之区法院。地方检察厅长监督该厅及其分处,并管内之区检察厅;

五、区法院之监督审判官或独任审判官监督该院及其分所。区检察厅之监督检察官或独任检察官监督该厅。

第一百十六条　司法警察官吏及其他因法令执行司法警察职务者,关于其职务之执行,服从司法部大臣及检察厅之监督。

第一百十七条　监督官如有废弛或侵越职务者,则加以儆告,使其勤慎。又如有行止不检者,则加以儆告,使其悛改。但儆告前应使该官吏申辩。

第一百十八条　依前条之儆告处分,概不妨对该官吏之惩戒诉追。

第一百十九条　司法事务之处理失当时,利害关系人得申告于司法部大臣及其他监督官,而促监督权之发动。但诉讼法及其他法令定有不服声请方法者,不在此限。

第一百二十条　行政监督权无论以如何方法,不得涉及审判或变动审判官之裁断。

附则

本法施行日期以敕令定之。(以康德三年六月敕令第八五号,自同年七月一日施行)

附则(康德四年三月十一日敕令第三二号)

本法自康德四年四月一日施行。

附则(康德四年十一月二十九日敕令第三五三号)

本法自康德四年十二月一日施行。

附则(康德五年五月十二日敕令第一〇二号)

本法自公布日施行。

附则(康德五年九月二十二日敕令第二三八号)

本法自康德五年十月一日施行。

附则(康德六年四月二十日敕令第七八号)

本法自公布日施行。

《法院组织法》施行法

(康德三年五月二十一日敕令第六七号)

修正　康德五年九月敕令第二三九号、六年四月第七九号

朕依《组织法》第四十一条,经咨询参议府,裁可《〈法院组织法〉施行法》,著即公布。

(国务总理、司法部大臣副署)

第一条　从前之地方法院、高等法院或最高法院所为案件之受理及其他程序,视为《法院组织法》所定之地方法院、高等法院或最高法院所为者。

从前之地方检察厅、高等检察厅或最高检察厅所为案件之受理及

其他程序,视为《法院组织法》所定之区检察厅、地方检察厅、高等检察厅或最高检察厅所为者。

第二条 依前条第一项规定,视为《法院组织法》所定之地方法院、高等法院或最高法院受理之案件,应由该法院完结之。

第三条 于《法院组织法》施行后,法院受理同法施行前发送之诉状、上诉状、抗告状或声请书,而依同法规定该法院如无该案件之管辖权时,应依职权以裁定移送于管辖法院。

第四条 曾为司法部法学校之教授或助教授者,关于《法院组织法》第四十八条第一项及第五十四条第一项之适用,视为曾为新京法政大学之教授或荐任官之助教授者。(康六·第七九号本条追加)

第五条 左列各员不拘《法院组织法》第四十八条之规定,暂得任用为审判官或检察官。

一、曾任推事或检察官者;

二、司法部高等官;

三、军法官;

四、县司法公署之审判官及检察官;

五、承审员;

六、荐任执行官;

七、法院或检察厅之荐任书记官。(康五·第二三九号、六·第七九号本条中修正)

第六条 虽不具备《法院组织法》第五十三条之要件者,亦暂得派充为高等法院或最高法院之审判官。(康五·第二三九号、六·第七九号本条中修正)

第七条 司法部大臣暂得令法院书记官掌管执行官之职务。(康五·第二三九号本条修正、六·第七九号本条中修正)

第八条 关于从前法院及检察厅以外司法机关组织权限之规定,除另有规定者外,不因《法院组织法》之施行失其效力。(康五·第二三九号本条修正、六·第七九号本条中修正)

附则

本法自《法院组织法》施行之日施行。

附则(康德五年九月二十二日敕令二三九号)

本法自康德五年十月一日施行。

附则（康德六年四月二十日敕令第七九号）

本法自公布日施行。

国家总动员法

（康德五年二月二十六日敕令第一九号）

修正　康德六年九月敕令第二三一号

朕依《组织法》第三十六条，经咨询参议府，裁可《国家总动员法》，著即公布。

（国务总理、治安部、民生部、司法部、产业部、经济部、交通部大臣副署）

第一条　本法当战时或事变为使在国防上最有效的发挥国之全力，统制运用人的及物的资源（包含资金）为目的。

第二条　本法所称总动员物资，系指左列各款所载者而言。

一、兵器、舰艇、航空机、弹药，其他类此之军用物资；

二、为国家总动员所必要之被服、粮食及饲料；

三、为国家总动员所必要之医药品、医疗机械器具，其他之卫生用物资及兽医用物资；

四、为国家总动员所必要之船舶、车辆、马匹，其他之输送用物资；

五、为国家总动员所必要之通信用物资；

六、为国家总动员所必要之土木建筑用物资及照明用物资；

七、为国家总动员所必要之燃料及电力；

八、前列各款所载物件之生产、修理、保存或运转所需之机械、器具、装置、原料及材料；

九、金或银之生金属、合金及以金或银为主要材料者；

十、除前列各款所载者外，以敕令指定之物资。

第三条　政府当战时或事变为国家总动员有必要时，得依敕令所定管理、使用或收用左列各款所载者之全部或一部。

一、生产或修理总动员物资之工场及事业场，并其附属设备；

二、得转用于前款所载工场之工场及其附属设备；

三、水陆空输送设备；

四、通信设备；

五、医疗卫生设备；

六、给水设备；

七、试验研究设备；

八、为生产、修理或贮藏总动员物资，或为供用于前列各款所载者所必要之土地及房屋、仓库，其他之工作物并其附属设备。

政府于使用或收用前项所载者时，得令供用其从业人。

第四条　依前条所收用者，归于不用而自收用之时起于五年以内公卖时，得由旧所有人或其承继人优先买受之。

第五条　前二条之规定于左列各款所载者之使用或收用，准用之。

一、工业所有权；

二、矿业权及租矿权；

三、关于使用水之权利。

第六条　政府当战时或事变为国家总动员有必要时，得依敕令所定，对于第三条第一项各款所载者之经营人限制或禁止其事业之一部或全部之废止或休止，或关于总动员物资之生产或修理为必要之命令或处分。

第七条　政府当战时或事变为国家总动员有必要时，得依敕令所定，对于第三条第一项各款所载者之经营人，关于其新设、扩张或改良为必要之命令或处分。

第八条　政府当战时或事变为国家总动员有必要时，得依敕令所定，使用或收用总动员物资。

第九条　政府为国家总动员有必要时，得依敕令所定，使以总动员物资之生产、贩卖、输入或供用为业者，保有该物资或其原料或材料之一定数量。

第十条　政府当战时或事变为国家总动员有必要时，得依敕令所定，对于经营重要事业者，命设定或变更关于事业之统制协定或命应从统制协定。

第十一条　政府当战时或事变为国家总动员有必要时，得依敕令所定，关于重要事业或营业，命设立以其统制为目的之组合或会社，或令既存之会社、组合、其他团体行其统制。

依前项规定所设立之组合为法人。

第十二条　政府当战时或事变为国家总动员有必要时，得依敕令所定，限制或禁止工业、事业或营业。

第十三条　政府当战时或事变为国家总动员有必要时,得依敕令所定,关于总动员物资之使用、消费、让渡、持有、保管或移动为必要之命令或处分。关于土地之使用或让渡亦同。

第十四条　政府当战时或事变为国家总动员有必要时,得依敕令所定,关于物价、运费、保管费、保险费、赁贷费,或类此之其他对价为必要之命令。

第十五条　政府当战时或事变为国家总动员有必要时,得依敕令所定,关于外国通货或以外国通货表示之债权,或债务之取得或处分,并对外国居住人之本邦通货或以本邦通货表示之债权,或债务之取得或处分为限制或禁止或为必要之命令。

第十六条　政府当战时或事变为国家总动员有必要时,得依敕令所定,命输出入或为其限制、禁止,或不拘关于关税之他法令之规定,为输出入税之赋课减免。

第十七条　政府当战时或事变为国家总动员有必要时,得依敕令所定,不拘关于内国税其他公租及公课之他法令之规定,为其赋课减免或征收犹豫。

第十八条　政府当战时或事变为国家总动员有必要时,得依敕令所定,对于银行其他金融机关,关于资金之运用或利息为必要之命令,或关于会社之设立,株金之缴纳、资本之增加、社债之募集,借入金之借入或利益之配当为限制或禁止。

第十九条　政府当战时或事变为国家总动员有必要时,得依敕令所定,关于公债之保有或公积金之增加为必要之命令,或关于存款之提取或有价证券之买卖为限制或禁止。

第二十条　政府依敕令所定关于国家总动员上重要之事业有必要时,得不拘他法令之规定,使募集社债或收用或使用土地。

第二十一条　政府当战时或事变为国家总动员有必要时,得依敕令所定,使帝国人民从事政府指定之劳务。

第二十二条　政府当战时或事变为国家总动员有必要时,得依敕令所定,关于从业人之使用、供用、雇入或解雇或劳务之对价或条件为必要之命令。

第二十三条　政府为国家总动员有必要时,得依敕令所定,对于学校或准此之施设或工场或事业场其他之经营人或管理人,关于技能人之养成为必要之命令。

第二十四条　政府为国家总动员有必要时，得依敕令所定，对于以供给劳动为目的之施设或企业为必要之命令。

第二十五条　政府得依敕令所定，关于为国家总动员所必要之技能人、劳动人，其他之劳务人之登录，对于劳务人及使用者为必要之命令。

第二十六条　政府得依敕令所定，对于总动员物资之生产或修理事业之事业主，或试验研究机关之管理人，命为国家总动员上必要之试验研究。

第二十七条　政府得依敕令所定，使国家总动员上重要事业之事业主设定关于当战时或事变对该事业应使实施之业务之计画，或关于该计画为必要之演习。

第二十七条之二　政府为国家总动员有必要时，得依命令所定，征取报告或派该管官吏临检必要之场所，检查业务之状况或账簿书类其他之物件。

第二十八条　因基于本法规定之收用、使用、管理其他之处分所生之损失，依敕令所定，由政府或事业主补偿之。

第二十九条　基于军需征发法之征发，不因基于本法规定之收用、使用、管理其他之处分而受妨碍。

第三十条　有左列各款情形之一者，处七年以下徒刑或一万圆以下之罚金。

一、拒绝、妨碍或忌避，依第三条规定之管理、使用、收用或供用者；

二、拒绝、妨碍或忌避，依第五条规定之使用或收用者。

第三十一条　有左列各款情形之一者，处五年以下之徒刑，或一万圆以下之罚金。

一、违反依第十五条规定之限制、禁止或命令者；

二、违反依第十六条规定之命令而不为输出入者；

三、违反依第十六条规定之限制或禁止，而已为或拟为输出或输入者。

于前项第三款情形，已为或拟为输出或输入之物品中，系犯人所有或持有者没收之。不能没收其全部或一部时，追征其价额。

第三十二条　有左列各款情形之一者，处五年以下之徒刑，或五千圆以下之罚金。

一、违反依第六条规定之限制或禁止，而为废止或休止者；

二、违反依第六条、第七条或第十三条规定之命令者；

三、拒绝、妨碍或忌避依第八条规定之使用或收用者；

四、违反依第十二条规定之限制或禁止者。

第三十三条　违反依第十四条、第二十一条或第二十二条规定之命令者，处三年以下之徒刑，或三千圆以下之罚金。

第三十四条　违反依第二十四条或第二十五条规定之命令者，处六月以下之徒刑，或五百圆以下之罚金。

第三十五条　有左列各款情形之一者，处一万圆以下之罚金。

一、违反第九条之规定而不为保有者；

二、违反依第十条、第十一条第一项、第二十三条或第二十六条规定之命令者；

三、违反依第十八条，或第十九条规定之限制、禁止或命令者；

四、违反第二十七条之规定，而不设定计画，或不为演练者。

第三十五条之二　懈怠依第二十七条之二规定之报告或为虚伪之报告者，或阻障该管官吏之职务执行者，处六月以下之徒刑、五百圆以下之罚金，或拘留，或科料。

第三十六条　公务员或曾在其职者，泄漏关于依本法之职务执行所得知之秘密时，处七年以下之徒刑。

第三十七条　执行依第十一条规定之命令而应行统制之组合、会社其他之团体业务之社员或职员，关于其职务收受贿赂其他之不正之利益、使供与他人或为要求或约束时，处二年以下之徒刑。因此而为不正之行为或不为相当之行为时，处五年以下之徒刑。

于前项情形所收受之贿赂，没收之。不能没收其全部或一部时，追征其价额。

第三十八条　对于前条第一项所载者，给与贿赂或为其要约或约束者，处两年以下之徒刑或五百圆以下之罚金。

第三十九条　使用人其他之从业员，关于本人之业务有抵触本法罚则之行为时，除罚该行为人外，并处罚本人。但本人如系心神丧失人或关于营业未具有与成年人同一能力之未成年时，则处罚其法定代理人。

第四十条 法人之使用人,其他之从业员,关于法人之业务,有抵触本法罚则之行为时,除罚该行为人外,并处罚执行业务之社会员或职员。

执行法人业务之社员或职员有前项之行为时,则处罚其社员或职员。

第四十一条 于第三十九条或前条第一项之情形,应受处罚之本人、法定代理人、社员或职员,如证明无法防止该违反行为时,则不罚之。

附则

本法施行之期日,以敕令定之。

(依康德五年五月敕令第一〇〇号,自同年五月十一日施行)

附则(康德六年九月敕令第二三一号)

本法自康德六年十月一日施行。

防卫法

(康德五年三月十日敕令第二〇号)

朕依《组织法》第三十六条,经咨询参议府,裁可《防卫法》,著即公布。

(国务总理、治安部、民生部、司法部、产业部、经济部、交通部大臣副署)

第一条 本法当战时或事变或非常事态,以维持安宁秩序,防止敌方各种攻击,特因依航空机之攻击而生之危害,或减轻因此之被害及使于军事上无障害为其目的。

第二条 本法所称防卫者,系指涉及全国或区划地境,就左列各款行其全部或一部而言。

一、以兵备所行之警戒;

二、即应于军所行防空之一般的防空;

三、即应于军所行警备之一般的警备。

第三条 防卫之实施,以防卫令宣告之。

防卫令应定防备之始期、地境、程度其他之要件。

第四条 防卫令依治安部大臣之呈报,由国务总理大臣发之。

有应涉及全国实施以第二条第一款为主之防卫之必要时,得以敕旨使全国防卫司令官发防卫令。

第五条　遽受敌之攻击,时机迫切无遑请命令时,得由其地之防卫司令官布告临时防卫之实施。但防卫之地境、程度、其他之要件,须止于必要之限度。

于前项情形,防卫司令官应速将其状势及事由,呈报于国务总理大臣及治安部大臣。

第六条　于防卫地境内为即应于军所行之防空或警备,而使军以外之人为消防、防毒、避难、救护其他之防护、灯火管制,及关于此等所必要之监视、通信、警报等一般的防空,并交通线其他之重要施设、资源之掩护、警戒等一般的警备所必要之事项,依防卫令之所定,由防卫司令官掌控之。

防卫司令官为行前项之事项,得发必要之命令。

第七条　于防卫地境内,关系军事或关于保安之行政,依防卫令之所定,由防卫司令官掌管其全部或一部。

于前项情形、于防卫地境内,有掌管权之地方行政官署之长应速承防卫司令官之指挥。

第八条　于防卫地境内,防卫司令官认为防卫上有必要时,得不拘他法令之规定为左列处分或行为。

一、限制或禁止集会、结社或多众运动;

二、限制或禁止新闻、杂志、文书图画、广告、通信等之发行或发卖颁布等,或没取之;

三、限制或禁止枪炮、火药、爆药、火工品、刀枪,其他之危险物之运搬授受或持有或没取之;

四、调查得供于军需之公有或私有之各种物件,有必要时限制或禁止其使用、消费、毁弃,其他之处分或移动;

五、不论昼夜,为检阅、检索或进入建筑物、车船等检查之;

六、使指定地域内之居住人或旅行人退去,或限制或禁止与外部之交通;

七、检阅或扣押邮便、电信,或限制或禁止通话、放送;

八、限制或禁止信号、暗号、隐语或秘密化学墨水之使用;

九、限制或禁止水陆之交通或航空;

十、限制或禁止发特定之音响;

十一、对于认为有紧急必要之部分,使停止送电或配电。

第九条　于防卫地境内，系军事之民事事件及系左列罪之刑事事件，得依防卫令之所定，由军衙为裁判。但就应俟告诉乃论之罪，不在此限。

一、刑法之罪中第二编；

第一章　对帝室罪；

第二章　内乱罪；

第三章　背叛罪；

第四章　危害国交罪；

第五章　渎职罪；

第六章　妨害公务罪；

第七章　脱逃及藏匿罪；

第十章　危害公安罪；

第十一章　危险物罪；

第十二章　放火及决水罪；

第十三章　妨害交通罪；

第十四章　污毒饮料水罪；

第二十二章　杀人罪；

第二十三章　伤害及暴行罪；

第二十六章　私捕及私禁罪；

第二十八章　奸淫罪；

第二十九章　胁迫及强制罪；

第三十五章　强盗及勒赎罪；

第三十九章　损坏罪。

二、暂行惩治叛徒法之罪；

三、暂行惩治盗匪法之罪；

四、《治安警察法》第十八条之罪。

对于前项系民事事件之裁判，不得上诉。

第一项情形于防卫地境内，有第一审管辖权之法院及对置检察厅之审判官及检察官，应速承防卫司令官之指挥。

第十条　国务总理大臣与治安部大臣协议，为使圆滑，军以外之人应为之一般的防空及警备之实施，应策定关于其实施及实施所必要之设备或资材整备之计画（以下称警护计画）。

第十一条　国务总理大臣应基于前条规定之警护计画,对于省长及新京特别市长(包含警察总监)指示内容,命设定其管辖区域内之警护计画。

省长得与关系防卫司令官协议,基于其警护计画,对于市长(包含警察厅长)、县长或旗长指示内容,命设定其管辖区域内之警护计画。

第十二条　国务总理大臣得依敕令之所定,对于规模宏大之事业或施设之经营人或所有人指示内容,命设定关于其事业或施设之警护计画。

第十三条　警护计画之设定人应基于其计画,整备警护实施所必要之设备或资材,且承防卫司令官之命,任警护之实施。

第十四条　应设定警护计画之行政官署,得依敕令之所定,基于警护计画,使特殊施设之管理人或所有人整备警护实施所必要之设备或资材,或当警护之实施使供用之。

第十五条　应设定警护计画之行政官署,得依敕令之所定,使有特殊技能者或居住于防卫地境内者,从事警护之实施。但有正当之理由者,不在此限。

非行政官署之警护计画之设定人,得使其从业人从事警护之实施。但有正当之理由者,不在此限。

第十六条　当警护之实施有紧急必要时,该管行政官署得使用或收用他人之土地、房屋或物件。

第十七条　国务总理大臣得应其必要,对于警护计画之设定人,基于其警护计画,行警护之训练或查阅,或令省长行之。

警护计画之设定人,得经国务总理大臣或省长之认可,基于其警护计画,行警护之训练或查阅。

当前二项之训练及查阅,治安部大臣或关系防卫司令官得应其必要莅场。

第十八条　第十五条之规定,对于前条情形准用之。

第十九条　当警护之训练或查阅受训练或查阅者,应从该指挥官之命令。

第二十条　关于设定警护计画有必要时,该管行政官署得依敕令之所定,对于关系人命提出资料或派该管官吏进入必要之场所为检查。

第二十一条　关于警护计画之设定、警护之训练、查阅及实施所必要之费用，应由省地方费、新京特别市、市、县或旗或依第十二条规定被命之警护计画设定人负担之。

依第十四条之规定，特殊施设之管理人或所有人应为之，设备及资材之整备所需之费用，为其人之负担。

第二十二条　关于警护之实施所生之损失或所需之费用，而有左列各款情形之一者，应依敕令之所定，由省长、新京特别市长、市长、县长或旗长补偿或赔偿之。

一、依第十四条之规定，使特殊施设之管理人或所有人供用其设备或资材时之损失；

二、依第十五条第一项之规定，使有特殊技能者从事警护之实施时之实费；

三、依第十五条第一项之规定，从事警护之实施者因此受伤痍、罹疾病或死亡时之疗养或葬祭费；

四、依第十六条之规定使用或收用他人之土地、房屋或物件时之损失。

依第十二条规定被命之警护计画之设定人，应赔偿系基于其计画而从事警护之实施者之前项第三款所规定之费用。

第二十三条　国库得依敕令之所定，对于前条所规定之补偿费或赔偿费为补助。

第二十四条　违反依第六条第二项规定之命令者，处十年以下之徒刑或五千圆以下之罚金。

以利敌之目的犯前项之罪者，处死刑或无期徒刑。

因过失违反依第六条第二项规定之命令者，处一年以下之徒刑或五百圆以下之罚金。

第二十五条　公务员或参与警护计画之设定者，泄漏警护计画中之秘密事项时，处六年以下之徒刑或二千圆以下之罚金。

第二十六条　有左列各款情形之一者，处一年以下之徒刑、五百圆以下之罚金、拘留或科料。

一、依第十二条之规定被命警护计画之设定者，无故不从其命令时；

二、关于防空监视、通信、警报、灯火管制及此等所必要之警戒、消火、防水、防毒、防疫、避难、救护、危害防止或被害减轻等之实施计画，并此等所必要之设备及资材之整备计画，依第十四条之规定被命设备或资材之警备或被命其供用者，无故不从其命令时；①

三、依第十五条之规定被命应从事警护之实施者，无故不从其命令时。

第二十七条　拒绝提出依第二十条规定之资料或提出虚伪之资料，或阻障该管官吏进入检查者，处五百圆以下之罚金、拘留或科料。

第二十八条　当警护之训练或查阅不从依第十八条规定之警护计画设定人之命令者，或不从依第十九条规定之该管指挥官之命令者，处拘留或科料。

第二十九条　本法之规定在帝国内之同盟国军，于共同防卫上为防卫之实施、准备及训练时准用之。但就第四条第二项于特有委任时准用之。

于前项情形，同盟国陆军最高司令官有与本法中治安部大臣或全国防卫司令官、而同盟国陆军防卫司令官有与本法中防卫司令官同一权限。

第三十条　于前条情形之帝国军宪与同盟国军宪之权限关系，依军令之所定。

附则

本法自康德五年四月一日施行。

《防卫法》施行令

（康德五年四月十四日敕令第六一号）

朕经咨询参议府，裁可《〈防卫法〉施行令》，著即公布。

（国务总理、治安部、民生部、司法部、产业部、经济部、交通部大臣副署）

第一条　依《防卫法》第十条至第十二条规定之警护计画之策定或设定，应就左列各款所载事项为之。

---

①　此项原为"关于防空监视、通信、警报、灯火管制及此等所必要之警戒、消火、防水、防毒、防疫、避难、救"，整理者根据《满洲帝国现行法令类纂第五卷》之内容改正。——整理者注

一、为使传达周知,防卫实施之宣告或临时防卫实施之布告所必要之措置;

二、关于防空监视、通信、警报、灯火管制及此等所必要之警戒、消火、防水、防毒、防疫、避难、救护、危害防止或被害减轻等之实施计画,并此等所必要之设备及资材之整备计画;

三、关于交通线其他重要之施设、资源之掩护、警戒等之警备之实施计画,并此等所必要之设备及资材之整备计画;

四、关于防空及警备之训练或查阅之计画。

警护计画应区分为永久计画及年度计画,特须秘密者标示其旨。

第二条　应策定或设定警护计画者,应就左列各款所载事项,预受治安部大臣或关系防卫司令官之通知。

一、为构成防空监视网及伴此之通信网所必要之事项;

二、于军所行防卫之必要上,应有禁止或限制使用之土地、家屋或物件;

三、其他为即应军所行之防卫所必要之事项。

第三条　应策定或设定警护计画者,应预就警护计画之内容,与治安部大臣或防卫司令官协议,得其承认。

第四条　《防卫法》第十二条之事业或施设为关于工场、矿山、电气、瓦斯、电信、电话、无线电信、无线电话或铁道、水运或航空之事业或施设。

第五条　于应实施警护时,依《防卫法》第十三条之规定任其实施者,为使其开始迅速,应即为左列各款所载之措置,以待防卫司令官之命。

一、关于防空,则从警护计画实施防空监视及其所必要之通信,并伴随防空之警戒就灯火管制其他事项,准备同时适宜实施之,而向防卫司令官或其指定之防卫担任官联络;

二、关于警备,则从警护计画,准备掩护、警戒及其所必要之情报搜集之处置,同时向防卫司令官或其指定之防卫担任官联络。

第六条　应依《防卫法》第十四条规定,得使整备之设置或资材为左列各款所载者。

一、对于工场、矿山、电气工作物、铁道、诊疗所之类关于灯火管制所必要者;

二、对于工场、矿山、瓦斯工作物、挥发物贮藏库、水道、下水道之类关于消火或防水所必要者；

三、对于剧场、诊疗所、百货店、敷设地下之铁道、水道施设、贮水池、下水道、地下道、有地下室建筑物之类关于防毒、避难或救护所必要者；

四、对于工场、电气工作物、瓦斯工作物、挥发物贮藏库、水道施设、贮水池、给水塔、堰堤之类关于遮蔽或伪装所必要者；

五、对于工场、电气工作物、瓦斯工作物、挥发物贮藏库、铁道、水道施设、贮水池、给水塔、堰堤、飞行场之类关于警备所必要者。

第七条　应依《防卫法》第十四条规定，得使供用之设备或资材，为左列各款所载者。

一、对于高层建筑物之类关于监视所必要者；

二、对于有号报器之施设关于警报所必要者；

三、对于学校、集会场、剧场、诊疗所、百货店、敷设地下之铁道、地下道或有地下室之建筑物、有避难上有效空地之建筑物、运动场之类关于防毒、防疫、避难或救护所必要者；

四、对于建筑物之类关于警备所必要者。

第八条　《防卫法》第十五条关于第一项规定之所谓有特殊技能者，为左列各款所载者。

一、医师、齿科医师、兽医师、药剂师、看护妇及助产士；

二、就防空或警备之技能，曾受特殊之教育训练者，而由省长或新京特别市长经国务总理大臣之认可所定者。

第九条　《防卫法》第十五条规定之所谓有正当之理由者，为左列各款所载者。

一、兵役关系人而被征集或召集者；

二、依《国家总动员法》第二十一条或《军需征发法》第二条之规定被命从事劳务者；

三、依《防卫法》第十二条规定之警护计画设定人之从业人，而应基其警护计画从事警护之实施者；

四、前条第一款所载者，特经警护计画设定人所许可者；

五、防卫司令官所定者。

第十条　《防卫法》第二十条规定之所谓关系人为第四条之事业或施设，并第六条及第七条之特殊施设之管理人或所有人，所谓必要之场所为此等人所管理或所有之土地及建筑物、其他工作物。

该管官吏进入前项之场所为检查时,应携带别记样式之证票,如有关系人之请求时,呈示之。

第十一条 依《防卫法》第二十二条规定之补偿或赔偿,限于通常应生之直接之损失或实费。

关于依《防卫法》第二十二条第一项规定之补偿或赔偿所必要之事项,应由省长或新京特别市长;关于依第二项规定之赔偿所必要之事项,应由该警护计画之设定人,得国务总理大臣之认可定之。

第十二条 依《防卫法》第二十二条第一项规定,应受损失补偿或实费赔偿者,就补偿或赔偿有异议时,得对省长或新京特别市长或市长、县长或旗长为审查之请求。

前项之请求已受补偿或赔偿金额之决定通知时,应自其日起补偿或赔偿之。事由发生后经过二月仍未受补偿或赔偿金额之决定通知时,应自其期间经过之日起三十日以内,为之。

第十三条 欲为依前条规定之审查之请求者,应将记载审查请求之趣旨及理由之审查请求书添付证凭书类,向该管辖官署提出之。

第十四条 有第十二条所规定之审查之请求时,在省长或新京特别市长应得国务总理大臣之认可,在市长、县长或旗长应得省长之认可,自有审查请求之日起二月以内为其裁决。

第十五条 交付依《防卫法》第二十三条规定之国库补助金时,应对于《防卫法》第二十二条所规定之补偿费或补偿费之支出精算额,由国务总理大臣裁定之。

附则

本令自公布日施行。

诉愿手续法

(康德四年三月二十五日敕令第三九号)

朕依《组织法》第四十一条,经咨询参议府,裁可《诉愿手续法》,著即公布。

(国务总理、各部大臣副署)

第一条 除法令另有规定者外,关于诉愿之手续,概依本法。

第二条　诉愿应向为处分官公署之直接监督官署为之。

对于国务总理大臣或各部大臣处分之诉愿,应向为该处分之大臣为之。

第三条　有不服诉愿之裁决者,得向为裁决官署之直接监督官署再为诉愿。

对于国务总理大臣或各部大臣已行裁决之事件,不得再为诉愿。

第四条　拟为诉愿者,应将诉愿书经由为处分或裁决之行政官公署,提出于有裁决权之行政官署。

第五条　诉愿书内应记载诉愿人之姓名、住所及年龄,并诉愿之趣旨及理由,由诉愿人记名盖章。

诉愿书应添具处分书或裁决书及证据书类。

诉愿书之理由及前项之书类,得于诉愿书提出后追加之。

第六条　法人得以其名为诉愿。

非法人之团体限于有代表人之规定者,得以其名为诉愿。

于前二项情形,其代表人应于诉愿书内记名盖章。

代表人须以书面证明其权限。

第七条　未成年人或禁治产人得依法定代理人为诉愿。

于前项情形,法定代理人应于诉愿书内记名盖章。

法定代理人须以书面证明其权限。

第八条　多数人共同为诉愿时,得就其中选任三人以下之总代委任其权限。

于前项情形,总代应于诉愿书内记名盖章。

共同诉愿人未为第一项之选任时,官署得定期限命其为总代之选任。

总代之选任须以书面证明之。

第九条　诉愿得依代理人为之。

于前项情形,代理人应于诉愿书内记名盖章。

代理人须以书面证明其权限。

第十条　诉愿须自受处分之日起六十日以内为之。

未受处分者为诉愿时,前项之期间在已有处分之公示者自公示之日起算之。在未有处分之公示者,自知处分之日起算之。但自处分之日期起经过一年以后,不得为诉愿。

第十一条　因有不服诉愿之裁决再为诉愿时，须自受裁决书之交付日起三十日以内为之。

第十二条　因天灾其他不能归责于诉愿人之事由，不能于法定期间内为诉愿时，限于其事由停止后十五日以内仍得为诉愿。

第十三条　依第四条规定，当诉愿书经由之官公署，应自诉愿书及其附属书类提出之日起十日以内添具辩明书，向有裁决权之行政官署发送之。

当诉愿书经由之官公署为处分官公署时，应添具辩明书。

第十四条　诉愿书未具备必要之方式时，官署得定期限命其补正。未具备证明代表人、代理人或总代权限之书面时，亦同。

第十五条　诉愿有左列各款情形之一时，应以裁决却下之。

一、事件不许诉愿者；

二、诉愿人不得为诉愿者；

三、业已经过法定之期间者；

四、违背法定之手续者；

五、命令依第八条第三项规定之总代选任或依前条规定之补正时，诉愿人于官署所定之期限以前未为之者。

第十六条　裁决官署认为诉愿无理由时，应弃却之。认为有理由时，应撤销原处分或与撤销原处分同时发还原处分官公署，令再行适当之处分或为替代之裁决。

第十七条　诉愿之审理依书面为之。但认为有必要时，得令诉愿人以言词陈述意见。

第十八条　诉愿无停止系争之处分或裁决之执行。但官公署认为有必要时，得因诉愿人之呈请，或以职权停止其执行。

第十九条　诉愿之裁决须以文书为之。

裁决书内应记载主文及其理由，并裁决之年月日，由官署记名盖章。

第二十条　裁决书应交付于诉愿人，并将其誊本交付于关系官公署。

附则

本法自公布日施行。

官规

文官令

（康德五年五月七日敕令第九五号）

我国建国伊始，表正国是于世界，而安民族于协和。与盟邦一德一心，国基益固，庶绩日熙。深念建国精神，洪业明命，悬如天日，实济之望，仰在众庶，责系官吏。苟期郅治之隆，非举贤能、擢英俊、黜不肖、斥贪墨，录取忠诚奉公、自靖献身之士，涤除陋习，振饬纲维，何以彰信万邦而立诚天下。然则开登庸之门，宜公明正大，不分民族、不限门地；达任用之材，宜历试详慎，以励濯磨敏求之志。庶济济多士，四方竞兴，相我国运光大发挥之功，必可期也。兹经咨询参议府，裁可《文官令》，公布之。昭以官吏所应率由。尔有司其体朕意，恪遵勿懈。

（国务总理、治安部、民生部、司法部、产业部、交通部大臣副署）

第一编 总则

第一章 官纪

第一条 文官应体建国精神，对皇帝及皇帝之政府竭尽忠诚。

第二条 文官应遵守法令，遵从上官之命令，挺身奉公，以尽其职责。

第三条 文官应克己修养，陶冶人格，特重礼让。不问职务之内外，诚实清廉，恭俭勉励。为一般人民之表率，不得有骄纵贪惰，损伤名誉之行为。

第四条 文官不问职务之内外，应互相融和协力，不得有朋党比周、倾轧排挤之情事。

第五条 文官对于职务，应体察民意，加以钻研，进献方策。随时世之进展，努力施政之伸张改善，不得有退缩固执、沉滞庶政之情事。

第六条 文官应紧密联络事务，谋其简捷，以期能率之增进，不得有徒重形式、沉滞事务之情事。

第七条 文官对于职务之执行，应至公至平、恳切丁宁，不得有偏执偏断，滥用职权之情事。

第八条 文官不问关于自己之职务与否，应严守官之机密，退其官职后亦同。

因法院或检察厅之召唤为证人或鉴定人，关于职务上之机密受询问时，得限于经本属长官之许可者，供述之。

第九条　文官不得将关于职务之未发文书，私行泄示。

第十条　文官不问职务之内外，不得由部下收受金品或其他利益之供与。

第十一条　文官不得为公务滥行使用私人，或为私事滥行使用部下。

第十二条　文官非经本属长官之许可，无论直接或间接关于其职务，不得为自己或他人以报酬谢礼，或其他任何名义由他人收受金品或其他利益之供与。

第十三条　文官由外国之君主或政府领受荣赐、俸给或赠遗，须经敕许。

第十四条　文官及其配偶者，非经本属长官之许可，无论直接或间接，不得为营业。

第十五条　文官非经本属长官之许可，不得为营利会社之职员或从业员。

第十六条　文官非经本属长官之许可，不得收受报酬办理他项事务。

第十七条　文官非经职务长官之许可，不得擅离职务或勤务地。

第十八条　文官应指导监督部下，以期振作官纪。

第二章　通则

第十九条　文官分为高等官、委任官及试补。

第二十条　高等官分为特任官、简任官及荐任官。

第二十一条　试补分为高等官试补及委任官试补。

关于本令之适用，高等官试补准于高等官，委任官试补准于委任官。

第二十二条　文官之考试、任用、官等、给予、服丧及赐假，除法令另有规定者外，依本令之所定。

第二十三条　文官除法令另有规定者外，非依本令，无被免其官或被命休职或受惩戒。

第二十四条　本令所称本属长官者，系指官制上有奏请或专行部下之进退及赏罚之权限之官署长而言;所称职务长官者,系指官制上关于职务有指挥监督部下之权限之官署长而言。

第二十五条　本令所称行政官,系指司法官、技术官及教官以外之文官而言;所称司法官者,系指审判官及检察官之外并执行官、书记官、登录官及刑务官而言。

第二十六条　关于本令之施行所必要之事项,由国务总理大臣定之。

第二编　各则
第一章　文官考试
第一节　通则

第二十七条　为铨衡文官任用所施行之考试,称为文官考试。

第二十八条　有第五十三条规定之情形者,不得应文官考试。

第二十九条　文官考试分为高等官考试及委任官考试之二等级。

委任官考试分为甲种、乙种及丙种之三等级。

第三十条　高等官考试并甲种及乙种委任官考试分为采用考试、适格考试及登格考试。

丙种委任官考试分为采用考试及适格考试。

第三十一条　适格考试及登格考试分为行政科及司法科之二科。

第三十二条　于采用考试,施行关于人物、识见及基础的学术之考查及身体检查。

于适格考试,审查既往之勤务成绩并考查识见、执务能力及语学。

于登格考试,审查既往之勤务成绩并考查识见、基础的学术及执务能力。

第三十三条　应试者得按其资格并应二等级以上之采用考试。

第三十四条　文官考试每年施行一次以上。

第三十五条　对于以不正之方法拟应文官考试者,停止其考试或将其及格为无效。

有前项规定之情形者,以后不得应文官考试。

第三十六条　文官考试及格者之决定方法,依文官考试委员会之议定。

第二节　高等官考试

第三十七条　高等官考试以铨衡具备高等官所必要之人格、识见及能力者为目的。

第三十八条　高等官考试由高等文官考试委员会施行之。

第三十九条　高等官采用考试有左列资格之一者，得应试之。

一、由国家认定或检定有大学毕业程度以上之学力者；

二、由国务总理大臣指定之机关所推荐者。

国务总理大臣认为有必要时，得对于高等官采用考试应试者之年龄附以限制。

第四十条　各科高等官适格考试，凡及格于高等官采用考试之高等官试补在职一年以上、三年六月以内者，得应试之。但虽超过应试期间，由高等文官考试委员会认为有特别事由时，亦得应试。

第四十一条　各科高等官登格考试，凡及格于该科甲种委任官适格考试或登格考试之委任官，于考试及格后在职三年以上且未满四十岁者，得应试之。但不得超过三次。

第四十二条　司法科高等官登格考试，分别审判官及检察官与执行官、书记官、登录官及刑务官而施行之。

第三节　委任官考试

第四十三条　委任官考试以铨衡具备委任官所必要之人格、识见及能力者为目的。

第四十四条　委任官考试由委任文官考试委员会施行之。

第四十五条　甲种委任官采用考试有左列资格之一者，得应试之。

一、由国家认定或检定有国民高等学校毕业程度以上之学力者；

二、由国务总理大臣指定之机关所推荐者。

第四十六条　国务总理大臣认为有必要时，得对于甲种、乙种及丙种委任官采用考试应试者之年龄附以限制。

第四十七条　高等官采用考试或甲种委任官采用考试应试者，虽未及格而由高等文官考试委员会或委任文官考试委员会认为适当者，得各视为及格于甲种或乙种委任官采用考试者。

第四十八条　各科甲种、乙种或丙种委任官适格考试，凡各及格于甲种、乙种或丙种委任官采用考试之委任官试补，在职一年以上、三年六月以内者，得应试之。但虽超过应试期间，由委任文官考试委员会认为有特别事由时，亦得应试之。

第四十九条　及格于高等官采用考试之高等官试补，虽未及格于各科高等官适格考试,而及格于其语学考查,且在职超过三年六月者,得各视为及格于该科甲种委任官适格考试者。

第五十条　及格于甲种或乙种委任官采用考试之委任官试补,虽未及格于各科甲种或乙种委任官适格考试而及格于其语学考查,且在职超过三年六月者,得各视为及格于该科乙种或丙种委任官适格考试者。

第五十一条　各科甲种委任官登格考试,凡及格于该科乙种委任官适格考试或登格考试之委任官于考试及格后,在职三年以上且未满三十五岁者得应试之。

各科乙种委任官登格考试,凡及格于该科丙种委任官适格考试之委任官,于考试及格后,在职三年以上且未满三十岁者,得应试之。

前二项登格考试之应试,各不得超过三次。

第五十二条　司法科委任官适格考试及登格考试有必要时,得分别执行官、书记官、登录官或刑务官而施行之。

第二章　任用

第五十三条　有左列各款情形之一者,不任用为文官。

一、被处禁锢以上之刑者;

二、禁治产人;

三、准禁治产人;

于外国受有前项各款情形之一之处分或宣告者,亦准于前项。

第五十四条　特任官、秘书官及另定之文官,得不限制任用资格,自由任用之。

第五十五条　简任行政官就有左列资格之一者,经简任文官铨衡委员会之铨衡,任用之。

一、有第五十六条之资格而以荐任官一等在职三年以上者;

二、无第五十六条之资格而在简任司法官、简任军法官、简任技卫官或简任教官之职二年以上者;

三、无第五十六条之资格而以荐任官一等在职四年以上者;

依第五十七条或五十八条之规定,被任用为荐任行政官者,虽未满前项第三款之在职年数,亦得任用为简任行政官。

第五十六条　荐任行政官就有左列资格之一者,任用之。

一、及格于行政科高等官适格考试或登格考试者;

二、在荐任司法官之职二年以上者；

三、在荐任军法官之职二年以上者。

第五十七条　须有关于产业经济及其他之特别学识、技能及经验之简任或荐任行政官，得就虽无第五十五条或前条规定之资格而有其学识、技能及经验者，各经简任文官铨衡委员会或高等文官考试委员会之铨衡，任用之。

第五十八条　为国务总理大臣所指定地方官署长之简任或荐任行政官，虽无第五十五条或第五十六条规定之资格者，得各经简任文官铨衡委员会或高等文官考试委员会之铨衡，任用之。

第五十九条　在荐任教官之职二年以上者，得任用为掌教育行政事务之荐任官。

第六十条　委任行政官就有左列资格之一者，任用之。

一、及格于行政科委任官适格考试或登格考试者；

二、在委任司法官之职二年以上者。

第六十一条　须有关于警备、地方行政及其他之技能及经验之委任行政官，得就虽无前条规定之资格而有其技能及经验者，经委任文官考试委员会之铨衡，任用之。

第六十二条　简任司法官，就依《法院组织法》有得为审判官或检察官之资格，而现为简任官者或以荐任官一等在职三年以上者，经简任文官铨衡委员会之铨衡，任用之。

第六十三条　荐任审判官及荐任检察官以外之荐任司法官，就有左列资格之一者，任用之。

一、及格于司法科高等官适格考试或登格考试者；

二、在荐任行政官之职二年以上者。

第六十四条　委任司法官就有左列资格之一者，任用之。

一、及格于司法科委任官适格考试或登格考试者；

二、在委任行政官之职二年以上者。

第六十五条　将官得任用为掌军事行政事务之简任文官。在荐任武官之职二年以上者，得任用为掌军事行政事务之荐任文官。

第六十六条　及格于甲种委任官适格考试或登格考试之委任官，于考试及格后在职七年以上者，得经高等文官考试委员会之铨衡，任用为荐任官。

第六十七条　简任技术官经简任文官铨衡委员会之铨衡，任用之。

荐任技术官就可为技术官之高等官试补，经高等文官考试委员会之铨衡，任用之。

委任技术官就可为技术官之委任官试补，经委任文官考试委员会之铨衡，任用之。

认为有必要时，得不拘前二项之规定就试补以外者，经高等文官考试委员会或委任文官考试委员会之铨衡，任用之。

第六十八条　简任教官经简任文官铨衡委员会之铨衡，任用之。

荐任教官经高等文官考试委员会之铨衡，任用之。

委任教官经委任文官考试委员会之铨衡，任用之。

学校长得依前三项之例任用之。

第六十九条　聘用外国官吏时，在简任官得经简任文官铨衡委员会，在荐任官或委任官得各经高等文官考试委员会或委任文官考试委员会之铨衡，任用之。

依前项之规定被任用为荐任官者，虽未满第五十五条第一项第三款及第六十二条规定之在职年数，亦得任用为简任官。

第七十条　及格于高等官采用考试者，任用为高等官试补。及格于委任官采用考试者，任用为委任官试补。

第七十一条　依第三十三条之规定，应试而及格于二等级以上之采用考试者，按其志望之顺位任用为试补。

第七十二条　可为技术官而初经高等文官考试委员会之铨衡者，任用为高等官试补。初经委任文官考试委员会之铨衡者，任用为委任官试补。但依第六十七条第四项之规定，经铨衡者不在此限。

第七十三条　以荐任官一等在职二年以上者，因公务上之伤痍疾病以致陷于危笃或不堪担任现职时，或在职中特有功劳而欲退官或陷于危笃时，得不拘第五十五条或第六十二条之规定，升任为简任官。

第七十四条　及格于甲种委任官适格考试或登格考试之委任官于考试及格后，在职五年以上者，因公务上之伤痍疾病以致陷于危笃或不堪担任现职时，或在职中特有功劳而欲退官或陷于危笃时，得不拘第六十六条之规定，升任为荐任官。

第七十五条　未及格于适格考试之高等官试补或委任官试补，在职一年以上者，因公务上之伤痍疾病以致陷于危笃或不堪担任现职时，得不拘第五十六条、第六十条、第六十三条、第六十四条及第六十七条第二项、第三项之规定，各升任为荐任官或委任官。

第七十六条　特任官之任用，以特任式行之。

简任官及荐任官之任用，由国务总理大臣奏请，依裁可行之。

委任官之任用，由本属长官专行之。

第七十七条　文官初被任用时，应宜誓深体建国精神、遵奉官纪、忠诚忠实，以期完成自己之职责。

第三章　官等

第七十八条　简任官之官等分为二等，荐任官之官等分为三等。

第七十九条　初被仕用为简任官者之官等为二等，被任用为荐任官者之官等为三等。

不经文官考试任用文官时，得不拘前项规定定其官等。

第八十条　简任官或荐任官已退官者，再任用为简任官或荐任官时，其官等为前官之官等以下。但对于以前官之官等在职超过三年者，得升进前官之官等一等。

因特别之事由被外国政府聘用或被国务总理大臣指定之机关采用而退官者，再任用为简任官或荐任官时，得不拘前项规定定其官等。

第八十一条　简任官或荐任官之官等非以其官等在职三年以上者，不得升等。但不经文官考试任用文官而认为在权衡上有必要时，不在此限。

任用武官为掌军事行政事务之文官时，武官在职年数合算于前项之在职年数。

第八十二条　官制上以在他官者充任之官之官等，依本官之官等。

第八十三条　简任官或荐任官以其官等在职一年以上者，因公务上之伤痍疾病以致陷于危笃或不堪担任现职时，或在职中特有功劳而欲退官或陷于危笃时，得不拘第八十一条规定升其官等。

第四章　给与

第八十四条　文官之给与为俸给、职务津贴、冬季津贴及勤务地津贴。

第八十五条　俸给按官阶区别及文官考试之等级区别定之。但对于不经文官考试被任用之文官，得另定之。

第八十六条　职务津贴对于按职务之性质及职务上交际之程度，及其他认为有必要者支给之。

冬季津贴于冬季按生活费增加之状况支给之。

勤务地津贴对于按勤务地之状况认为有必要者支给之。

第八十七条　关于文官之给与，于依前三项之规定外另定之。

第五章　服丧及赐假

第八十八条　文官于其父母、祖父母、曾祖父母、伯叔父母、配偶者或兄弟姐妹死亡时服丧。

服丧中视为出勤。

第八十九条　虽在服丧中，而依官署事务之情形认为特有必要时，职务长官得命除服出勤。

第九十条　对于文官，为使休养，每年与以特别赐假二十日。但初被任用或被命休职或停职或其他由国务总理大臣认为有特别事由时，得减少或不与之。

不与依前项规定应与之特别赐假日数之全部或一部时，得加算于翌年度以后之特别假赐日数而与之。但其总日数不得超过八十日。

第九十一条　依前条第二项之规定，应与之特别赐假日数已足八十时，本属长官得依公务出差之例，四十日以内使其归省或视察旅行以代之。

第九十二条　文官有左列各款情形之一时，得请特别赐假。

一、子或孙死亡时；

二、父母、祖父母、配偶者或子之忌辰时；

三、本人、子或孙婚姻时；

四、子或孙出生时；

五、妇人文官分娩时；

六、因兵役或其他特别之公务，不能执行其职务时；

七、因公务上之伤痍疾病，不能执行其职务时。

第九十三条　特别赐假中视为出勤。

第九十四条　文官如有伤痍疾病或其他不得已事由时，得请普通赐假。

普通赐假日数充当于第九十条规定之特别赐假日数。

第九十五条　虽与赐假时，而职务长官得依官署事务之情形，命令出勤。

第六章　分限

第九十六条　文官被处禁锢以上之刑时，当失其官。

第九十七条　文官有左列各款情形之一时，得免其官。

一、因残废或身体或精神之衰弱，不堪执行其职务时；

二、有不良嗜好，无矫正之希望时；

三、因伤痍疾病以致不堪担任其职，或因其他正当事由声请免官时。

依前项第一款或第二款免其官时，须经咨问文官分限委员会。于第一款情形，文官分限委员会应于审议前，预先征求顾问医之意见。

第九十八条　文官有左列各款情形之一时，当为退官。

一、已达停年时；

二、依第一百条第一项第三款至第六款或第一百零一条之规定被命休职已届满期时；

三、于应试期间内不及格于适格考试且确定不受第四十九条或第五十条规定之适用时。

前项第一款之停年为满五十五岁，但高等官依官署事务之情形认为特有必要者，得使继续在官。

第九十九条　文官无反其本意被转为较现官阶或现官等下位之情事。

第一百条　文官有左列各款情形之一时，得命休职。

一、送交文官惩戒委员会审查时；

二、关于刑事事件被起诉时；

三、因定员之修正发生剩员时；

四、依官署事务之情形有必要时；

五、六月以上生死不明时；

六、因身体或精神之故障，三月以上不能执行其职务时；

七、因兵役或其他特别之公务，六月以上不能执行其职务时。

前项休职期间，于第一款及第二款之情形，为其事件在文官惩戒委员会或法院系属之期间，于第三款及第四款之情形为一年，于第五款之情形为六月，于第六款之情形为二年，于第七款之情形为其事由存续之期间。

第一百零一条　文官于废官或废署时，任用于他官。于此情形，得命休职。

前项休职期间为一年。

第一百零二条　休职文官为额外员,除奉本官而不从事职务及被减或不受俸给及其他之给与外,均与在职文官无异。

第一百零三条　依第一百条第一项第三款、第四款或第一百零一条之规定,被命休职者,得依官署事务之情形,随时命令复职。

依第一百条第一项第五款或第六款被命休职者,至能执行职务时,得随时命令复职。

第一百零四条　对于被命休职者,于其休职中支给俸给三分之一及冬季津贴,而不支给职务津贴及勤务地津贴。但对于依第一百条第一项第五款至第七款被命休职者,得另定之。

第一百零五条　对于特任官及秘书官,不适用第九十七条至前条之规定。

第一百零六条　高等官之免官,由国务总理大臣奏请,依裁可行之。

高等官之休职及复职,在简任官,由国务总理大臣奏请依裁可行之;在荐任官,由国务总理大臣命之。

委任官之免官、休职及复职,由本属长官专行之。

第七章　惩戒

第一百零七条　文官应受惩戒时如左。

一、违背职务上之义务或懈怠职务时;

二、不问职务之内外,有损伤官之威严或坠失信用之行为时。

第一百零八条　惩戒如左。

一、免官;

二、停职;

三、谨慎;

四、申诫。

第一百零九条　受惩戒免官之处分者,自失官职之日起,一年间不得就任官职。

第一百十条　停职为停止职务二月以上、一年以下,使自戒起居。

停职中,并科俸给三分之二以下之减俸,而不支给职务津贴及勤务地津贴。

第一百十一条　谨慎为使自戒执务及起居二月以下。

得按情状于其期间内,并科俸给三分之一以下之减俸。

第一百十二条　认为文官有应惩戒之行为时,在高等官应由国务总理大臣,在委任官应由国务总理大臣或本属长官,附具凭证,以书面要求文官惩戒委员会审查。

第一百十三条　高等官之惩戒免官,附具高等文官惩戒委员会之议决,由国务总理大臣奏请,依裁可行之。

高等官之停职及谨慎,经高等文官惩戒委员会之议决,由国务总理大臣命之。

委任官之惩戒免官、停职及谨慎,经委任文官惩戒委员会之议决,由本属长官命之。但因有合并审查之必要送交高等文官惩戒委员会审查时,经其议决命之。

申诫在高等官由国务总理大臣或其指定之官署长行之,在委任官由本属长官行之。但因有合并审查之必要送交文官惩戒委员会审查时,得经其议决行之。

第一百十四条　应送交惩戒之事件系属于法院之期间内,对于同一事件不得开文官惩戒委员会。

关于文官惩戒委员会议决前应送交惩戒之事件有追诉时,至其裁判确定为止,停止文官惩戒委员会之审查。

第一百十五条　对于特任官不适用本章之规定。

附则

第一百十六条　本令施行期日,由国务总理大臣定之。

(依康德五年九月院令第三五号,自同年十月一日施行)

第一百十七条　左列教令及敕令废止之。

一、大同元年十二月十日教令第一百十四号《暂行文官请假规则》;

二、大同二年六月二十八日教令第五十五号《官吏服务规程》;

三、康德元年六月三十日敕令第八十九号《高等官官等俸给令》;

四、康德元年六月三十日敕令第九十号《委任官官等俸给令》;

五、康德元年六月三十日敕令第九十一号《关于发给特别津贴之件》;

六、康德元年十一月二十九日敕令第一百七十二号《关于充任低额俸给官者之俸给之件》;

七、康德二年八月二十二日敕令第九十八号《关于因公务致危笃者等之升等及增给之件》；

八、康德三年五月二十一日敕令第六十九号《司法考试令》；

九、康德三年五月二十一日敕令第七十号《书记官考试令》；

十、康德三年五月二十一日敕令第七十一号《执行官考试令》；

十一、康德四年六月二十七敕令第一百九十二号《关于特别升等及增俸之件》；

十二、康德四年十二月二十七日敕令第四百七十六号《规定暂时属于铁道警护总队及铁道警护学院官吏之俸给之件》。

第一百十八条　本令中关于考试、任用、官等、给与、服丧及赐假之规定，对于本令施行之际现在职者碍难适用者，另定之。

第一百十九条　对于本令施行之际现被命休职者之休职期间，自休职发令之日起算，适用本令之规定。

第一百二十条　应惩戒之行为，虽关于本令施行前者，亦适用本令之规定。

恩给法

（康德五年九月二十二日敕令第二三一号）

朕依《组织法》第三十六条，经咨询参议府，裁可《恩给法》，著即公布。

（国务总理、治安部、民生部、司法部、产业部、经济部
大臣代理［经济部次长］、交通部大臣副署）

第一章　总则

第一条　对于官吏（包含受帝室费支用俸给之官吏）及其遗族，依本法之所定支给恩给。

第二条　本法所称恩给者，系指退职恩给、伤病恩给及死亡恩给而言。

第三条　本法所称俸给者，系指俸给及应准俸给者而言。

应准俸给者之范围，由国务总理大臣定之。

第四条　本法所称就职者，系指任官而言。在终身官，则除任官外，并指复职而言。

第五条　本法所称退职者,系指免官、退官或失官而言。在终身官,则除免官、退官或失官外,并指退职而言。

第六条　年金恩给之支给,自应支给之事由发生之月之翌月开始,至权利消灭之月终了。

第七条　恩给非于应支给之事由发生之日起三年以内请求,不支给之。

第八条　官吏失官或受惩戒免官之处分时,不支给恩给。

第九条　有领受年金恩给之权利者,被处死刑或无期或逾二年之徒刑或禁锢之刑时,嗣后失其领受恩给之权利。

有领受年金恩给之权利者,被处二年以下之徒刑或禁锢之刑时,自其月之翌月起,至其执行终了或致无须受其执行之月为止。在遗族年金则停止其支给,在伤病年金则不支给之。但受刑之执行犹豫之宣告时,不在此限。

对于在外国被处合于前二项刑之刑者,亦与前二项同。但对于情状应加酌量者,不在此限。

有领受遗族年金之权利者,依前二项之规定被停止年金之支给时,其期间中准于第三十九条至第四十一条之规定支给于其次顺位者。

第十条　领受恩给之权利,不得让渡或供为担保。

领受恩给之权利不得扣押之。但依国税征收法或国税征收之例时,不在此限。

第十一条　因行政上之处分以为被侵害关于恩给之权利者,得于处分后一年以内诉愿于国务总理大臣。但关于伤病恩给之障害程度,不得诉愿。

第十二条　年金之年额及一时赐金之额之圆位未满者,使满圆位。

第十三条　官吏每月应向国库缴纳左列金额,以为恩给缴纳金。

一、特任官及简任官:相当于现受俸给百分之六之额;

二、荐任官及高等官试补:相当于现受俸给百分之四之额;

三、委任官及委任官试补:相当于现在受俸给百分之二之额。

第十四条　恩给由国库支用之。

对于虽由国库领受恩给而不受俸给之官吏支给俸给者,每年应向国库缴纳相当于现支给俸给年额十分之二之额。

第十五条　关于本法之施行所必要之事项,由国务总理大臣定之。

第二章　退职恩给

第十六条　退职恩给于官吏在职二年以上而退职时支给之。

第十七条　官吏之在职期间,自就职之月起算至退职之月为止。

退职之当日或翌日就职于他官时,视为续勤。

第十八条　官吏退职后再就职时,通算前后之在职期间。但因通算而退职恩给之额减少时,不在此限。

于退职之月再就职而通算其前后之在职期间时,其后之在职期间自再就职之月之翌月起算之。

第十九条　休职或停职之期间,对于在职期间之计算减半之。但有应执行职务之日之月,不在此限。

对于休职之事由,起因于兵役或其他公务时之休职期间,不适用前项之规定。

第二十条　官吏于国务总理大臣所定之地域勤务时,对于其期间,每一月加算半月以内。但对于未受勤务地津贴者,不在此限。

前项加算之程度,由国务总理大臣定之。

第二十一条　前条之加算,对于在应勤务之地新被任用者,自任用之月,对于在他地新被任用或被命由他地转勤者,自到任之月起算至离其勤务地之月为止。

于应加算之地域勤务中,离勤务地继续超过九十日时,对于完全离该地之月,不为勤务地之加算。

于同一之月有程度不同之二以上之加算时,依最有利者附与其一。

第二十二条　退职恩给为一时赐金,其额依另表第一号。

对于未满一年月数之退职恩给之额,以其月数乘对于舍去其月数之年数之额,与对于进上其月数之年数之额之差额,然后以十二除之。

依第十八条之规定,被通算前后之在职期间者再退职时,对其支给之退职恩给之额,为由通算前后之在职期间所算出之退职恩给额中,扣除前次退职恩给额之残额。

第二十三条　在职中特有功劳者退职时,得对于退职恩给加算与此同额以内之金额。

第二十四条　有领受退职恩给之权利者未领受而死亡时,支给退职恩给于其遗族。无遗族时,支给于恩给权者死亡当时与其同家之其继承人。

对于依前项之规定,应受支给退职恩给之遗族及其顺位,准用第四十六条之规定。

第三章　伤病恩给

第二十五条　伤病恩给,于官吏因公务上之伤病致遗障害于身体而退职时支给之。但其伤病系因本人之重大过失时,不在此限。

第二十六条　伤病恩给分为伤病年金及伤病一时赐金。

第二十七条　伤病年金,于官吏因公务上之伤病致成残废而退职时,终身支给之。

前项残废之程度,由国务总理大臣定之。

伤病年金之年额,依另表第二号。

第二十八条　官吏当战时或事变之际,于从军中因公务上之伤病致成残废而退职时,所支给伤病年金之年额,为对于另表第二号之额加算相当于其十分之二之额。

第二十九条　伤病一时赐金,于官吏因公务上之伤病致遗障害于身体,虽未至领受伤病年金之程度,而因此不堪担任职务,乃自其症状固定时起一年以内退职时支给之。

前项障害之程度,由国务总理大臣定之。

伤病一时赐金之额,依另表第三号。

第三十条　对于伤病一时赐金之额,准用第二十八条之规定。

第三十一条　官吏因公务受伤痍或罹疾病,于退职后一年以内,起因于该病致遗应领受伤病年金之程度之障害,而于退职后一年六月以内请求时,准用第二十七条及第二十八条之规定。

第三十二条　有领受伤病年金之权利者,于退职后一年,起因于该伤病致障害之程度增进,而于退职后一年六月以内请求时,将现支给之伤病年金,改为与其后之障害程度相符之伤病年金。

已领受伤病一时赐金者,于退职后一年以内,起因于该伤病致遗应领受伤病年金之程度之障害,而于退职后一年六月以内请求时,将已支给之伤病一时赐金,改为与其后之障害程度相符之伤病年金。

于前项情形,年金自支给一时赐金之月起积算,至达于该一时赐金之额为止,停止其支给。

第三十三条　有领受伤病恩给之权利者死亡时,其生存中之伤病恩给而未受支给者,对于其遗族支给之。无遗族时,对于恩给权者死亡当时与其同家之其继承人之支给之。

对于依前项之规定,应受支给伤病恩给之遗族及其顺位,准用第四十六条之规定。

第四章 死亡恩给

第三十四条 死亡恩给,于官吏死亡时,对于其遗族支给之。

第三十五条 死亡恩给分为遗族年金、遗族一时赐金及葬祭费。

第三十六条 遗族年金于官吏在职中,因公务上之伤病而死亡时支给之。但其伤病系因本人之重大过失时,不在此限。

遗族年金之年额,为相当于官吏死亡当时之俸给四月分之额。

第三十七条 官吏当战时或事变之际,于从军中因公务上之伤病而死亡时,对于其遗族支给之。遗族年金之年额,为对于前条第二项之额加算,相当于其十分之二之额。

第三十八条 遗族年金对于官吏之配偶,终身支给之。

配偶离去其家或婚姻或被认为事实上已有与婚姻关系同样之情形时,失其领受遗族年金之权利。

于前二项情形,事实上得以认为配偶者,视为配偶。

第三十九条 遗族年金于无配偶或受支给遗族年金之配偶死亡或失其权利时,对于官吏之子支给之。

依前项之规定应受支给年金之子,以自官吏死亡当时继续在其家之未满二十岁且尚未婚姻者为限。

官吏之子如系胎儿,于官吏死亡后出生时,对于前项之适用,视为官吏死亡当时已出生者。

子有数人时,男先于女,长先于幼。

领受年金之子死亡或失其权利时,依前项之顺位,顺次支给之。

第四十条 依前二条之规定,有领受遗族年金之权利者,于官吏死亡后,由官吏所属之家分家或伴随分家者而入其家时,仍不失领受遗族年金之权利。

第四十一条 无应受支给遗族年金之子,或受其支给之子失其权利时,对于自官吏死亡当时继续在其家之父母或祖父母,依父、母、祖父、祖母之顺位顺次支给之。

对于父母,以养父母为先,以亲父母为后。对于祖父母,按以养父母之父母为先,以亲父母之父母为后之例。

第四十二条　应受支给遗族年金之先顺位者,于后顺位者以后发现时,前三条之规定限于该后顺位者死亡或失其权利后适用之。

第四十三条　应受支给遗族年金者一年以上行方不明时,得依次顺位者之声请,于行方不明中停止支给年金。

依前项之规定停止支给年金时,于其期间中,该年金对于该次顺位者支给之。

第四十四条　遗族一时赐金,于官吏在职中死亡时支给之。但应支给遗族年金时,不在此限。

遗族一时赐金之额,为相当于以其死亡视为退职而算出时之退职恩给之额。

第四十五条　受支给伤病年金者死亡,而已支给之年金额未满相当于其四年分之额时,支给其差额于遗族,以为遗族一时赐金。

第四十六条　应受支给遗族一时赐金之遗族及其顺位如左。

一、配偶;

二、子;

三、父;

四、母;

五、祖父;

六、祖母。

前项之遗族,须系官吏死亡当时在其家者。

第一项第二款之子,以未满满二十岁且尚未婚姻者为限。

对于第一项之适用,准用第三十八条第三项、第三十九条第四项及第四十一条第二项之规定。

第四十七条　葬祭费于官吏在职中死亡时,对于办理其葬祭之遗族,按左列区分支给之。

一、因公务上之伤病而死亡时,为相当于官吏死亡当时之俸给六月分之额;

二、非因公务上之伤病而死亡时,为相当于官吏死亡当时之俸给四月分之额。

无应受支给葬祭费之遗族时,对于办理葬祭者,得于前项金额二分之一以内支给相当于葬祭所需费用之额。

第四十八条　有领受死亡恩给之权利者死亡时,其生存中之死亡恩给而未受支给者,对于次顺位者支给之。无次顺位者时,对于恩给权者死亡当时与其共同家之其继承人支给之。

附则

第四十九条　本法自康德五年十月一日施行。

第五十条　左列法令废止之。

一、康德元年敕令第一百二十八号《官吏恤金法》;

二、康德元年敕令第一百二十九号《官吏退职死亡赐金法》;

三、康德五年敕令第四号《关于当战时或事变从军之军人及军属救恤之件》。

第五十一条　本法施行之际,现在职之官吏之退职恩给之额,依另表第四号。

第五十二条　本法施行之际,现在职之官吏于本法施行前之在职期间,以对其在职继续之在职为限,依本法计算之。但对于第二十条规定之在职期间之加算,不在此限。

本法施行之际,现在职之官吏于本法施行前因官之情形,未经任命而在职之期间,视为官吏之在职期间,准用前项之规定。

第五十三条　对于退职赐金、死亡赐金、障害恤金、特别障害恤金、遗族恤金或特别遗族恤金,而于本法施行前发生应领受之权利者,依从前之规定。但对于本法施行之际现在职之官吏,而受第十七条第二项之适用者之退职赐金,不在此限。

第五十四条　本法施行之际,现在职之官吏而于本法施行前因公务受伤痍或罹疾病者,于本法施行后因该伤病致遗障害或障害之程度增进或死亡时,适用本法。

第五十五条　本法施行之际,现在职之官吏而于本法施行前依从前之规定已受支给障害恤金者,于本法施行后发生应受支给伤病恩给之事由时,支给其差额。

于前项情形,有将一时赐金改为年金之必要时,准用第三十二条第三项之规定。

第五十六条　对于本法施行之际,现为陆海军上士、中士、或少士者,视为于本法施行之日就职者。

《恩给法》施行细则

（康德五年九月二十二日院令第二八号）

兹将《〈恩给法〉施行细则》制定如左。

第一条　应准于《恩给法》第三条所规定俸给之范围，为年功加俸及依生活状态而支给之职务津贴。

第二条　《恩给法》第二十条第一项所规定加算之程度及其地域如左。

一、每一月加算一月二分之一之地域：

三江省：饶河县、抚辽县、萝北县；

黑河省：佛山县、乌云县、呼玛县、欧浦县、漠河县；

兴安北省：额尔克纳右翼旗、额尔克纳左翼旗、新巴尔虎右翼旗（除去满洲里）、新巴尔虎左翼旗（除去哈伦阿尔山）；

二、每一月加算一月四分之一之地域：

三江省：宝清县、凤山县、同江县、绥滨县；

热河省：新惠县（敖汉旗）；

间岛省：安图县；

黑河省：奇克县、逊河县；

通化省：濛江县、抚松县；

兴安北省：陈巴尔虎旗；

兴安西省：林西县、巴林左翼旗、巴林右翼旗、阿鲁科尔沁旗、克什克腾旗、扎鲁特旗、奈曼旗。

第三条　《恩给法》第二十七条第一项所规定残废之程度如左。

第一级：

一、遗残显著之精神障害，须常监视或护助者；

二、咀嚼及言语之机能全废者；

三、双目失明者。

第二级：

一、患半身不随者；

二、遗残癫痫，因致精神障害者；

三、咀嚼及言语之机能遗残显著之障害者；

四、损伤咽喉头，因致显著之呼吸及咽下障害者；

五、双目之视力减至零点零二以下者；

六、在肘关节以上失去两上肢者；

七、在膝关节以上失去两下肢者；

八、两下肢残废不堪使用者。

第三级：

一、废咀嚼机能者；

二、亘及肺脏之相当范围有显明之结核性病变者；

三、双目之视力减至零点零五以下者；

四、两耳全聋者；

五、在肘关节以上失去一上肢者；

六、在膝关节以上失去一下肢者；

七、两上肢残废不堪使用者。

第四级：

一、遗残精神障害而须时加护助者；

二、遗残癫痫而频行发作者；

三、患高度之失语症者；

四、患肺坏疽或肺脓伤者；

五、双目之视力减至零点一以下者，或双目之视野在五度以内者；

六、两耳之听力非接耳壳不能解大声者；

七、在腕关节以上失去一上肢者；

八、在足关节以上失去一下肢者；

九、一下肢残废不堪使用者。

第五级：

一、于挠骨神经或尺骨神经遗残麻痹症状者；

二、鼻之大部分缺损而其机能遗残显著之障害者；

三、双目之视力减至零点二以下者，或双目之视野在十五度以内者；

四、两耳之听力在四十糎以上不能解普通之话声者；

五、在关节以上失去一方总指者；

六、在“利斯弗兰”关节以上失去一足者；

七、废言语之机能者。

第四条 《恩给法》第二十九条第一项所规定障害之程度如左。

第一级：

一、肺结核之病变系轻度者；

二、肾脏摘出者或两方睾丸失去者；

三、双目之视力减至零点三以下者；

四、一耳聋且他耳之听力在半米以上不能解嗳语者；

五、一手之拇指及其他之二指失去者；

六、一足之五趾全失去者；

七、言语之机能遗残显著之障害者。

第二级：

一、遗残轻度之精神障害或精神神经症状者；

二、遗残癫痫发作系稀少者；

三、患尿道狭窄症者；

四、双目之视力减至零点四以下者；

五、一耳聋且他耳之听力在一米以上不能解嗳语者；

六、一手之拇指及其他之一指失去者。

第三级：

一、鼻受显著之损伤，于其机能遗残障碍者；

二、颜面神经遗残麻痹症状者；

三、头盖骨之一部失去者；

四、双目之视力减至零点五以下者；

五、一耳聋且他耳之听力在二米以上不能解嗳语者；

六、一手之示指及中指失去者；

七、一手之拇指在内共计三指残废不堪使用者；

八、一足之第一趾在内共计三趾以上失去者。

第四级：

一、遗残障害于言语之机能者；

二、因肋膜黏着，致显著之机能障害者；

三、一方之睾丸失去者；

四、一眼之视力减至零点二以下者；

五、一耳聋且他耳之听力在五米以上不能解嗳语者；

六、一足之第一趾在内，共计二趾以上失去者；

七、一手之中指及环指尖失去者。

第五级：

一、患轻度之半身不随者；

二、肋骨折而于其机能遗残障害者；

三、一膜之视力减至零点三以下者；

四、两耳之听力在一米以下〔上〕不能解嗳语者；

五、一手之示指或中指失去者；

六、一足之第一趾失去者。

第六级：

一、患轻度之失语症者；

二、遗残肋间神经痛之症状者；

三、一眼之视力减至零点四以下者；

四、两耳之听力在二米以上不能解嗳语者；

五、一手之示指或中指之第二节以下失去者；

六、一足第一趾之指甲节失去者；

七、齿牙二齿以上失去者。

第七级：

一、损伤咽喉头，于发声遗残障害者；

二、一眼遗残难治之刺戟症状或慢性结膜炎者；

三、一眼之视力减至零点六以下者；

四、两耳之听力在二米半以上不能解嗳语者；

五、一手之环指或小指指甲节之一部失去者；

六、一足第三趾或第四趾之趾甲节失去者。

第五条　欲领受退职恩给者，应于退职恩给请求书（第一号样式），添附在职中之履历书（第八号样式）及印鉴证明书，经由退职当时之职务长官提出于国务总理大臣。

第六条　欲领受伤病恩给者，应于伤病恩给请求书（第二号样式），添附左列书类，经由退职当时之职务长官提出于国务总理大臣。

一、在职中之履历书（第八号样式）；

二、足证其伤病起因于公务之现认者之现认证明书（第九号样式），或所属长之事实证明书（第十号样式）；

三、详记伤病之经过及机能障害之程度之医师诊断书；

四、印鉴证明书。

欲领受伤病年金者,除前项各款所列书类外,应添附家族调书(第十一号样式)或户籍抄本。

改订伤病恩给而于以前受有伤病年金证书时,除前二项所列书类外,应添附其证书。

第七条　欲领受死亡恩给者,应于死亡恩给请求书(第三号样式)添附左列书类,经由官吏死亡当时之职务长官提出于国务总理大臣。

一、在职中之履历书(第八号样式);

二、死亡诊断书或尸体检案书;

三、请求者之家族调书(第十一号样式)或户籍抄本;

四、印鉴证明书。

欲领受遗族年金者,除前项各款所列书类外,应添附左列书类。

一、足证其死亡起因于公务上之伤病之现认者之现认证明书(第九号样式),或所属长之事实证明书(第十号样式);

二、详记伤病经过之医师诊断书。

欲领受《恩给法》第四十五条所规定之遗族一时赐金者,除第一项各款所列书类外,应添附伤病年金证书。

第八条　欲领受遗族年金之转给者,应于死亡恩给请求书(第三号样式)添附左列书类,提出于国务总理大臣。

一、证明前权利者之权利消灭之书类;

二、前权利者之遗族年金证书;

三、请求者之家族调书(第十一号样式)或户籍抄本;

四、印鉴证明书。

于前项之情形,前权利者尚未经遗族年金之裁定时,添附前项第一款所列书类及前权利者请求遗族年金时所需之书类。

第九条　第六条第一项第三款及第七条第二项第二款之诊断书内,应记入左列事项。

一、于受伤痍时,伤痍名、原因、症状、处置、经过及机能障害之程度;

二、于罹疾病时,病名、既往症(既往主要之疾患、关于现症之既往疾患)、现症(自觉症状、他觉症状)、处置及预后受伤痍时之诊断书,应添附医师作成之患部略图。

第十条　不能添附死亡诊断书或尸体检案书时,应添附证明死亡事实之证明书(第十二号样式)。

第十一条　依《恩给法》第九条第四项或第四十三条之规定,声请停职遗族年金其期间,欲领受遗族年金者,应于遗族年金停止声请书(第四号样式)添附左列书类,提出于国务总理大臣。

一、在《恩给法》第九条第四项之情形,足证权利者被处二年以下之徒刑或禁锢之刑之证明书(第十二号样式)。在《恩给法》第四十三条之情形,足证权利者一年以上行方不明之证明书(第十二号样式);

二、请求者之家族调书(第十一号样式)或户籍抄本;

三、停止恩给请求书(第五号样式);

四、印鉴证明书。

第十二条　依《恩给法》第二十四条、第三十三条或第四十八条之规定,欲领受恩给者,应于未受领恩给请求书(第六号样式)添附左列书类,经由官吏退职或死亡当时之职务长官提出于国务总理大臣。

一、死亡之恩给权者,于请求恩给须应添附之书类;

二、请求者之家族调书(第十一号样式)或户籍抄本;

三、印鉴证明书。

依前项之规定继承人为请求时,继承人如有数人,则总代人应添附各继承人之委任状,以自己之名请求之。

第十三条　欲领受《恩给法》第四十七条第二项所规定之葬祭费者,应于死亡恩给请求书(第三号样式)添附左列书类,经由职务长官提出于国务总理大臣。

一、足证死亡之官吏无遗族之公之证明书或除籍抄本;

二、足证办理死亡官吏之葬祭之书类;

三、葬祭所需费用之领收证或证明书;

四、印鉴证明书。

第十四条　国务总理大臣于恩给裁定上认为有必要时,除第五条至前条所列者外,得命提出必要之书类。

第十五条　将退职恩给法请求书及伤病恩给请求书同时提出时,于退职恩给请求书添附之书类,无须重行添附于伤病恩给请求书。

第十六条　职务长官受理恩给请求书及其添附书类时,应调查后添附恩给金额计算书(第十三号样式至第十六号样式)送交国务总理大臣。

第十七条　国务总理大臣受理恩给请求书及其添附书类时,审查后认为有领受恩给之权利时,关于年金之恩给,将恩给证书,关于一时赐金之恩给,将裁定通知书交付于请求者。但关于《恩给法》第三十三条或第四十八条所规定恩给之请求,则交付裁定通知书。

恩给证书于年金之支给或其他有必要时,得使呈示之。

第十八条　应添附恩给证书为恩给之请求时,如因遗失或其他事由不能添附恩给证书,则应添附证据书类,呈报其事由。

第十九条　恩给证书或裁定通知书遗失或毁损时,得具其事由,添附证据书类,向国务总理大臣声请其再交付。

第二十条　年金按月计算丁一月、四月、七月及十月,各将其前三月分支给之。但于权利消灭时,将至其权利消火之月为止之分于该时支给之。

欲领受年金之支给者,每期应将其恩给支给请求书(第七号样式)提出于国务院总务厅支出官。

第二十一条　领受年金者,应于每年一月将家族调书(第十一号样式)或户籍抄本(上年十二月中作成者)提出于国务总理大臣。

第二十二条　领受年金者,变更其原籍或现住所时,应速将其旨呈报于国务总理大臣。

第二十三条　领受年金者变更其姓名时,应添附恩给证书及家族调书(第十一号样式)或户籍抄本,将其旨呈报于国务总理大臣。

第二十四条　领受年金者,失其权利或死亡时,本人、遗族或其关系者应速将其旨呈报于国务总理大臣。

第二十五条　领受年金者被处死刑或无期或超过二年之徒刑或禁锢之刑时,本人或其家族应添附证明书(第十二号样式),将其旨呈报于国务总理大臣。领受伤病年金者,被处二年以下之徒刑或禁锢之刑时,亦同。

第二十六条　领受年金者死亡或失领受年金之权利而无应领受年金者时,占有恩给证书者,应速添附证明书(第十二号样式),返还于国务总理大臣。

于前项情形,因遗失或其他之事由不能返还恩给证书时,应速将其旨呈报于国务总理大臣。

第二十七条　经由官署被废止时，书类应经由接收该官署事务之官署。

第二十八条　本令所规定之职务长官，关于受帝室费支用俸给之官吏，依宫内府大臣之所定。

附则

本令自《恩给法》施行之日施行。

左列院令废止之。

一、康德元年院令第十一号《官吏恤金法施行细则》；

二、康德元年院令第十二号《官吏退职死亡赐金法施行细则》；

三、康德五年院令第四号《当战时或事变从军之军人及军属救恤规则》。

法例

暂行援用从前法令之件

（大同元年四月一日教令第三号）

兹制定《暂行援用从前法令之件》，著即公布此令。

（国务总理副署）

第一条　从前施行之法令限于与建国主旨、国情及法令不相抵触之条项，一律援用之。

第二条　因与前条规定抵触致无可援用之法令时，即虽依国民政府法令失其效力之法令，其有与前条规定相合条项者，恢复其效力而援用之。

第三条　依前二条规定尚不足适用时，须依原有之习惯及惯行。若无习惯或惯行者，须依条理。

第四条　本令自大同元年三月九日施行。

关于法律命令施行日期之件

（康德元年三月一日敕令第三号）

朕依《组织法》第四十一条，经咨询参议府，裁可《关于法律命令施行日期之件》，著即公布。

（国务总理、各部大臣副署）

法律敕令、院令、部令、署令、省令、区令、厅令及其他行政官署所发布之命令，除另定有施行日期者外，自公布之日起算满三十日后施行之。

附则

本令自康德元年三月一日施行。

公文程式令

（康德元年三月一日敕令第二号）

修正　康德元年十一月敕令第一六三号、二年十二月第一七三号、四年八月第二五四号

朕经咨询参议府，裁可《公文程式令》，著即公布。

（国务总理、各部大臣副署）

第一条　宣诰关于帝室之重要敕旨及关于国务之敕旨时，均用诏书。

诏书经御署后，钤用御玺。其关于帝室者，由宫内府大臣标明年、月、日，会同国务总理大臣副署之。其关于国务者，由国务总理大臣标明年、月、日副署之，或会同主管各部大臣副署之。其与帝室及国务有关联者，由国务总理大臣标明年、月、日，会同宫内府大臣副署之。

第二条　不宣诰之敕旨，除另依程式者外，均用敕书。

敕书经御署后，钤用御玺。其关于帝室者，由宫内府大臣标明年、月、日副署之。其关于国务者，由国务总理大臣标明年、月、日副署之，或会同主管各部大臣副署之。

第三条　关于宫内府官制及其他帝室事务，经敕定之规定须公示者，为帝室令附上谕公布之。

前项之上谕载明，经咨询参议府御署之后，钤用御玺，由宫内府大臣标明年、月、日副署之。其与国务有关联之帝室令之上谕，会同国务总理大臣及主管各部大臣副署之。

第四条　法律附上谕公布之。

前项之上谕载明，经咨询参议府及立法院之翼赞，其关于依《组织

法》第二十四条第二项之规定者应声明之,并载明经咨询参议府御署之后,钤用御玺,由国务总理大臣标明年、月、日副署之,或会同主管各部大臣副署之。(康四·第二五四号本条中修正)

第五条　敕令附上谕公布之。

前项之上谕载明,经咨询参议府御署之后,钤用御玺,由国务总理大臣标明年、月、日副署之,或会同主管各部大臣副署之。其关于依《组织法》第八条或第三十六条之规定者,应声明之。(康四·第二五四号本条中修正)

第六条　公示国际条约时,附上谕公布之。

前项之上谕载明,经咨询参议府御署之后,钤用御玺,由国务总理大臣标明年、月、日,会同主管各部大臣副署之。

第七条　预算及为预算以外国库负担契约之件,附上谕公布之。

前项之上谕载明,经咨询参议府及立法院之翼赞,其关于依《组织法》第二十四条第二项或第三十六条之规定者,应声明之。并载明,经咨询参议府御署之后,钤用御玺,由国务总理大臣标明年、月、日,会同主管各部大臣副署之。(康四·第二五四号本条中修正)

第八条　院令由国务总理大臣标明年、月、日,经署名后公布之。

部令由主管各部大臣标明年、月、日,经署名后公布之。

公示宫内府令时,由宫内府大臣标明年、月、日,经署名后公布之。(康元·第一六三号本条中修正)

第九条　(康二·第一七三号删除)

第十条　国书及其他外交上之御翰、条约批准书、全权委任令、派往外国官吏委任令、名誉领事委任令及外国领事认可状,经御署后,钤用国玺,由国务总理大臣标明年、月、日,会同主管各部大臣副署之。

第十一条　特任官之任命状,经御署后,钤用御玺〔后〕编号,由国务总理大臣标明年、月、日副署之。在宫内官,由宫内府大臣标明年、月、日副署之。

简任官之任命状,钤用御玺后编号,由国务总理大臣标明年、月、日署名。在宫内官,由宫内府大臣标明年、月、日署名。

荐任官之任命状,钤用国务院印后编号,由国务总理大臣标明年、月、日。在宫内官,钤用宫内府印,由宫内府大臣标明年、月、日。

委任官之任命状,钤用官印后编号,由本属长官标明年、月、日。

第十二条　特任官之解任状，钤用御玺后，由国务总理大臣标明年、月、日。在宫内官，由宫内府大臣标明年、月、日。

简任官之解任状，钤用国务院印后，由国务总理大臣标明年、月、日署名。在宫内官，钤用宫内府印后，由宫内府大臣标明年、月、日署名。

荐任官之解任状，由国务总理大臣标明年、月、日，钤用国务院印。在宫内官，由宫内府大臣标明年、月、日，钤用宫内府印。

委任官之解任状，钤用官印后，由本属长官标明年、月、日。

附则

本令自康德元年三月一日施行。

大同元年教令第十五号暂行公文程式令废止之。

地方官署命令程式令

（康德二年十二月二十八日敕令第一七二号）

修正　康德四年八月敕令第二五五号、五年四月第六二号

朕经咨询参议府，裁可《地方官署命令程式令》，著即公布。

（国务总理、民生部、蒙政部大臣副署）

第一条　省令、新京特别市令、首都警察厅令、警察厅令、铁道警护总队令、市令、县令、旗令及市政管理处令，载明其为省令、新京特别市令、首都警察厅令、铁道警护总队令、市令、警察厅令、县令、旗令及市政管理处令之旨意，由各该官署长官签名，标明公布年、月、日后公布之。（康四·第二五五号、五·第六二号本条中修正）

第二条　公布前条所载命令之方法，在省令、新京特别市令、首都警察厅令及铁道警护总队令，则经主管部大臣之认可后，由各该官署长官定之；在市令、警察厅令、县令、旗令及市政管理处令，则经省长之认可后，由各该官署长官定之。（康四·第二五五号、五·第六二号本条中修正）

附则

本令自康德三年一月一日施行。

附则（康德四年八月二十六日敕令第二五五号）

本令自康德四年七月一日施行。

附则（康德五年四月十四日敕令第六二号）

本令自公布日施行。

关于军令之件

（康德元年三月一日军令第一号）

朕裁可《关于军令之件》，著即公布。

（军政部、国务总理大臣副署）

第一条　关于军之统率，经敕裁之规定为军令。

第二条　军令须公示者，附上谕公布之。

前项之上谕御署后，钤用御玺，由军政部大臣标明年、月、日副署之，其与国务有关连者，会同国务总理大臣副署之。

第三条　军令以政府公报公布之。其原本由军政部保管之。

第四条　军令除另定有施行日期者外，即刻施行。

附则

本令自康德元年三月一日施行。

关于防卫令公布式之件

（康德五年三月十日敕令第二一号）

朕经咨询参议府，裁可《关于防卫令公布式之件》，著即公布。

（国务总理、治安部大臣副署）

防卫令由国务总理大臣或全国防卫司令官记入年、月、日并署名，依政府公报公布之。

前项规定将《防卫法》第四条第二项全国防卫司令官之权限委任于同盟国陆军最高司令官时，准用之。

附则

本令自康德五年四月一日施行。

关于训令及其他公文程式之件

（康德元年三月一日院令第一号）

兹制定《关于训令及其他公文程式之件》如左。

第一条　官署长官对所属官吏或所辖下级官署以文书有所指挥命令时，用训令。官署长官对人民有所命令特定事项时，亦同。

训令由该长官记明年、月、日,签名盖印。

第二条　官署长官对其所属官吏或所辖下级官署之呈请以文书有所指示时,用指令。根据法令上之义务对人民之呈请有所指示时,亦同。

指令由该长官记明年、月、日,签名盖印。

第三条　下属官署对上级官署以文书所有呈请时,用呈。

呈由该官署长官记明年、月、日,签名盖印。

第四条　官署长官对人民之请愿或陈情有所指示时,用批。

批由该长官记明年、月、日,签名盖印。

第五条　官署长官对不相隶属之官署发公文时,用公函。

有第一条至第五条第一项所定以外之情事发公文时,得用公函。

公函由该长官或该官吏记明年、月、日,签名盖印。

第六条　官署长官对一般人民以文书有所告示时,用布告。

布告由该长官记明年、月、日,盖官署印或签名盖印。

第七条　凡统计表、计算书及通知书等类,得不依本令所定公文程式。

第八条　官署长官关于职务为委任、委嘱,定职员之给与,命补职、休职、复职或为表彰、惩戒时,用指叙令。

指叙令由该长官记明年、月、日,盖官署印或签名盖印。

附则

本令自康德元年三月一日施行。

第二编　行政法

诸官制

国务院官制

（康德四年六月五日敕令第一一九号）

修正　康德五年六月敕令第一三六号、康德六年五月敕令第一一一号、六月第一六五号、七月第一七八号、八月第二一六号

朕经咨询参议府,裁可《国务院官制》,著即公布。

（国务总理、各部大臣副署）

第一条　国务总理大臣奉皇帝之旨，统督各部大臣，掌理国家行政之机务，任其责。

国务总理大臣有故障时，由各部大臣中一人依特命摄行其职务。

第二条　国务总理大臣责督官吏，关于其任免进退及赏罚，奏请皇帝。

第三条　国务总理大臣关于其主管事务，得依职权或特别委任，发院令。

第四条　国务总理大臣为保持行政之统一、维持全局之平衡，认为有必要时，得停止或取消各部大臣之命令或处分。

第五条　国务总理大臣总括地方行政，指挥、监督省长、新京特别市长及警察总监；认为省长、新京特别市长及警察总监之命令或处分有违反成规、妨害公益时，得停止或取消之。（康六·第一七八号本条追加）

第六条　为谋行政事务之联络，设国务院会议。

国务院会议由国务总理大臣主宰之，以各部大臣、总务长官及兴安局总裁或其代理人组织之。（康六·第一七八号）

第七条　左列各件须经国务院会议。

一、法律、敕令、预算及为预算以外国库负担契约之件；

二、与外国之条约及重要涉外案件；

三、预算以外之支出；

四、简任官之任命及进退；

五、其他重要国务。（康六·第一七八号）

第八条　国务院置治安、民生、司法、产业、经济及交通之各部。

各部大臣承国务总理大臣之统督，掌理其主管事务。

各部官制另定之。（康六·第一七八号）

第九条　国务院置总务长官，为特任。

总务长官辅佐国务总理大臣。（康六·第一七八号）

第十条　为使司掌关于遂行第一条至第六条所揭之国务总理大臣职务之事务，置总务厅。

总务长官统辖总务厅之事务，指挥、监督所属官吏。关于其进退及

赏罚,呈请国务总理大臣。其委任官以下专行之。(康六·第一七八号本条中修正)

第十一条　国务院置兴安局总裁,为特任。

兴安局总裁关于蒙政,辅佐国务总理大臣,任蒙政事务之联络调整。

为使司掌前项之事务,置兴安局。

兴安局官制另定之。(康六·第一七八号)

第十二条　国务总理大臣直宰外交,指挥、监督外交使节及领事官。

为使司掌前项之事务,置外务局。

外务局官制另定之。(康六·第一七八号)

第十二条　总务厅置左列职员。

次长:二人,简任;

处长:七人,简任;

参事官:四十三人,荐任(其中八人得为简任);

理事官:十三人,荐任;

秘书官:四人,荐任(其中一人得为简任);

事务官:六十九人,荐任;

调查官:四人,荐任;

技佐:四人,荐任;

属官:二百四十九人,委任;

技士:五人,委任。(康六·第一七八号、第二一六号本条修正)

第十四条　次长辅佐总务长官,监督官房及各处之事务。总务长官有事故时,由其中一人承命,代理其职务。

处长承总务长官之命,掌理处务。

参事官承上司之命,参画国务,掌审议,起草及承特命事项。

监察官承总务长官之命,掌监察。

理事官及事务官承上司之命,掌事务。

秘书官承国务总理大臣或总务长官之命,掌机密事项。

调查官承上司之命,掌调查。

技佐承上司之命,掌技术。

属官承上司之指挥,办理事务。

技士承上司之指挥，从事技术。（康六·第一一一号、第一六五号本条中修正）

第十五条　总务厅置官房及左列七处。

企画处；

法制处；

人事处；

主计处；

统计处；

弘报处；

地方处。（康六·第一七八号本条修正）

第十六条　官房掌管左列事项。

一、属于机密事项；

二、关于监察事项；

三、关于官吏之进退、赏罚及身分事项；

四、关于颁发官印事项；

五、关于管守官印事项；

六、关于公布法律、预算、条约、敕令、军令、诏书及院令等并保管原本（除条约及军令）事项；

七、关于公文书之收受、递达、发送及编纂保管事项；

八、关于发行政府公报事项；

九、关于经费及收入之预算及决算事项；

十、关于会计及用度事项；

十一、关于不属处所管之庶务事项。

第十七条　企画处掌管左列事项。

一、关于重要企画之起草及联络、调整事项；

二、关于重要施策之基本的调查及资料之搜集事项；

三、关于考察重要施设事项；

四、关于统辖总动员计画事务事项。（康六·第一六五号本条中修正）

第十八条　法制处掌管左列事项。

一、关于法律案、敕令案、院令案及其他法令案之起草及审查事项；

二、关于审查条约案事项。

第十九条　人事处掌管左列事项。

一、关于人事及给与之统一、调整事项；

二、关于官吏之任免、进退及身分事项；

三、关于官吏之纪律及赏罚事项；

四、关于官吏之养成及训练事项。

第二十条　主计处掌管左列事项。

一、关于统括预算及总括决算事项；

二、关于特别会计之预算及决算事项；

三、关于国资之计画及运用事项；

四、关于管理国库金之收支事项；

五、关于政府保管之现金及有价证券事项；

六、关于统一物品会计事项；

七、关于收支科目事项。

第二十一条　统计处掌管左列事项。

一、关于统一统计事项；

二、关于统辖国势基本之统计事项；

三、统计年报及其他关于统计国书之编纂；

四、关于统辖资源调查事项；

五、关于养成统计职员事项。（康五·第一三六号本条中修正）

第二十二条　弘报处掌管左列事务。

一、关于监理弘报机关事项；

二、关于宣传之计画事项；

三、关于宣传之联络统制事项；

四、关于实施重要之对内外宣传事项；

五、关于情报事项。

第二十三条　地方处掌管左列事项。

一、关于地方行政之制度事项；

二、关于管理地方行政官署事项；

三、关于省地方费及新京特别市、市、县、旗、街、村其他地方团体之行政及财务事项；

四、关于地方行政监督之联络调整事项。（康六·第一七八号本条追加）

第二十四条　官房及各处之分科规程，由总务长官经国务总理大

臣认可定之。（康六·第一七八号）

附则

本令自康德四年七月一日施行。

附则（康德五年六月二十三日敕令第一三六号）

本令自公布日施行。

附则（康德六年五月十一日敕令第一一一号）

本令自公布日施行。

附则（康德六年六月二十九日敕令第一六五号）

本令自公布日施行。

附则（康德六年七月一日敕令第一七八号）

本令自康德六年七月一日施行。

附则（康德六年八月二十八日敕令第二一六号）

本令自康德六年九月一日施行。

国务院各部官制

（康德四年六月五日敕令第百二十号）

修正　康德四年九月敕令第二七五号、一二月第四一九号、第四七七号、康德五年二月敕令第一四号、三月第二八号、五月第八〇号、六月第一三九号、七月第一七八号、第一八一号、一二月第三〇九号、第三一九号、康德六年二月敕令第三三号、三月第四五号、第六三号、四月第九一号、七月第一七九号、第一八五号、八月第一九九号、第二一七号、一〇月第二六八号、十二月第三七四号

朕经咨询参议府，裁可《国务院各部官制》，著即公布。

（国务总理、各部大臣副署）

第一章　通则

第一条　各部大臣承国务总理大臣之统督，掌理主管事务，任其责。

关于主管不明了之事务或涉于二部以上之事务，应呈请国务总理大臣，受其裁定。

第二条　各部大臣关于其主管事务，认为有制定、废止或修正法律或敕令之必要时，应具案提出于国务总理大臣。

第三条　各部大臣关于其主管事务,得要求于国务院会议。

第四条　各部大臣关于其主管事务,得依其职权或特别委任,发部令。

第五条　各部大臣关于其主管事务,指挥、监督省长、特别市长及警察总监;认为其命令或处分有违反成规、妨害公益时,得停止或取消之。但关于重要事项,须承国务总理大臣之指挥。

第六条　各部大臣指挥、监督所属官吏。关于其进退及赏罚,呈请国务总理大臣。其委任官以下专行之。

第七条　各部置次长一人,为简任。

次长辅佐大臣监督官房及各司局之事务。大臣有事故时,代理其职务。

第八条　各部置大臣官房及分掌部务之司。

第九条　官房掌管左列事项。但特使属于司之所管者,不在此限。

一、属于机密事项;

二、关于重要部务之联络调整事项;

三、关于考察行政事项;

四、关于总动员计画事项;

五、关于官吏之进退、赏罚及身分事项;

六、关于管守官印事项;

七、关于公文书之收受、递达、发送及编纂保管事项;

八、关于会计及用度事项;

九、关于蒐集资料事项;

十、关于调制统计报告及发行刊行物之事项;

十一、关于其他庶务事项。

第十条　各部之官房及司之分科规程,由各部大臣经国务总理大臣认可定之。

第二章　治安部

第十一条　治安部大臣掌理关于国防、用兵、军政、警察及其他治安事项,关于测量陆地及水路事项,并关于马、骡、驴及骆驼事项。(康五·第三一九号本条修正)

第十二条　治安部于另定之职员外,置左列职员。

警务司长:简任;

参事官:三人,荐任;

理事官:十一人,荐任;

警护参事官:二人,简任或荐任(但简任不得逾一人);

事务官:四十八人,荐任;

技佐:二人,荐任;

属官:二百五十人,委任;

技士:二十三人,委任;

译官:十二人,委任(其中一人得为荐任)。(康四·第四一九号本条修正,四·第四七七号、五·第一四号、第三〇九号、六·第一八五号、第二一七号本条中修正)

第十三条　警务司长承大臣之命,掌理司务。

参事官承上司之命,参画机务及掌承特命事项。

理事官及事务官承上司之命,掌事务。

警护参事官承上司之命,参画关于铁道警护之机务及掌承特命事项。

技佐承上司之命,掌技术。

属官承上司之指挥,办理事务。

技士承上司之指挥,从事技术。(康四·第四七七号、五·第三〇九号本条中修正)

第十四条　治安部大臣以武官任之。

治安部次长及警务司长以文官任之。

治安部次长之职务不及于关于军之统率事项。

治安部大臣有事故时,关于军之统率事项由陆军将官中一人承特命,代理其职务。

第十五条　治安部置左列三司。

参谋司;

军政司;

警务司。

第十六条　参谋司掌管左列事项。

一、关于用兵作战事项;

二、关于军之编制及训练事项;

三、关于军警协力事项。(康六·第三七四号本条中修正)

第十七条　军政司掌管左列事项。

一、关于军之人事及征募事项；

二、关于兵器及军需品事项；

三、关于军之经理事项；

四、关于军之法务、医务及兽医务事项。

第十八条　参谋司及军政司之分科，依另所定。

第十九条　警务司掌管左列事项。

一、关于治安警察事项；

二、关于行政警察事项。

第三章　民生部

第二十条　民生部大臣掌理关于教育、礼教、社会、保健其他民心振作及民生安定事项。

第二十一条　民生部置左列职员。

司长：四人，简任；

参事官：五人，荐任（其中一人得为简任）；

理事官：十八人，荐任；

编审官：九人，荐任（其中一人得为简任）；

教学官：九人，荐任（其中一人得为简任）；

技正：五人，荐任（其中一人得为简任）；

秘书官：一人；

事务官：四十二人，荐任；

副教学官：三人，荐任；

技佐：七人，荐任；

属官：一百七十一人，委任；

编审官佐：五人，委任；

技士：十人，委任。（康四・第四一九号、五・第一七八号、六・第九一号、第一九九号、第二一七号、第三七四号本条中修正）

第二十二条　司长承大臣之命，掌理司务。

参事官参画部务及掌承特命事项。

理事官及事务官承上司之命，掌事务。

编审官承上司之命，掌学校用教科图书之编纂、审查及检查。

教学官及副教学官承上司之命，掌关于教学之刷新、振兴之调查及指导监督。

技正及技佐承上司之命,掌技术。

秘书官承大臣之命,掌机密事项。

属官承上司之指挥,办理事务。

编审官佐承上司之指挥,从事学校用教科图书之编纂。

技士承上司之指挥,从事技术。(康五·第一七八号、六·第三七四号本条中修正)

第二十二条之二　民生部得置技监一人,为简任。

技监承大臣之命,总监技术。(康六·第二六八号本条追加)

第二十三条　民生部置左列四司。

教育司;

厚生司;

劳务司;

保健司。(康六·第三七四号本条修正)

第二十四条　教育司掌管左列事项。

一、关于学校教育事项;

二、关于学艺事项;

三、关于教科书之编纂及审查事项。

第二十五条　厚生司掌管左列事项。

一、关于民生之改善事项;

二、关于生活之保护事项;

三、关于军事之援护事项;

四、关于社会教育事项;

五、关于宗教祀典事项;

六、关于国民文化事项。(康六·第三七四号本条修正)

第二十五条之二　劳务司掌管左列事项。

一、关于劳动统制事项;

二、关于劳动人之保护、辅导及养成事项;

三、关于职能登录及劳动登录事项;

四、关于职业介绍及职业辅导事项;

五、关于劳动调查及劳动统计事项。(康六·第三七四号本条追加)

第二十六条　保健司掌管左列事项。

一、关于国民之体育及健康增进事项；

二、关于防疫及公众卫生事项；

三、关于医药行政事项。

第四章 司法部

第二十七条 司法部大臣监督法院、检察厅及监狱，掌理关于民事、刑事、行刑、非讼事件、民籍、地籍及其他司法行政事项。

第二十八条 司法部置左列职员。

司长：三人，简任；

参事官：七人，荐任（其中一人得为简任）；

理事官：十二人，荐任；

秘书官：一人，荐任；

事务官：二十人，荐任；

技佐：四人，荐任；

属官：一百零九人，委任；

技士：九人，委任。（康五・第一三九号、六・第九一号、第二一七号本条中修正）

第二十九条 司长承大臣之命，掌理司务。

参事官参画部务及掌承特命事项。

理事官及事务官承上司之命，掌事务。

秘书官承大臣之命，掌机密事项。

技佐承上司之命，掌技术。

属官承上司之指挥，办理事务。

技士承上司之指挥，从事技术。

第三十条 司法部置左列三司。

民事司；

刑事司；

行刑司。

第三十一条 民事司掌管左列事项。

一、关于民事及非讼事件事项；

二、关于民事及非讼事件之裁判事务事项；

三、关于提存、调停及公证事项；

四、关于民籍、地籍及登记事项。

第三十二条　刑事司掌管左列事项。

一、关于刑事事项；

二、关于刑事之裁判事务及检察事务事项；

三、关于恩赦事项；

四、关于引渡犯罪人事项。

第三十三条　行刑司掌管左列事项。

一、关于刑之执行事项；

二、关于监狱事项；

三、关于监狱作业事项；

四、关于矫正少年事项。

第五章　产业部

第三十四条　产业部大臣掌理关于农、林、畜产（除关于马、骡、驴及骆驼事项）、水产、矿、工、开拓、植民及其他资源之利用、开发及保有事项。（康五・第三一九号本条中修正）

第三十五条　产业部置左列职员。

司长：四人，简任；

参事官：六人，荐任（其中一人得为简任）；

理事官：十九人，荐任；

技正：八人，荐任（其中一人得为简任）；

秘书官：一人，荐任；

事务官：五十四人，荐任；

技佐：五十二人，荐任；

属官：一百五十一人，委任；

技士：一百二十七人，委任。（康六・第一九九号、第二一七号本条修正）

第三十六条　司长承大臣之命，掌理司务。

参事官参画部务及掌承特命事项。

理事官及事务官承上司之命，掌事务。

技正及技佐承上司之命，掌技术。

秘书官承大臣之命，掌机密事项。

属官承上司之指挥，办理事务。

技士承上司之指挥，从事技术。

第三十七条　产业部置左列四司。

农务司；

工务司；

矿山司；

畜产司。（康六·第一九九号本条修正）

第三十八条　农务司掌管左列事项。

一、关于农事事项；

二、关于农地事项；

三、关于水产事项。

第三十九条　工务司掌管左列事项。

一、关于工业事项；

二、关于电气事业及瓦斯事业事项。（康六·第一九九号本条修正）

第三十九条之二　矿山司掌管左列事项。

一、关于矿业及地质事项；

二、关于矿物之精炼事业事项；

三、关于燃料事项。（康六·第一九九号本条修正）

第四十条　畜产司掌管左列事项。

一、关于畜产事项；

二、关于牧野事项。（康五·第三一九号本条修正）

第四十一条　（康五·第三一九号删除）

第六章　经济部

第四十二条　经济部部大臣掌理关于货币、金融、国债、投资、商事、贸易、权度、租税、专卖及国有财产事项。

第四十三条　经济部置左列职员。

司长：三人，简任；

参事官：七人，荐任（其中二人得为简任）；

理事官：十五人，荐任；

技正：三人，简任或荐任（但简任不得逾一人）；

秘书官：一人，荐任；

事务官：四十六人，荐任；

技佐：五人，荐任；

属官：二百零七人，委任；

技士：十八人，委任。（康六·第一九九号、第二一七号本条修正）

第四十四条　司长承大臣之命，掌理司务。

参事官参画部务及掌承特命事项。

理事官及事务官承上司之命，掌事务。

技正及技佐承上司之命，掌技术。

秘书官承大臣之命，掌机密事项。

属官承上司之指挥，办理事务。

技士承上司之指挥，从事技术。

第四十四条之二　经济部得置技监一人，为简任。

技监承大臣之命，总监技术。（康六·第三七四号本条追加）

第四十五条　经济部置左列三司。

金融司；

商务司；

税务司。

第四十六条　金融司掌管左列事项。

一、关于货币事项；

二、关于金融事项；

三、关于外国汇兑事项；

四、关于监督金融机关事项；

五、关于国债之事务及地方债之监督事项；

六、关于投资事项；

七、关于贮蓄及贮蓄资金事项；

八、关于管理国有财产事项。（康六·第一九九号本条中修正）

第四十七条　商务司掌管左列事项。

一、关于商业及交易事项；

二、关于贸易事项；

三、关于保险事项；

四、关于仓库事项；

五、关于权度事项；

六、关于物价事项。（康六·第一九九号本条中修正）

第四十八条　税务司司掌管左列事项。

一、关于内国税及地方税事项；

二、关于内国税、地方税及公课之调整事项;

三、关于关税及吨税事项;

四、关于租税外诸收入事项。(康六·第一七九号本条修正)

第七章　交通部

第四十九条　交通部大臣掌理关于铁道、自动车、道路、水运、航空、邮政、电气通信其他交通及通信事项,关于河川、港湾、公有水面事项,关于都邑计画及水道其他都邑施设事项并关于观象事项。(康六·第三七四号本条修正)

第五十条　交通部置左列职员。

司长:五人,简任;

参事官:六人,荐任(其中一人得为简任);

理事官:十二人,荐任;

技正:九人,荐任(其中一人得为简任);

秘书官:一人,荐任;

事务官:二十二人,荐任;

技佐:二十二人,荐任;

属官:九十二人,委任;

技士:六十八人,委任。(康六·第一七九号、第二一七号本条修正)

第五十一条　司长承大臣之命,掌理司务。

参事官参画部务及掌承特命事项。

理事官及事务官承上司之命,掌事务。

技正及技佐承上司之命,掌技术。

秘书官承大臣之命,掌机密事项。

属官承上司之指挥,办理事务。

技士承上司之指挥,从事技术。

第五十二条　交通部得置技监一人,为简任。

技监承大臣之命,总监技术。

第五十三条　交通部置左列五司。

铁路司;

道路司;

水路司;

航空司;

都邑计画司。（康六·第三七四号本条修正）

第五十四条　铁路司掌管左列事项。

一、关于铁道事项；

二、关于自动车事项；

三、关于小运送事项；

四、关于其他陆运事项。（康六·第三七四号本条修正）

第五十五条　道路司掌管左列事项。

一、关于道路之建设、改良及维持事项；

二、关于道路行政事项。

第五十六条　水路司掌管左列事项。

一、关于河川及公有水面事项；

二、关于港湾事项；

三、关于水运、船舶及船员事项；

四、关于航路及航路标识事项。（康六·第三七四号本条修正）

第五十六条之二　航空司掌管左列事项。

一、关于航空事项；

二、关于航空机及航空乘员事项；

三、关于伴随航空之施设事项；

四、关于气象及天文事项。（康五·第三七四号本条追加）

第五十七条　都邑计画司掌管左列事项。

一、关于都邑计画事项；

二、关于都邑计画事业之指导监督事项；

三、关于上下水道事项；

四、关于都邑之防空施设事项；

五、关于都邑之土木施设事项。（康六·第一七九号本条追加）

第五十八条　交通部大臣为使分掌关于治水调查及道路、河川其他直辖工程之施行事项，得于认为必要之地，设置治水调查处及土木工程处。

治水调查及土木工程处置处长，以技正充之。（康六·第三七四号本条修正）

附则

本令自康德四年七月一日施行

　　　　　附则(康德六年二月二十三日敕令第三三号)
本令自公布日施行。
　　　　　　附则(康德六年三月九日敕令第四五号)
本令自公布日施行。
　　　　　　附则(康德六年三月三十日敕令第六三号)
本令自公布日施行。
　　　　　　附则(康德六年四月二十七日敕令第九一号)
本令自公布日施行。
　　　　　　附则(康德六年七月一日敕令第一七九号)
本令自康德六年七月一日施行。
　　　　　　附则(康德六年七月二十七日敕令第一八五号)
本令自公布日施行。
　　　　　　附则(康德六年八月一日敕令第一九九号)
本令自公布日施行。
　　　　　　附则(康德六年八月二十八日敕令第二一七号)
本令自康德六年九月一日施行。
　　　　　　附则(康德六年十月十二日敕令第二六八号)
本令自公布日施行。
　　　　　　附则(康德六年十二月二十八日敕令第三七四号)
本令自康德七年一月一日施行。
康德四年敕令第一百七十六号交通部设置土木建筑处之件废
止之。

宫内府官制

　　　　　　　(康德元年三月一日帝室令第二号)
　　修正　康德元年四月帝室令第一〇号、二年三月第七号、七月第一
一号、三年一二月第二号、四年五月第二号、六年二月第二号
　　朕经咨询参议府,裁可《宫内府官制》,著即公布。

　　　　　　　　　　　　　　　(宫内府、国务总理副署)
　　第一条　宫内府大臣为特任,关于帝室事务,任辅弼之责。
　　第二条　宫内府大臣统辖宫内府,指挥、监督所属职员,关于其任
免及赏罚上奏之。委任官以下则专行之。关于授与职员勋章及其他荣

典,经国务总理大臣上奏之。

第三条　宫内府大臣认为有制定、改废帝室令之必要时,应具案上奏之。其与国务有关连者,应与国务总理大臣会同上奏。

第四条　宫内府大臣关于帝室令之施行及其他主管事务,得发宫内府令并定其他规程。其与国务有关连者,应与国务总理大臣协定。

第五条　宫内府大臣有事故时,得将其职务令次长临时代理之。但依公文程式令之副署及宫内府令之制定,不在此限。(康二·第七号本条中修正)

第六条　宫内府置左列六处。

总务处;

内务处;

近侍处;

掌礼处;

皇宫近卫处;

侍卫处。(康三·第二号、六·第二号本条中修正)

第七条　总务处掌管左列事项。

一、关于典守诏书、敕书、帝室令及其他原本事项;

二、关于典守官印及收发、保管文书事项;

三、关于职员之任免、赏罚及其他身分事项;

四、关于巡幸事项;

五、关于进献事项;

六、关于慈善事项;

七、关于恩给及赏赍事项;

八、不属于他处之主管事项。(康三·第二号本条中修正)

第八条　内务处掌管左列事项。

一、关于会计事项;

二、关于营缮事项;

三、关于管理财产事项;

四、关于物品之购买及保存事项;

五、关于车马事项。(康六·第二号本条中修正)

第九条　近侍处掌管左列事项。

一、关于坛庙及陵寝事项；

二、关于侧近事项；

三、关于医疗事项；

四、关于膳馐事项。

第十条　掌礼处掌管左列事项。

一、关于祭祀典礼事项；

二、关于观谒及飨宴事项；

三、关于外宾之接待事项；

四、关于音乐事项。（康三・第二号、六・第二号本条中修正）

第十一条　皇宫近卫处掌管左列事项。

一、关于警卫事项；

二、关于警察、消防及卫生事项。（康六・第二号本条修正）

第十一条之二　侍卫处掌管左列事项。

一、关于侧近侍卫事项；

二、关于行幸及典礼之际，侍卫官扈从事项。（康三・第二号本条追加）

第十二条　宫内府置左列职员。

次长：特任或简任；

处长：六人，简任；

秘书官：三人，简任或荐任；

礼官：四人，荐任；

侍医：四人，荐任（其中一人得为简任）；

理事官：八人，荐任；

事务官：八人，荐任；

侍卫官：八人，荐任（其中一人得为简任）；

警卫官：七人，荐任；

翻译官：五人，荐任；

技正：一人，荐任；

技佐：二人，荐任；

奏事官：四人，委任（其中一人得为荐任）；

药剂官：二人，委任（其中一人得为荐任）；

属官：三十七人，委任；

警卫佐：十五人，委任；

技士：七人，委任；

警卫尉：二十人，委任；

乐长：一人，委任；

乐士：五人，委任；

卫长：五十五人，委任；

卫士：二百三十四人，委任。（康六·第二号本条修正）

第十三条　次长辅佐宫内府大臣。

处长承宫内府大臣之命，掌理所管事务、指挥、监督所属职员。（康三·第二号本条修正）

第十四条　秘书官承宫内大臣之命，掌理机要事务。但得特令，其分掌各处事务。

礼官承掌礼处长之命，掌理典礼。

侍医承近侍处长之命，掌理医疗。

理事官承上司之命，掌理事务。

事务官承上司之命，分掌事务。

侍卫官承侍卫处长之命，侍卫扈从。

警卫官承皇宫近卫处长之命，掌理事务。关于职务之执行，指挥、监督警卫佐、警卫尉、卫长及卫士。

翻译官承上司之命，掌理翻译及通译。

技正及技佐承上司之命，掌理技术。

奏事官承上司之命，办理侧近庶务。

药剂官承近侍处长之命，掌理药剂。

属官承上司之命，办理事务。

警卫佐承上司之命，办理事务。关于职务之执行、指挥、监督警卫尉、卫长及卫士。

技士承上司之命，从事技术。

警卫尉承上司之命，办理事务。关于职务之执行，指挥、监督卫长及卫士。

乐长及乐士承上司之命，从事奏乐。（康六·第二号本条修正）

第十五条　（康三·第二号删除）

第十六条　关于卫长及卫士之规程，由宫内府大臣定之。（康六·

第二号本条修正）

第十七条　（康三・第二号删除）

第十八条　宫内府大臣得经敕裁，置顾问官。

顾问官为特任官待遇或简任官待遇之名誉官，备宫内府大臣之咨问。（康四・第二号本条中修正。）

附则

本令自康德元年三月一日施行。

大同元年执政府令第一号《执政府官制》，废止之。

附则（康德二年三月十四日帝室令第七号）

本令自公布日施行。

附则（康德二年七月三十日帝室令第十一号）

木令自公布日施行。

附则（康德三年十二月二十八日帝室令第二号）

本令自康德四年一月一日施行。

本令施行之际，现在职之侍卫官在定员以外者，得依本令任命为侍卫官。

附则（康德四年五月七日帝室令第二号）

本令自公布日施行。

附则（康德六年二月二十八日帝室令第二号）

本令自康德六年三月一日施行。

康德二年帝室令第十二号皇宫近卫官制废止之。

从前皇宫近卫之职员为荐任官者，任用为委任官时，得为荐任官三等待遇。

尚书府官制

（康德元年三月一日帝室令第一号）

朕经咨询参议府，裁可《尚书府官制》，著即公布。

（宫内府、国务总理副署）

第一条　尚书府典守御玺、国玺并掌关于诏书、敕书及其他文书之用玺事务。

第二条　尚书府大臣为特任，统辖尚书府，指挥、监督所属职员。

其任免及赏罚,应移交宫内府大臣。委任官以下则专行之。

第三条　尚书府置左列职员。

秘书官长:一人,简任;

秘书官:二人,荐任;

属官:三人,委任。

第四条　秘书官长承尚书府大臣之监督,掌理事务。

第五条　秘书官承秘书官长之命,掌理事务。

第六条　属官承上司之指挥,办理庶务。

附则

本令自康德元年三月一日施行。

参议府官制

(大同元年四月一日教令第四号)

修正　康德元年三月敕令第四号、第十一号、六月第五一号、四年六月第一四五号

兹制定《参议府官制》,著即公布此令。

(国务总理副署)

第一条　参议府以参议若干人组织之。

第二条　参议府置议长及副议长各一人,由皇帝就参议中命之。

议长综理参议府事务,对于参议府所发之公文书署名。

副议长辅佐议长。议长若有故障时,行其职务。

议长、副议长均有故障时,由参议中一人承命,代理议长之职务。

第三条　参议府之意见依参议府会议之决议决之。

第四条　参议府会议非有参议过半数出席,不得开会。

第五条　参议府会议之议事,依出席参议之多数决可否。同数时,即由议长决定之。

第六条　议长关于会议有必要时,得使国务总理大臣、宫内府大臣及各部大臣或其代理者出席于会议,陈述意见。(康元·第四号本条修正、四·第一四五号本条中修正)

第七条　议长有必要时,得就参议中任命审查委员,审查特别事项。

第八条　参议府设秘书局,置左列议员。

局长:简任;

理事官:简任或荐任;

秘书官:荐任;

事务官:荐任;

属官:委任。(康元·第五一号本条修正)

第九条　局长承议长之命,管理常务。

理事官承局长之命,掌关于审查报告事务。

秘书官承局长之命,掌机密事项及承特命事项。

事务官承上司之命,掌事务。

属官承上司之指挥,办理事务。(康元·第五一号本条修正)

第十条　议长关于荐任官以上之进退及赏罚,转经国务总理大臣,上奏皇帝。其委任官以下,专行之。(康元·第五一四本条中修正)

第十一条　本官制自大同元年三月九日施行。

附则(康德元年三月一日敕令第四号)

本令自康德元年三月一日施行。

附则(康德元年六月三十日敕令第五一号)

本令自康德元年七月一日施行。

附则(康德四年六月二十七日敕令第一四五号)

本令自康德四年七月一日施行。

首都警察厅官制

(大同元年六月十一日教令第二九号)

修正　康德元年三月敕令第十一号、六月第六二号、三年三月第十一号、八月第一二八号、四年六月第一八三号、九月第二八二号、十二月第四二八号、第四七二号、五年第一〇五号、八月第二二三号

兹经咨询参议府,制定《首都警察厅官制》,著即公布施行此令。

(国务总理大臣副署)

第一条　首都设首都警察厅。

第二条　首都警察厅直隶国务总理大臣,掌管首都警务。(康四·第一八三号、第二八二号本条中修正)

第三条　首都警察厅置左列职员。

警察总监：简任；

警察副总监：一人，简任；

理事官：五人，荐任；

技正：一人，荐任；

警正：荐任；

技佐：四人，荐任；

警佐：委任；

技士：十六人，委任；

警尉：委任。

警正、警佐及警尉之员额另定之。（康四·第四二八号本条修正，四·第四七二号、六·第二二三号本条中修正）

第四条　警察总监承国务总理大臣之指挥，监督关于各部大臣所管之事务，承其指挥、监督，执行法律命令，管理管辖区域内之警察、消防及特由民生部大臣指定之卫生事务。

警察总监关于首都之治安维持有必要时，得指挥邻接各县之警察官。（康四·第一八三号本条修正）

第五条　警察总监关于其主管事务，以职权或由特别委任，得发厅令。

第六条　警察总监遇非常急变需兵力时，得向地方驻扎军队司令官要求出兵。

第七条　警察总监指挥、监督所属官吏，其荐任官以上之进退，呈请国务总理大臣。委任官以下之任免，则专行之。（康四·第一八三号本条中修正）

第八条　警察总监得将属于其职权事务之一部委任警察署长。（康五·第一〇五号本条修正）

第九条　警察总监认为警察署长之处分有违反成规、妨害公益或侵犯权限时，得取消或停止其处分。（康五·第一〇五号本条修正）

第十条　警察副总监辅佐警察总监，承其命指挥、监督部下官吏。警察总监有事故时，代理其职务。（康五·第一〇五号本条修正）

第十一条　警察总监及警察副总监均有事故时，由为警务科长之理事官代理其职务。（康五·第一〇五号本条修正）

第十二条　理事官承上司之命,掌事务。

技正承上司之命,掌技术。

警正除为治安部大臣所指定之警察署及消防署之署长者外,属于科承上司之命掌事务,指挥、监督部下之警佐、警尉、警尉补、警长及警士。

技佐承上司之命,掌技术。

警佐承上司之指挥,分掌关于警察、消防及卫生之事务,指挥、监督部下之警尉、警尉补、警长及警士。

技士承上司之指挥,从事技术。

警尉承上司之指挥,办理关于警察、消防及卫生之事务,指挥、监督部下之警尉补、警长及警士。(康五・第一〇五号、六・第二二三号本条修正)

第十三条　首都警察厅置左列七科。

警务科;

特务科;

外事科;

保安科;

司法科;

卫生科;

建筑工场科。(康五・第一〇五号本条修正)

第十四条　警务科掌管左列事务。

一、关于警务事项。(康五・第一〇五号本条修正)

第十五条　特务科掌管左列事务。

一、关于特务警察事项。(康五・第一〇五号本条修正)

第十六条　外事科掌管左列事务。

一、关于外事警察事项。(康五・第一〇五号本条修正)

第十七条　保安科掌管左列事务。

一、关于保安警察事项;

二、关于水火消防事项。(康五・第一〇五号本条修正)

第十八条　司法科掌管左列事务。

一、关于司法警察事项。(康五・第一〇五号本条修正)

第十九条　卫生科掌管左列事务。

一、关于卫生警察事项。（康五·第一〇五号本条修正）

第二十条　建筑工场科掌管左列事务。

一、关于建筑警察事项；

二、关于工场及原动机取缔事项。（康五·第一〇五号本条修正）

第二十一条　科置科长，科长以理事官或技正充任。

科长承上司之命，掌理科之事务，指挥、监督部下官吏。（康五·第一〇五号本条修正）

第二十二条　首都警察厅下设警察署及消防署，其名称位置及管辖区域由治安部大臣定之。（康五·第一〇五号本条修正）

第二十三条　警察署设署长，警察署长以警正充任。

警察署长承警察总监之命，掌理关于该管辖区域内警察、卫生及消防（除消防署所定管辖区域地点消防外）事务，指挥、监督部下官吏。（康五·第一〇五号本条修正）

第二十四条　消防署长以警正充任。

消防署长承警察总监之命，掌理关于消防事务，指挥、监督部下官吏。（康五·第一〇五号本条修正）

第二十五条　首都警察厅置警尉补、警长及警士，为委任官待遇。

关于警尉补、警长及警士之规程，除另以敕令规定者外，由治安部大臣定之。（康五·第一〇五号本条修正）

附则

本官制自公布日施行。

附则（康德六年八月二十八日敕令第二二三号）

本令自公布日施行。

警察厅官制

（大同元年六月十一日教令第二十八号）

修正　康德二年七月敕令第七四号全部修正、一二月第一六八号、三年八月第一三〇号、一二月第一八九号、四年六月第一八五号、一二月第四二九号、五年十一月第二六〇号、六年七月第一八八号、九月第二四五号、一二月第三六八号

兹制定《警察厅官制》，著即公布此令。

（国务总理、民政部总长副署）

第一条　警察厅属于省长之管理，掌管辖区域内之警务。

第二条　警察厅设于左列各地。

奉天市；

哈尔滨市；

吉林市；

齐齐哈尔市；

安东市；

锦州市；

营口市；

抚顺市；

辽阳市；

鞍山市；

佳木斯市；

承德；

牡丹江市；

延吉；

四平街市；

铁岭市；

本溪湖市；

阜新市。

警察厅之名称及管辖区域，由治安部大臣经国务总理大臣之认可。（康二·第一六八号、四·第一八五号、第四二九号、六·第一八八号、第二四五号、第三六八号本条中修正）

第三条　警察厅共置左列职员。

厅长：十八人，荐任（其中二人得为简任）；

副厅长：二人，荐任；

警正：五十七人，荐任；

技佐：四人，荐任；

警佐：二百五十六人，委任；

技士：八十七人，委任；

警尉:六百十五人,委任。

前项所载职员之各警察厅员额由治安部大臣,经国务总理大臣之认可定之。(康四·第一八五号本条修正,第四二九号、五·第二六〇号、六·第一八八号、第二四五号、第三六八号本条中修正)

第四条　厅长承省长之指挥、监督,执行法律命令,管理其管辖区域内之警察、消防及特由民生部大臣指定之卫生事务。

厅长指挥、监督所属职员。关于其进退及赏罚,呈请省长。(康四·第一八五号本条修正)

第五条　厅长对于警察署长之处分,认为违背成规、妨碍公益或逾越权限时,得撤销或停止之。

第六条　厅长关于主管事务,依职权或特别委任,得发厅令。

第七条　厅长得以属于其职权内事务之一部,委任警察署长。

第八条　厅长有事故时,由副厅长,在不置副厅长之警察厅,由省长所指定职员之一人,代理厅长之职务。

第九条　副厅长辅佐厅长,承其命,指挥、监督所属职员。

警正承上司之命,掌关于警察、消防及卫生事务,指挥、监督部下之警佐、警尉、警尉补、警长及警士。

技佐承上司之命,掌技术。

警佐承上司之指挥,办理关于警察、消防及卫生事务,指挥、监督部下之警尉、警尉补、警长及警士。

技士承上司之指挥,从事技术。

警尉承上司之指挥,办理关于警察、消防及卫生事务,指挥、监督部下之警尉补、警长及警士。

第十条　警察厅置科,令其分掌事务。

各警察厅之分科规程,由省长经治安部大臣之认可定之。

科置科长,以警正或警佐充之。但掌卫生事务之科之科长,得以技佐或技士充之。

科长承厅长之命,掌理科之事务。

第十一条　治安部大臣所指定之警察厅,不置科。

不置科之警察厅之事务分掌,由省长定之。

第十二条　治安部大臣所指定警察厅之下设警察署长及消防署。其名称、位置及管辖区域,由省长定之。

第十三条　警察署置署长,以警正或警佐充之。

警察署长承厅长之命,掌理关于警察、卫生及消防署,管辖区域外消防之事务,指挥、监督部下之官吏。

第十四条　消防署置署长,以警正或警佐充之。

消防署长承厅长之命,掌理关于消防事务,指挥、监督部下之官吏。

第十五条　警察厅置警尉补、警长及警士,为委任官待遇。

关于警尉补、警长及警士事项,除另以敕令规定者外,由治安部大臣定之。

附则(康德二年七月三十日敕令第七四号)

本令自公布日施行。

附则(康德六年七月二十七日敕令第一八八号)

本令自公布日施行。

附则(康德六年九月二十九日敕令第二四五号)

本令自康德六年十月一日施行。

附则(康德六年十二月二十八日敕令第三六八号)

本令自康德七年一月一日施行。

地方制

省官制

（康德元年十月十一日敕令第百二十四号）

修正　康德元年十一月敕令第一六七号、二年二月第二号、一〇月第一二二号、三年一二月第一八一号、第二一八号、四年二月第七号、五月第九二号、六月第一七七号、一二月第三九六号

合并　康德四年一二月敕令第四六五号

修正　康德五年七月敕令第一七四号、一二月第三一〇号、第三三一号、六年五月第九九号、六月第一四三号、八月第二一八号、九月第二四一号、一〇月第二七六号、十一月第二九六号、一二月第三三〇号、第三六六号

朕经咨询参议府,裁可《省公署官制》,著即公布。

（国务总理、各部大臣副署）

第一条　省共置左列职员。

省长：十三人，简任；

次长：十三人，简任；

厅长：四十人，简任或荐任（但简任不得逾三十人）；

参事官：二十八人，荐任（其中四人得为简任）；

理事官：一百八十四人，荐任；

技正：三十八人，荐任（其中三人得为简任）；

秘书官：十三人，荐任；

事务官：二百零一人，荐任；

警正：荐任；

视学官：二十五人，荐任；

技佐：一百二十五人，荐任；

属官：一千六百三十二人，委任；

警佐：委任；

技士：四百四十八人，委任；

警尉：委任。

警正、警佐及警尉之员额，另定之。（康五·第一七四号、第三一〇号、第三三一号，六·第九九号、第一四三号、第二一八号、第二七六号、第三三〇号本条中修正）

第二条　前条所载职员之各省员额，由国务总理大臣定之。

第三条　省长承国务总理大臣之指挥、监督。关于各大臣主管事务，承其指挥、监督，执行法律命令，管理省内行政事务。

第四条　省长指挥、监督所属官吏，关于其进退赏罚，呈请国务总理大臣。关于委任官以下，则专行之。

第五条　省长关于省内之行政事务，得依职权或特别委任，发省令。

第六条　省长指挥、监督省内市长、县长、旗长及警察厅长。

省长对于市长、县长、旗长及警察厅长之命令或处分，认为有违成规、妨害公益或侵犯权限者，得取消或停止之。

第七条　省长为保持安宁秩序起见必需兵力时，应呈请国务总理大臣。但在非常急变之际，得向地方驻扎军队之长请求出兵。

第八条　省长得将属于其职权事务之一部委任市长、县长、旗长或警察厅长。

第九条　次长辅佐省长，监督官房及各厅事务。省长有事故时，代理其职务。

第十条　厅长承上司之命，掌理厅务。

警务厅长关于警察事务之执行，承上司之命，指挥、监督省内警察厅长及警正以下之警察官吏。

第十一条　参事官参画重要事务及掌承特命事项。

理事官及事务官承上司之命，掌事务。

技正及技佐承上司之命，掌技术。

秘书官承省长之命，掌机密事项及承特命事项。

警正承上司之命，掌关于警察之事务。关于警察事务之执行，承警务厅长之命，指挥、监督警佐以下之警察官吏。

视学官承上司之命，掌学事之视察其他关于教育事务。

属官承上司之指挥，办理事务。

警佐承上司之指挥，办理关于警察事务，指挥、监督部下之警尉、警尉补、警长及警士。

技士承上司之指挥从事技术。

警尉承上司之指挥，办理关于警察事务，指挥、监督部下之警尉补、警长及警士。（康五·第三一〇号、六·第一四三号本条中修正）

第十二条　省置官房及左列四厅。

民生厅；

警务厅；

实业厅；

土木厅。

国务总理大臣所指定之省，得代实业厅或民生厅及实业厅置开拓厅。

国务总理大臣所指定之省，得不置实业厅或开拓厅及土木厅或其一。（康五·第三三一号本条修正，六·第一四三号本条中修正）

第十三条　官房掌管左列事项。

一、属于机密事项；

二、关于重要事务之联络调整事项；

三、关于总动员计画事项；

四、关于官吏之进退赏罚及身分事项；

五、关于管守官印事项；

六、关于文书事项；

七、关于宣传及情报事项；

八、关于统计及调查事项；

九、关于会计及用度事项；

十、关于营缮事项；

十一、关于地方团体之指导监督事项；

十二、关于土地事项；

十三、不属于厅所管之事项。

第十四条　民生厅掌管左列事项。

一、关于教育及学艺事项；

二、关于礼俗及宗教事项；

三、关于史迹、名胜及天然纪念物事项；

四、关于改善民生事项；

五、关于赈灾及救恤事项；

六、关于劳务事项；

七、关于卫生及卫生警察事项。

于不置民生厅之省，前项第一款至第六款之事项由官房、第七款之事项由开拓厅掌管之。（康五·第三一〇号、六·第一四三号本条中修正）

第十五条　警务厅掌管左列事项。

一、关于行政警察事项；

二、关于治安警察事项。（康五·第三一〇号本条中修正）

第十六条　实业厅或开拓厅，掌管左列事项。

一、关于农产事项；

二、关于国有林野（除产业部大臣指定为林野局直辖之地域）及其他林野事项；

三、关于畜产及水产事项；

四、关于矿、工及商事项；

五、关于未开发地域之未利用地之取得、管理、处分及改良事项；

六、关于开拓民事项。

于不置实业厅或开拓厅之省，前项所载事项由民生厅掌管之。（康五・第三三一号本条修正，六・第一四三号、第二九六号本条中修正）

第十七条 土木厅掌管左列事项。

一、关于土木行政事项；

二、关于都邑计画事项；

于不置土木厅之省，前项所载事项由民生厅掌管之。但于国务总理大臣所指定之省，由开拓厅掌管之。（康六・第一四三号本条中修正）

第十八条 省之名称、区域及省公署之位置，依另表。

第十九条 官房及各厅之分科规程，由省长经国务总理大臣之认可定之。

第二十条 省置警尉补、警长及警士，为委任官待遇。

关于警尉补及警长之规程，除另以敕令规定者外，由治安部大臣定之。（康六・第一四三号本条中修正）

附则（康德四年十二月二十七日敕令第四六五号）

本令自康德五年一月一日施行。

附则（康德六年五月五日敕令第九九号）

本令自公布日施行。

附则（康德六年六月一日敕令第一四三号）

本令自康德六年六月一日施行。

附则（康德六年八月二十八日敕令第二一八号）

本令自康德六年九月一日施行。

附则（康德六年九月二十九日敕令第二四一号）

本令自康德六年十月一日施行。

附则（康德六年十月十九日敕令第二七六号）

本令自公布日施行。

附则（康德六年十一月十六日敕令第二九六号）

本令自公布日施行。

黑河省官制

（康德四年十二月一日敕令第三百九十八号）

修正 康德五年七月敕令第一七五号、十一月第二五九号、一二月第三三三号、六年五月第一〇一号、六月第一四四号、八月第二一九号、

一〇月第二七七号、一一月第二九七号、一二月第三三一号

朕经咨询参议府，裁可《黑河省官制》，著即公布。

（国务总理、治安部、民生部、司法部、产业部、经济部、交通部大臣副署）

第一条 黑河省置左列职员。

省长：简任；

次长：一人，简任；

厅长：二人，简任或荐任；

参事官：三人，荐任（其中一人得为简任）；

理事官：六人，荐任；

技正：二人，荐任；

县长：九人，荐任（其中一人得为简任）；

副县长：九人，荐任；

秘书官：一人，荐任；

事务官：十四人，荐任；

警正：荐任；

视学官：一人，荐任；

技佐：六人，荐任；

属官：八十六人，委任；

警佐：委任；

技士：二十九人，委任；

警尉：委任。

警正、警佐及警尉之员额，另定之。（康五·第一七五号、第二五九号、第三三三号，六·第一〇一号、第一四四号、第二一九号、第二七七号、第三三一号本条中修正）

第二条 省长承国务总理大臣之指挥、监督。关于各大臣所督之事务，承其指挥、监督，执行法律命令，管理省内行政事务。

第三条 省长指挥、监督所属官吏，关于其进退赏罚，呈请国务总理大臣。其关于委任官以下，专行之。

第四条 省长关于省内之行政事务，得依职权或特别委任，发省令。

第五条 省长认为县长之命令或处分有违成规、妨害公益或侵犯

权限者,得取消或停止之。

第六条 省长为保持安宁秩序必需兵力时,应呈请国务总理大臣。但于非常急变之际,得向地方驻扎军队之长请求出兵。

第七条 省长得将属于其职权事务之一部委任县长。

第八条 次长辅佐省长,监督官房及各厅事务。省长有事故时,代理其职务。

厅长承上司之命,掌理厅务。

警务处长关于警察事务之执行,承上司之命,指挥、监督省内警正以下之警察官吏。

参事官参画重要事务及掌承特命事项。

理事官及事务官承上司之命,掌事务。

技正及技佐承上司之命,掌技术。

秘书官承省长之命,掌机密事项及承特命事项。

警正承上司之命,掌关于警察事务。关于警察事务之执行,承警务厅长之命,指挥、监督警佐以下之警察官吏。

视学官承上司之命,掌学事之视察其他关于教育事务。

属官承上司之指挥,办理事务。

警佐承上司之指挥,办理关于警察事务,指挥、监督部下之警尉、警尉补、警长及警士。

技士承上司之指挥从事技术。

警尉承上司之指挥,办理关于警察事务,指挥、监督部下之警尉补、警长及警士。(康六·第一四四号本条修正)

第九条 省置官房及左列二厅。

警务厅;

开拓厅。(康六·第一四四号本条修正)

第十条 官房掌管左列事项。

一、属于机密事项;

二、关于重要事务之联络调整事项;

三、关于总动员计画事项;

四、关于官吏之进退赏罚及身分事项;

五、关于管守官印事项;

六、关于文书事项;

七、关于宣传及情报事项；

八、关于统计及调查事项；

九、关于会计及用度事项；

十、关于营缮事项；

十一、关于教育及学艺事项；

十二、关于礼俗及宗教事项；

十三、关于史迹、名胜、天然纪念物事项；

十四、关于改善民生事项；

十五、关于赈灾救恤事项；

十六、关于劳务事项；

十七、不属于厅所管之事项。（康六·第一四四号本条修正）

第十一条　警务处掌管左列事项。

一、关于行政警察事项；

二、关于治安警察事项。（康六·第一四四号本条修正）

第十二条　开拓厅掌管左列事项。

一、关于农产事项；

二、关于国有林野（除产业部大臣指定为林野局直辖之地域）及其他林野事项；

三、关于畜产及水产事项；

四、关于矿、工及商事项；

五、关于未开发地域之未利用地之取得、管理、处分及改良事项；

六、关于开拓民事项；

七、关于卫生及卫生警察事项；

八、关于土木行政事项；

九、关于都邑计画事项。（康六·第一四四号本条修正，六·第二九七号本条中修正）

第十三条　官房及各厅之分科规程，由省长经国务总理大臣之认可定之。（康六·第一四四号本条追加）

第十四条　省长于省内认为有必要之地置县公署。其位置、名称及管辖区域，由省长经国务总理大臣认可定之。

县公署之事务分掌，由省长定之。（康六·第一四四号）

第十五条　县长承省长之指挥、监督，执行法律命令，掌理管内之

行政事务。(康六·第一四四号)

第十六条 县长指挥、监督所属职员,关于其进退赏罚,呈请省长。(康六·第一四四号)

第十七条 县长得依法律命令或就由省长受委任之事件,发县令。(康六·第一四四号)

第十八条 县长为保持安宁秩序,需要兵力时,应呈请省长。但于非常急变之际,得向地方驻扎军队之长请求出兵。(康六·第一四四号)

第十九条 县长得将属于其职权事务之一部委任所属职员。(康六·第一四四号)

第二十条 副县长辅佐县长,承其命监督县公署之事务。县长有事故时,代埋其职务。(康六·第一四四号)

第二十一条 省内认为有必要之县,得置警察署。其位置、名称及管辖区域由省长定之。

关于警察署,准用县官制第十一条之规定。(康六·第一四四号)

第二十二条 省置警尉补、警长及警士,为委任官待遇。

关于警尉补、警长及警士之规程,除另以敕令规定者外,由治安部大臣定之。(康六·第一四四号)

附则

本令自康德四年十二月一日施行。

黑河省之区域及黑河省公署之位置,为从前之区域及位置。

本令施行之际,现任左表上栏所载之官而在黑河省公署及黑河省区域内各县办事者,如不另受任命状或指叙令时,即为被任命各该相当下栏所载之官者,仍与以各该同官等俸给。

省理事官	黑河省理事官
县长	黑河省县长
县参事官	黑河省副县长
省秘书官	黑河省秘书官
省督察官	黑河省督察官
省事务官	黑河省事务官

（续）

省警正、县警正	黑河省警正
省技佐	黑河省技佐
省属官、县属官	黑河省属官
省警佐、县警佐	黑河省警佐
省技士、县技士	黑河省技士

附则（康德六年五月五日敕令第一〇一号）

本令自公布日施行。

附则（康德六年六月一日敕令第一四四号）

本令自康德六年六月一日施行。

附则（康德六年八月二十八日敕令第二一九号）

本令自康德六年九月一日施行。

附则（康德六年十月十九日敕令第二七七号）

本令自公布日施行。

附则（康德六年十一月十六日敕令第二九七号）

本令自公布日施行。

附则（康德六年十二月二十六日敕令第三三一号）

本令自公布日施行。

县制

（康德四年十二月一日敕令第四〇八号）

朕依《组织法》第三十六条，经咨询参议府，裁可《县制》，著即公布。

（国务总理大臣副署）

第一章　通则

第一条　县为法人，承官之监督，于法令范围内处理其公共事务，并依法令或惯例属于县之事务。

第二条　县之名称及区域，依为国之行政区划之县之名称及区域。

第三条　县之设置、废止或名称及区域之变更，以敕令定之。

涉及县之境界有街村区域之变更时，县之区域亦自变更。

第四条　县之设置、废止或区域变更之时，关于县之事务及财产上有必要之事项，由国务总理大臣定之。

第五条　关于县之境界有疑义时，由国务总理大臣裁定之。

第六条　凡于县内有住所者，为其县住民。

县住民遵照本法，共用县之财产及营造物，并分任县之负担。

第七条　县为处理县之事务，得设定县条例。

县条例应依一定之公告方式告示之。

第二章　县之行政

第八条　县长统辖县，代表县。

县长担任县之公共事务并依法令或惯例属于县之事务。

第九条　县长关于县之行政，得将其职权之一部委任县之官吏吏员，或使其临时代埋。

县长关于县之行政，得将其职权之一部委任街村长，或使其辅助执行。

第十条　县得置有给之吏员。

前项吏员之员额，由县长经省长之认可定之。

吏员由县长任免之。

吏员承县长之命，办理事务。

第十一条　县长指挥、监督吏员并得行惩戒处分。其惩戒处分为谴责、五十圆以内之过怠金或解职。但欲行解职时，须先受省长之指挥。

第十二条　县官吏关于县之行政职务关系，除本法有规定者外，则依其关于国之行政职务关系之例。

第十三条　县置司计一人，就县官吏吏员中由县长任命之。

司计掌县之出纳及其他会计事务。

县长认为有必要时，得经省长之认可，置副司计一人或数人。

副司计就县官吏吏员中由县长任命之。

副司计辅佐司计。司计有事故时，代理之。副司计有数人时，县长应先定代理顺序。

县长得经省长之认可，使副司计分掌司计事务之一部。

第三章　县之薪金及各项给与

第十四条　对于有给吏员，得依县条例之所定支给退职给与金、死亡给与金或其他之给与金。

第十五条　有给吏员之薪金额、旅费额及其支给方法，应以县条例规定之。

第四章　县之财务

第十六条　县为增进县住民之共同利益，谋造成以收益为目的之财产，应作为基本财产维持之。

县为特定目的，得积存金谷。

第十七条　县对于营造物之使用，得征收使用费。

县对于特为一个人所办之事务，得征收手续费。

第十八条　县于其公益上有必要时，得为捐款或补助。

第十九条　县对于其必要之费用及依法令属于县负担之费用，负支用之义务。

县以其财产所产生之收入、使用费、手续费其他依法令属于县之收入充前项之支出。仍有不足时，得赋课征收县税及夫役现品。

县得依国务总理大臣所定，将其费用之一部分赋于街村。

第二十条　于县内滞在三月以上者，溯自其滞在之初日起，负缴纳县税之义务。

第二十一条　虽于县内无住所或未滞在三月以上，而于县内所有、使用或占有土地房屋物件，设营业所而为营业或为特定之行为者，负担缴纳对于土地房屋物件、营业其收入或其行为所赋课县税之义务。

第二十二条　对于纳税人于县外所有、使用或占有之土地房屋物件其收入，或于县外设营业所之营业或其收入，不得赋课县税。

第二十三条　关于对县之一部特有利益事件之费用，得对一部或以不均一赋课之。

第二十四条　关于县税、夫役现品、使用费及手续费之事项，除本法其他法令有规定者外，应以县条例规定之。

以诈伪其他不正行为而免于县税以外征收金或夫役现品之征收者，其处分依县税偷漏者处分之例。

除前项所定者外，关于赋课征收县税、夫役现品、使用费及手续费，得于第一项之条例中设科以五圆以下过料之规定。关于使用财产或营造物亦同。

第二十五条　县税以外征收金之赋课征收及滞纳处分，依县税赋课征收及滞纳处分之例。

关于赋课征收夫役现品，由国务总理大臣定之。

第二十六条　县限于为办理应为永久利益之支出、偿还负债或天灾事变有必要时，得为募集县债。

县为办理预算内之支出，得为暂时借入金。

前项借入金，应于其会计年度内偿还之。

第二十七条　县长应调制每会计年度岁入出预算，于年度开始前经省长之认可。

县之会计年度，依国之会计年度。

第二十八条　县长得经省长之认可，为既定预算之追加或更正。

第二十九条　县为充预算外或预算超过之支出，应设预备费。

预备费不得充曾经省长否认之费用。

第三十条　县得设特别会计。

第三十一条　县长经预算之认可后，应即将其誊本交付司计并告示其要领。

司计非有县长之命令，不得为支出。虽有命令无支出之预算，且不得依预备费支出或费目流用为支出时，亦同。

第三十二条　县之出纳以翌年度二月末日为截止。

县长应于出纳期限截止后二月以内，作制决算表，报告省长并告示其要领。

第三十三条　关于预算调制方式、费目流用其他会计有必要之事项，由国务总理大臣定之。

第三十四条　县税以外之征收金次于国之征收金，有优先权。关于其追征、退还及时效，依县税之例。

关于县支付金之时效，依国之支付金之例。

第五章　县之共同事务

第三十五条　县经省长之许可，得与其他县共同处理其事务之一部。

县共同处理前项事务时，应依关系县之协议定规约，并经省长之许可。

前项规约应规定处理共同事务之县、共同事务及其管理费用之支用方法其他必要事项。

公益上有必要时,省长得命关系县长处理共同事务。

第三十六条　县之共同事务,由省长所指定之县长管理之。

第三十七条　增减处理共同事务之县数、为共同事务之变更、其他规约之变更,或废止共同事务之处理时,应依关系县之协议而定之,并经省长之许可。

于前项情形须处分财产时,应依关系县之协议,定其处分方法,并经省长之许可。

第三十八条　处理共同事务之县涉及数省时,其应行监督之省长,依关系省长之呈请,由国务总理大臣指定之。

第三十九条　关于县共同事务之处理有必要之事项,除法令中另有规定者外,由国务总理大臣定之。

第六章　县之监督

第四十条　县第一次由省长监督之,第二次由国务总理大臣监督之。

第四十一条　监督官署于县之监督上有必要时,得使为事务之报告、征求书类账簿、就实地视察事务或检阅出纳。

监督官署得发县监督上必要之命令或为处分。

第四十二条　欲为县条例之设定或改废时,应经国务总理大臣之许可。其关于县税者,应经国务总理大臣及经济部大臣之许可。

第四十三条　欲为县债之募集并其募集方法、利息定率及偿还方法之决定或变更时,应经国务总理大臣及经济部大臣之许可。但为暂时借入金,不在此限。

第四十四条　左列事项应经省长之许可。

一、关于基本财产、不动产、积存金谷之处分事项;

二、特别会计之设定;

三、预算以外之义务负担或权利之抛弃。

第四十五条　关于应经监督官署之许可或认可事项,监督官署得以不变更许可或认可声请之趣旨为限,将此更正后予以许可或认可。

第四十六条　国务总理大臣或经济部大臣,得以本法中应经国务总理大臣或经济部大臣许可之事件而系轻易者为限,将其许可权限委任省长。

省长得以本法中应经省长许可或认可之事件而系轻易者为限,经国务总理大臣许可后不使受许可或认可。

第四十七条　关于司计及副司计之赔偿责任及身份保证,并县吏员之服务有必要之事项,由国务总理大臣定之。

附则

本法自康德四年十二月一日施行。

本法于黑河省之地域内不施行之。

本法施行之际所必要之事项,由国务总理大臣定之。

自治县制废止之。

从前依法令或惯例属于县之财产、营造物及权利义务,由依本法之县继承之。

从前县所定之条例等类,视为依本法之县条例。

《县制》施行规则

(康德四年十二月二十一日院令第二八号)

兹制定《〈县制〉施行规则》如左。

第一章　通则

第一条　于设县之际,县长应即编成其年度内所必要之岁入出预算,经省长之认可。

第二条　于设县之际,有从前施行于该地域之县条例之类时,县长得视为依县制之县条例,继续在该地域施行之。

依前项之规定,应视为县条例而施行者,应先告示其题名。

对于依县制附则第六项规定之县条例,亦与前项同。

第三条　县之设置、废止或区域变更时,由该地域从新所属之县承继其事务。

于县之设置、废止或区域变更时,所有县之事务及财产其必要事项,由省长定之。但关于财产应征求关系县、旗、市长之意见。

第四条　县公署之位置拟规定或变更时,应经国务总理大臣之认可。

第二章　县之财务

第五条　关于学艺、美术及手工之劳务,不得赋课夫役。

夫役及现品除急迫之际外,应算出金额而赋课之。

被赋课夫役者,得由本人自任之或派适当人员代行之。

夫役及现品除急迫之际外,得以金钱代之。

第六条　工事之承揽,物件、劳力其他之供给,及财产之卖与、贷与,应付竞争投标。但须临时急施时,或经省长之认可另有规定者,不在此限。

第七条　拟依县制第二十六条第二项之规定为暂时借入金时,县长应先经省长之认可。

第三章　县之岁入出预算及决算

第八条　县税及其他一切之收入为岁入,一切之经费为岁出。其岁入、岁出,应编入预算。

第九条　于各年度所决定之岁入,不得充属于其他年度之岁出。

第十条　岁入之所属年度,依左列之区分。

一、纳期一定之收入为其纳期末日所属之年度。但纳期跨两年度者,为实行收纳之日所属之年度;

二、因不得于定期赋课而特定纳期之收入,或随时之收入中发赋课令书或纳额告知书者,为发令书或告知书之日所属之年度;

三、随时之收入中,不发赋课令书或纳额告知书者,为实行领收之日所属之年度。但县债、交付金、补助金、捐款、承揽金、偿还金其他与此相类之收入中,于其收入编入预算之年度之出纳期限截止前,业经收纳者,为其预算所属之年度。

第十一条　岁出之所属年度依左列之区分。

一、俸给、薪金、旅费、退职给与金、死亡给与金、其他之给与、佣人费之类,为其应行支给事实发生之日所属年度。但另有一定之支付期日时,为其支付期日所属之年度;

二、通信运搬费、土木建筑费及物件购入代价之类,为订立契约之日所属之年度。但有依契约所定之支付期日时,为其支付期日所属之年度;

三、县债之本利金中定有支付期日者,为其日期所属之年度;

四、补助金、捐款及负担金之类,为其支付编入预算之年度;

五、缺损补填为决定补填之日所属之年度;

六、除前列各款所载者外,均为发支付命令之日所属之年度。

第十二条　岁入之误纳、过纳之金额,均应由受其收入之岁入中退还之。

岁出之误支、过支之金额，资金先付、概算支付、预先支付等之缴回金，均应归还于为其支付之经费定额中。

第十三条 出纳期限截止后之收入、支出，应作为现年度之岁入、岁出。前条之退还金及缴回金中系出纳期限截止后者，亦同。

第十四条 于各年度岁计有剩余时，应编入翌年度之岁入。但依县条例之规定，将剩余金之全部或一部编入基本财产时，得不滚入而为支出。

第十五条 县税及夫役现品应依赋课令书，负担金、使用费、手续费及过料之类应依纳额告知书征收之，其他之收入应依纳付书收入之。依《地方税法施行规则》第三十条但书之规定，不交付赋课令书而征收之县税，依同第四十一条第一项之规定所征收之县税，及在急迫之际所赋课之夫役现品，并难依纳额告知书或纳付书者，不在此限。

第十六条 岁入出预算应分为经常、临时二部。

岁入出预算应区分为款、项、目，附以预算说明。

第十七条 属于特别会计之岁入出，应另调制其预算。

第十八条 预算于会计年度经过后，不得追加或更正之。

第十九条 预算所定之各款金额，不得彼此流用。

各项之金额，得经省长之认可而流用之。

第二十条 至会计年度经过后，以岁入不足充岁出时，得经省长之认可，将翌年度之岁入提前充用之。

第二十一条 县之岁入出预算，应依另开样式调制之。

第二十二条 决算应依与预算同一之区分调制之，对于预算之超过或不足，附以说明。

第四章 县之出纳及会计事务

第二十三条 支出非对于债主不得为之。

第二十四条 对于左列之经费，为使县官吏吏员以现金支付，得将其资金先付该管官吏吏员。

一、县债之本利支付；

二、为在外国购入物品所必要之经费；

三、在县外远隔之地，为支付之经费。

有特别必要时，前项之资金先付，得对于县官吏吏员以外者为之。

第二十五条　对于旅费、邮票及诉讼费用,得为概算支付。

第二十六条　除前二项所载者外,有必要时,县长得经省长之认可,为资金先付或概算支付。

第二十七条　对于非预先支付难立购入或借入之契约者,得为预先支付。

第二十八条　县为现金之出纳及保管,得置县金库。

第二十九条　应使办理金库事务之银行,由县长经国务总理大臣之认可定之。但对于满洲中央银行,无须经认可。

第三十条　金库非经司计之通知,不得为现金之出纳。

第三十一条　办理金库事务者,就现金之出纳及保管对于县负责。

第三十二条　县得向办理金库事务者征取担保,关于其种类、价格及程度,由县长经省长之认可定之。

第三十三条　办理金库事务者,所保管之现金限于属县之岁入出者,于不妨支出之限度内,县长得许可其运用。

于前项情形办理金库事务者,应依县长之所定,向县缴纳利息。

第三十四条　县长就县之出纳,应每月规定例日检查之。

第三十五条　司计应于定期及临时检查金库内之现金及账簿。

第三十六条　县长得使司计将属其保管之县之岁计现金存入邮政官署、银行或金融合作社。

对于前项之银行,须经国务总理大臣之认可。但对于满洲中央银行,不在此限。

第五章　司计及副司计之赔偿责任及身分保证

第三十七条　司计或副司计将属其掌管之现金、证券、其他之财产遗失或毁损时,县长应指定期间,令其赔偿损害。但原因不可避免之事故时,或有相当之理由而认为不得已时,得免除其赔偿责任之全部或一部。

第三十八条　司计或副司计违反《县制》第三十一条第二项之规定而为支出时,县长应指定期间,令其赔偿因此所生之损害。

第三十九条　受前二条之处分者,有不服该处分时,得自受处分之日起二十日以内向省长诉愿。

第四十条　关于征收赔偿金,依《县制》第二十五条第一项之例。

第四十一条　对于司计及副司计认为有征取身分保证之必要时,

县长应规定其种类、价格、程度其他必要事项。

第六章　县官吏吏员之事务移交及县吏员之服务规律

第四十二条　县长更迭时,应自更迭日起于十日以内,将其所担任之事务移交于后任人。如有不能移交于后任人之情事时,应移交于代理人。代理人至能移交于后任人时,应即移交于后任人。

前项移交之际,须调制书类、账簿及财产目录,并对于处分未完或尚未着手之事项或拟将来企画之事项,将其顺序、方法及意见记载于移交书。

第四十三条　副县长更迭时,准用前条之规定。

第四十四条　司计更迭时,准用第四十二条第一项之规定。但同条中十日以内,改为五日以内。

前项移交之际,应对冂现金、书类账簿、其他物件均调制目录,并对于现金附以与各账簿相对照之明细书。对于账簿,于事务移交之日最终记账之次,记入合计数日及年、月、日,且由为移交者及受移交者连署之。

第四十五条　副司计更迭时,如有其分掌事务,则应移交于司计。

前条之规定,于前项之事务移交准用之。

第四十六条　依第四十二条第二项、第四十三条、第四十四条第二项及前条第二项之规定调制之书类账簿及财产目录,如依现有设备之目录或台账,得确认移交当时之实况时,得以现有者充用之。于此情形,应将其旨记载于移交书。

第四十七条　县之设置、废止或区域变更时,准用第四十二条至前条之规定。

第四十八条　在第四十二条至第四十五条及前条之情形,不能于所定期间内完结移交时,应具其事由,经省长之许可。

第四十九条　除第四十二条至前条所规定者外,关于事务移交上必要之事项,由省长定之。

第五十条　县吏员之服务规律,准用官吏服务规程。

附则

本令自县制施行之日施行。

县官制

（大同元年七月五日教令第五十四号）

　　　　　　修正　康德元年十一月敕令第一四三号
　　　　　　会修　康德四年十二月敕令第四一一号
　　修正　康德五年七月敕令第一七六号、六年五月第一○四号、六月第一四六号、一○月第二七七号、一二月第三六七号

　　兹经咨询参议府,制定《县官制》,著即公布施行,此令。

　　　　　　　　　　　　　　　　　　　（国务总理副署）

　　第一条　县共置左列职员。
　　县长:一百四十八人,荐任(其中八人得为简任);
　　副县长:一百四十八人,荐任;
　　事务官:二百七十三人,荐任;
　　警正:荐任;
　　技佐:二十二人,荐任;
　　视学:一百六十人人,委任;
　　属官:一千四百四十八人,委任;
　　警佐:委任;
　　技士:六百二十五人,委任;
　　警尉:委任。
　　前项所载职员之各县员额,由国务总理大臣定之。
　　警正、警佐及警尉之员额,另定之。(康六·第一○四号本条修正,六·第一四六号、第二七九号、第三六七号、第本条中修正)
　　第二条　县长承县长之指挥、监督,执行法律命令,管理县内行政事务。
　　第三条　县长指挥、监督所属职员。关于其进退及赏罚,呈请省长。
　　第四条　县长关于县内行政事务,得依其职权或特别委任,发县令。
　　第五条　县长认为警察署长之处分有违成规、妨害公益或侵犯权限时,得取消或停止其处分。
　　县长关于行政事务指挥、监督其管内街村长。就其处分,依前项之例。
　　第六条　县长得将关于其职权事务之一部,委任于警察署长或街

村长。

第七条 县长为保持安宁秩序需要兵力时,应呈请省长。但于非常急变之际,得向地方驻扎军队之长请求出兵。

前项规定于警察厅管辖区域内,不适用之。

第八条 副县长辅佐县长,承其命监督各科之事务。县长有事故时,代理其职务。

事务官承上司之命,掌事务。

警正承上司之命,掌关于警察事务,指挥、监督部下之警佐、警尉、警尉补、警长及警士。

技佐承上司之命,掌技术。

视学承上司之指挥,办理学事之视察其他关于教育事务。

属官承上司之指挥,办理事务。

警佐承上司之指挥,办理关于警察之事务,指挥、监督部下之警尉、警尉补、警长及警士。

技士承上司之指挥,从事技术。

警尉承上司之指挥,办理关于警察之事务,指挥、监督部下之警尉补、警长及警士。(康六·第一〇四号本条中修正)

第九条 县置科,使分掌其事务。各县之分科规程由省长经国务总理大臣认可定之。

科置科长,以事务官、警正或技佐充之。

科长承上司之命,指挥、监督部下官吏,掌科之事务。

掌警察事务之科长,关于警察事务之执行,承上司之命,指挥、监督县内之警察官吏。

掌警察事务之属于科之警正,承上司之命,关于警察事务之执行,指挥、监督县内警佐以下之警察官吏。(康六·第一〇四号本条中修正)

第十条 县置警察署,其位置、名称及管辖区域由省长定之。

第十一条 警察署置署长,以警正或警佐充之。但依地方之状况,得以警尉充之。

警察署长承上司之命,掌理关于管内警察事务,指挥、监督部下官吏。

第十二条 县置警尉补、警长及警士,为委任官待遇。

关于警尉补、警长及警士之规程,除另以敕令规定者外,由治安部大臣定之。

附则

本令自康德四年十二月一日施行。

本令施行之际，现任参事官之官者，如不另受任命状或指叙令时，即为被任命各副县长者，仍与以同官等俸给。

附则（康德五年七月二十三日敕令第一七六号）

本令自公布日施行。

附则（康德六年五月五日敕令第一〇四号）

本令自公布日施行。

附则（康德六年六月一日敕令第一四六号）

本令自康德六年六月一日施行。

附则（康德六年十月十九日敕令第二七九号）

本令自公布日施行。

附则（康德六年十二月二十八日敕令第三六七号）

本令自康德七年一月一日施行。

旗制

（康德七年四月三十日敕令第八十二号）

第一章 通则

第一条 旗为法人，承官之监督，于法令范围内处理其公共事务，并依法令或惯例属于旗之事务。

第二条 旗之名称及区域依从来之旗之名称及区域。

第三条 旗之设置、废止或名称或区域之变更，以敕令定之。

涉及旗之境界，有街村区域之变更时，旗之区域亦自变更。

第四条 旗之设置、废止或区域变更时，关于其事务及财产有必要之事项，由国务总理大臣定之。

第五条 关于旗之境界有疑义时，由国务总理大臣裁定之。

第六条 凡于旗内有住所者，为其旗住民。

旗住民遵照本法，共用旗之财产及营造物，并分任旗之负担。但原有旗民所有从前之权益，不因此受妨碍。

第七条 旗为处理旗之事务，得设定旗条例。

旗条例应依一定之公告方式告示之。

第二章 旗之行政

第八条 旗长统辖旗，代表旗。

旗长担任旗之公共事务，并依法令或惯例属于旗之事务。

第九条 旗长关于旗之行政，得将其职权之一部，委任旗之官吏吏员或使其临时代理。

旗长关于旗之行政，得将其职权之一部委任街村长（包含依惯例准于街村之团体之长），或使其补助执行。

第十条 旗得置有给之吏员。

前项吏员之员额，由旗长经省长之认可定之。

吏员由旗长任免之。

吏员承旗长之命，办埋事务。

第十一条 旗长指挥、监督吏员并得行惩戒处分。其惩戒处分为谴责、五十圆以内之过怠金或解职。但欲行解职时，须先受省长之指挥。

第十二条 旗官吏关于旗行政之职务关系，除本法有规定者外，则依其关于国之行政职务关系之例。

第十三条 旗置司计一人，就旗官吏吏员中由旗长任命之。

司计掌旗之出纳及其他会计事务。

旗长认为有必要时，得经省长之认可，置副司计一人或数人。

副司计就旗官官吏吏员中，由旗长任命之。

副司计辅佐司计。司计有事故时，代理之。副司计有数人时，旗长应先定代理顺序。

旗长得经省长之认可，使副司计分掌司计事务之一部。

第十四条 关于旗之重要事务，为使备旗长之咨问，得置参与。

参与为名誉职。

关于参与之定数及其选任之事项，由国务总理大臣定之。

第三章 旗之薪金及各项给与

第十五条 对于有给吏员，得依旗条例之所定，支给退职给与金、死亡给与金或其他之给与金。

第十六条 有给吏员之薪金额、旅费额及其支给方法，应以旗条例规定之。

第十七条 名誉职员得依旗条例之所定，受职务上所需费用之偿还。

第四章　旗之财务

第十八条　旗为增进旗住民之共同利益,应谋造成以收益为目的之财产,作为基本财产维持之。

旗为特定目的,得积存金谷。

第十九条　旗对于营造物之使用,得征收使用费。

旗对于特为一个人所办之事务,得征收手续费。

第二十条　旗于其公益上有必要时,得为捐助或补助。

第二十一条　旗对于其必要之费用及依法令属于旗负担之费用,负支用之义务。

旗以其财产所生之收入、使用费、手续费其他依法令属于旗之收入,充前项之支出仍有不足时,得赋课征收旗税及夫役现品。

旗得依国务总理大臣所定,将其费用之一部分赋于街村(包含依惯例准于街村之团体)。

第二十二条　于旗内滞在三月以上者,溯自其滞在之初日起,负缴纳旗税之义务。

第二十三条　虽于旗内无住所或未滞在三月以上,而于旗内所有、使用或占有土地房屋物件,设营业所而为营业或为特定之行为者,负担缴纳对于土地房屋物件、营业其收入或其行为所赋课旗税之义务。

第二十四条　对于纳税人于旗外所有、使用或占有之土地房屋物件其收入,或于旗外设营业所之营业或其收入,不得赋课旗税。

第二十五条　关于对旗之一部特有利益事件之费用,得对一部或以不均一赋课之。

第二十六条　关于旗税、夫役现品、使用费及手续费之事项,除本法其他法令有规定者外,应以旗条例定之。

以诈伪其他不正行为而免于旗税以外征收金或夫役现品之征收者,其处分依旗税偷漏者之例。

除前项所定者外,关于赋课征收旗税、夫役现品、使用费及手续费,得于第一项之条例中设科以五圆以下过料之规定。关于使用财产或营造物亦同。

第二十七条　旗税以外征收金之赋课征收及滞纳处分,依旗税赋课征收及滞纳处分之例。

关于赋课征收夫役现品,由国务总理大臣定之。

第二十八条　旗限于为办理应为永久利益之支出、偿还负债或天灾事变有必要时，得为募集旗债。

旗为办理预算内之支出，得为一时借入金。

前项之借入金，应以其会计年度之岁入偿还之。

第二十九条　旗长应调制每会计年度岁入岁出预算，于年度开始前经省长之认可。

旗之会计年度，依国之会计年度。

第三十条　旗长得经省长之认可，为既定预算之追加或更正。

第三十一条　旗为充预算以外或预算超过之支出，应设预备费。

预备费不得充曾经省长否认之费用。

第三十二条　旗得设特别会计。

第三十三条　旗长经预算之认可后，应即将其誊本交付司计，并告示其要领。

司计非有旗长之命令，不得为支出。虽有命令，无支出之预算，且不得依预备费支出或费目流用为支出时，亦同。

第三十四条　旗之出纳以翌年度二月末日为截止。

旗长应于出纳期限截止后二月以内，作制决算表报告省长并告示其要领。

第三十五条　关于预算调制方式、费目流用其他会计有必要之事项，由国务总理大臣定之。

第三十六条　旗税以外之征收金次于国之征收金，有优先权。关于其追征、退还及时效，依旗税之例。

关于旗支付金之时效，依国之支付金之例。

第五章　旗之共同事务

第三十七条　旗得经省长之认可，与他旗、县或市共同处理其事务之一部。

旗、县或市共同处理前项之事务时，应依关系旗、县或市之协议，定规约并经省长之许可。

前项规约应规定处理共同事务之旗、县或市，共同事务及其管理费用之支用方法其他必要事项。

公益上有必要时，省长得命关系旗、县或市长处理共同事务。

第三十八条　旗、县或市之共同事务，由省长所指定之旗、县或市长管理之。

第三十九条　欲增减处理共同事务之旗、县或市之数,为共同事务之变更、其他规约之变更或废止共同事务之处理时,应依关系旗、县或市之协议定之,并经省长之许可。

于前项情形须处分财产时,应依关系旗、县或市之协议,定其处分方法,并经省长之许可。

第四十条　处理共同事务之旗、县或市,涉及数省时,其应行监督之省长,依关系省长之呈请,由国务总理大臣指定之。

第四十一条　关于旗、县或市之共同事务之处理有必要之事项,除法令中另有规定者外,由国务总理大臣定之。

第六章　旗之监督

第四十二条　旗第一次由省长监督之,第二次由国务总理大臣监督之。

第四十三条　监督官署于旗之监督上有必要时,得使为事务之报告、征求书类账簿、就实地视察事务或检阅出纳。

监督官署得发旗监督上必要之命令或为处分。

第四十四条　欲为旗条例之设定或改废时,应经国务总理大臣之许可。其关于旗税者,应经国务总理大臣及经济部大臣之许可。

第四十五条　欲为旗债之募集,并其募集方法、利息定率及偿还方法之决定或变更时,应经国务总理大臣及经济部大臣之许可。但为一时借入金,不在此限。

第四十六条　左列事项应经省长之许可。

一、关于基本财产、不动产、积存金谷之处分事项;

二、特别会计之设定;

三、预算以外之义务负担或权利之抛弃。

第四十七条　关于应经监督官署之许可或认可事项,监督官署得以不变更许可或认可声请之趣旨为限,将其更正后与以许可或认可。

第四十八条　国务总理大臣或经济部大臣,得以本法中应经国务总理大臣或经济部大臣许可之事件而系轻易者为限,将其许可权限委任省长。

省长得以本法中应经省长许可或认可之事件而系轻易者为限,经国务总理大臣许可后,不使受许可或认可。

第四十九条　关于司计及副司计之赔偿责任及身分保证,并旗吏员之服务有必要之事项,由国务总理大臣定之。

附则

本法自康德七年五月一日施行。

大同元年教令第五十六号旗制及康德六年敕令第三百六十一号热河省及锦州省内旗制,废止之。

本法施行之际所必要之事项,由国务总理大臣定之。

旗官制

（康德七年四月三十日敕令第八三号）

第一条　旗共置左列职员。

旗长:二十八人,荐任(其中二人得为简任);

参事官:三十八人,荐任;

事务官:七十五人,荐任;

警正:荐任;

技佐:四人,荐任;

属官:四百二十五人,委任;

警佐:委任;

技士:一百四十三人,委任;

视学:二十五人,委任;

警尉:委任;

警尉补:委任;

警长:委任;

警士:委任。

前项所载职员之各旗员额,由国务总理大臣定之。

警正、警佐、警尉、警尉补、警长及警士之员额,另定之。

第二条　旗长承省长之指挥、监督,执行法律命令,管理旗内行政事务。

第三条　旗长指挥、监督所属职员,关于其进退赏罚,呈请省长核办。

第四条　旗长关于旗内之行政事务,得依其职权或特别委任,发旗令。

第五条　旗长认为警察署长之处分有违反成规、妨害公益或侵犯权限时，得取消或停止其处分。

旗长关于行政事务，指挥、监督其管内街村长（包含依惯例准于街村之团体之长，以下同），就其处分，依前项之例。

第六条　旗长得将属于其职权事务之一部，委任于警察署长或街村长。

第七条　旗长为保持安宁秩序需要兵力时，应呈请省长。但于非常急变之际，得向地方驻扎军队之长请求出兵。

前项规定于警察厅管辖区域内，不适用之。

第八条　参事官参画旗务，辅佐旗长，监督各科之事务。旗长有事故时，代理其职务。

事务官承上司之命，掌事务。

警正承上司之命，掌关于警察之事务，指挥、监督部下之警佐、警尉、警尉补、警长及警士。

技佐承上司之命，掌技术。

属官承上司之指挥，办理事务。

警佐承上司之指挥，办理关于警察之事务，指挥、监督部下之警尉、警尉补、警长及警士。

技士承上司之指挥，从事技术。

视学承上司之指挥，从事学事之视察及其他关于教育之事务。

警尉承上司之指挥，办理关于警察之事务，指挥、监督部下之警尉补、警长及警士。

关于警尉补、警长及警士之职务规定，由治安部大臣定之。

第九条　旗置科，使分掌其事务。各旗之分科规程，由省长经国务总理大臣之认可定之。

科置科长，以事务官、警正或技佐充之。

科长承上司之命，指挥、监督部下之官吏，掌科之事务。

掌警察事务之科长，关于警察事务之执行，承上司之命，指挥、监督旗内之警察官吏。

掌警察事务之科所属之警正，承上司之命，关于警察事务之执行，指挥、监督旗内警佐以下之警察官吏。

第十条　旗置警察署，其位置、名称及管辖区域由省长定之。

第十一条　警察署置署长，以警正或警佐充之。但依地方之状况，得以警尉充之。

警察署长承上司之命，掌理关于管内之警察事务，指挥、监督部下之官吏。

附则

本令自康德七年五月一日施行。

康德六年敕令第三百六十四号《热河省及锦州省内旗官制》废止之。

热河省及锦州省内旗制

（康德六年十二月二十八日敕令第三百六十一号）

朕仿《组织法》第三十六条，经咨询参议府，裁可《热河省及锦州省内旗制》，著即公布。

（国务总理大臣副署）

第一章　通则

第一条　本法对于热河省及锦州省内所存之旗，适用之。

第二条　旗为法人，承官之监督，于法令范围内处理其公共事务，并依法令或惯例属于旗之事务。

第三条　旗之名称及区域依另表及另图。

第四条　旗之设置、废止或名称或区域之变更，以敕令定之。

涉及旗之境界有街村区域之变更时，旗之区域亦自变更。

第五条　旗之设置、废止或区域变更之时，关于其事务及财产有必要之事项，由国务总理大臣定之。

第六条　关于旗之境界有疑义时，由国务总理大臣裁定之。

第七条　凡于旗内有住所者，为其旗住民。

旗住民遵照本法，共用旗之财产及营造物，并分任旗之负担。

第八条　旗为处理旗之事务，得设定旗条例。

旗条例应依一定之公告方式告示之。

第二章　旗之行政

第九条　旗长统辖旗，代表旗。

旗长担任旗之公共事务并依法令或惯例，属于旗之事务。

第十条　旗长关于旗之行政,得将其职权之一部委任旗之官吏吏员或使其临时代理。

旗长关于旗之行政,得将其职权之一部委任街村长或使其补助执行。

第十一条　旗得置有给之吏员。

前项吏员之员额,由旗长经省长之认可定之。

吏员由旗长任免之。

吏员承旗长之命,办理事务。

第十二条　旗长指挥、监督吏员并得行惩戒处分,其惩戒处分为谴责、五十圆以内之过怠金或解职。但欲行解职时,须先受省长之指挥。

第十三条　旗官吏关于旗之行政职务关系,除本法有规定者外,则依其关于国之行政职务关系之例。

第十四条　旗置司计一人,就旗官吏吏员中由旗长任命之。

司计掌旗之出纳及其他会计事务。

旗长认为有必要时,得经省长之认可,置副司计一人或数人,先定代理顺序。

旗长得经省长之认可,使副司计分掌司计事务之一部。

副司计就旗官吏吏员中,由旗长任命之。

副司计辅佐司计。司计有事故时,代理之。副司计有数人时,旗长应先定代理顺序。

第十五条　关于旗之重要事务,为使备旗长之咨问,得置参与。

参与为名誉职。

关于参与之定数及其选任之事项,由国务总理大臣定之。

第三章　旗之薪金及各项给与

第十六条　对于有给吏员,得依旗条例之所定,支给退职给与金、死亡给与金或其他之给与金。

第十七条　有给吏员之薪金额、旅费额及其支给方法,应以旗条例规定之。

第十八条　名誉职员得依旗条例之所定,受职上所需费用之偿还。

第四章　旗之财务

第十九条　旗为增进旗住民之共同利益,应谋造成以收益为目的之财产，应作为基本财产维持之。

旗为特定目的，得积存金谷。

第二十条　旗对于营造物之使用，得征收使用费。

旗对于特为一个人所办之事务，得征收手续费。

第二十一条　旗于其公益上有必要时，得为捐助或补助。

第二十二条　旗对于其必要之费用及依法令属于旗负担之费用，负支用之义务。

旗以其财产所产生之收入、使用费、手续费其他依法令属于旗之收入，充前项之支出仍有不足时，得赋课征收旗税及夫役现品。

旗得依国务总理大臣所定，将其费用之一部分赋于街村。

第二十三条　于旗内滞在三月以上者，溯自其滞在之初日起，负缴纳旗税之义务。

第二十四条　虽于旗内无住所或未滞在三月以上，而于旗内所有、使用或占有土地房屋物件，设营业所而为营业或为特定之行为者，负担缴纳对于土地房屋物件、营业其收入或其行为所赋课旗税之义务。

第二十五条　对于纳税人于旗外所有、使用或占有之土地房屋物件其收入，或于旗外设营业所之营业或其收入，不得赋课旗税。

第二十六条　关于对旗之一部特有利益事件之费用，得对一部或以不均为一赋课之。

第二十七条　关于旗税、夫役现品、使用费及手续费之事项，除本法其他法令有规定者外，应以旗条例规定之。

以诈伪其他不正行为而免于旗税以外征收金或夫役现品之征收者，其处分依旗税偷漏者之例。

除前项所定者外，关于赋课征收旗税、夫役现品、使用费及手续费，得于第一项之条例中设科以五圆以下过料之规定。关于使用财产或营造物亦同。

第二十八条　旗税以外征收金之赋课征收及滞纳处分，依旗税赋课征收及滞纳处分之例。

关于赋课征收夫役现品，由国务总理大臣定之。

第二十九条　旗限于为办理应为永久利益之支出、偿还负债或天灾事变有必要，得募集旗债。

旗为办理预算内之支出，得为一时借入金。

前项借入金,应于其会计年度之岁入偿还之。

第三十条　旗长应调制每会计年度岁入、岁出预算,于年度开始前经省长之认可。

旗之会计年度,依国之会计年度。

第三十一条　旗长得经省长之认可,为既定预算之追加或更正。

第三十二条　旗为充预算外或预算超过之支出,应设预备费。

预备费不得充曾经省长否认之费用。

第三十三条　旗得设特别会计。

第三十四条　旗长经预算之认可后,应即将其誊本交付司计,并告示其要领。

司计非有旗长之命令,不得为支出。虽有命令无支出之预算,且不得依预备费支出或费目流用为支出时,亦同。

第三十五条　旗之出纳以翌年度二月末日为截止。

旗长应于出纳期限截止后二月以内,作制决算表报告省长,并告示其要领。

第三十六条　关于预算调制方式、费目流用其他会计有必要之事项,由国务总理大臣定之。

第三十七条　旗税以外之征收金次于国之征收金,有优先权。关于其追征、退还及时效,依旗税之例。

关于旗支付金之时效,依国之支付金之例。

第五章　旗之共同事务

第三十八条　旗经省长之许可,与他旗、县或市共同处理其事务之一部。

旗、县或市共同处理前项之事务时,应依关系旗、县或市之协议,定规约并经省长之许可。

前项之规约应规定处理共同事务之旗、县或市,共同事务及其管理费用之支用方法其他必要事项。

公益上有必要时,省长得命关系旗、县或市长处理共同事务。

第三十九条　旗、县或市之共同事务,由省长所指定之旗、县或市长管理之。

第四十条　欲增减处理共同事务之旗、县或市之数,为共同事务之变更其他规约之变更,或废止共同事务之处理时,应依关系旗、县或市之协议定之,并经省长之许可。

于前项情形须处分财产时,应依关系旗、县或市之协议,定其处分方法并经省长之许可。

第四十一条 处理共同事务之旗、县或市涉及数省时,其应行监督之省长,依关系省长之呈请,由国务总理大臣指定之。

第四十二条 关于旗、县或市之共同事务之处理有必要之事项,除法令中另有规定者外,由国务总理大臣定之。

第六章 旗之监督

第四十三条 旗第一次由省长监督之,第二次由国务总理大臣监督之。

第四十四条 监督官署于旗之监督上有必要时,得使为事务之报告、征求书类账簿、就实地视察事务或检阅出纳。

监督官署得发旗监督上必要之命令或为处分。

第四十五条 欲为旗条例之设定或改废时,应经国务总理大臣之许可,其关于旗税者,应经国务总理大臣及经济部大臣之许可。

第四十六条 欲为旗债之募集并其募集方法、利息定率及偿还方法之决定或变更时,应经国务总理大臣及经济部大臣之许可。但为一时借入金,不在此限。

第四十七条 左列事项应经省长之许可。

一、关于基本财产、不动产、积存金谷之处分事项;

二、特别会计之设定;

三、预算以外之义务负担或权利抛弃。

第四十八条 关于应经监督官署之许可或认可事项,监督官署得以不变更许可或认可声请之趣旨为限,将其更正后予以许可或认可。

第四十九条 国务总理大臣或经济部大臣,得以本法中应经国务总理大臣或经济部大臣许可之事件而系轻易者为限,将其许可权限委任省长。

省长得以本法中应经省长许可或认可之事件而系轻易者为限,经国务总理大臣许可后,不使受许可或认可。

第五十条 关于司计及副司计之赔偿责任及身分保证,并旗吏员之服务有必要之事项,由国务总理大臣定之。

附则

本法自康德七年一月一日施行。

康德三年敕令第一百七十九号《热河省及锦州省内旗制》，废止之。

本法施行之际所必要之事项，由国务总理大臣定之。

另表

旗之名称及区域

省别	旗之名称	区域
热河省	喀喇沁左旗	从前之区域（建昌县之区域）
	喀喇沁中旗	从前之区域（宁域县之区域）
	喀喇沁右旗	从前之区域（建平县之区域）
	翁牛特左旗	从前之区域（乌丹县之区域）
	翁牛特右旗	从前之区域（赤峰县之区域）
	敖汉旗	从前之区域（新惠县之区域）
锦州省	吐默特左旗	从前之区域（阜新县之区域）
	吐默特中旗	另图甲之区域
	吐默特右旗	另图乙之区域

热河省及锦州省内旗官制

（康德六年十二月二十八日敕令第三百六十四号）

朕经咨询参议府，裁可《热河省及锦州省内旗官制》，著即公布。

（国务总理大臣副署）

第一条　热河省及锦州省内旗共置左列职员。

旗长：九人，荐任；

参事官：九人，荐任；

事务官：三十一人，荐任；

警正：荐任；

技佐：四人，荐任；

视学：九人，委任；

属官：八十九人，委任；

警佐：委任；

技士：三十人，委任；

警尉：委任。

前项所载职员之各旗员额，由国务总理大臣定之。

警正、警佐及警尉之员额，另定之。

第二条　旗长承旗长之指挥、监督，执行法律命令，管理旗内行政事务。

第三条　旗长指挥、监督所属职员，关于其进退赏罚，呈请省长核办。

第四条　旗长关于旗内行政事务，得依其职权或特别委任，发旗令。

第五条　旗长认为警察署长之处分有违反成规、妨害公益或侵犯权限时，得取消或停止其处分。

旗长关于行政事务，指挥、监督其管内街村长，就其处分依前项之例。

第六条　旗长得将属于其职权事务之一部委任于警察署长或街村长。

第七条　旗长为保持安宁秩序需要兵力时，应呈请省长。但于非常急变之际，得向地方驻扎军队之长请求出兵。

前项规定于警察厅管辖区域内，不适用之。

第八条　参事官参画旗务，辅佐旗长监督各科之事务。旗长有事故时，代理其职务。

事务官承上司之命，掌事务。

警正承上司之命，掌关于警察之事务，指挥、监督部下之警佐、警尉、警尉补、警长及警士。

技佐承上司之命，掌技术。

视学承上司指挥，办理学事之视察及其他关于教育之事务。

属官承上司之指挥，办理事务。

警佐承上司之指挥，办理关于警察之事务，指挥、监督部下之警尉、警尉补、警长及警士。

技士承上司之指挥，从事技术。

警尉承上司之指挥，办理关于警察之事务，指挥、监督部下之警尉补、警长及警士。

第九条　旗置科，使分掌其事务。各旗之分科规程由省长经国务总理大臣认可定之。

科置科长，以事务官、警正或技佐充之。

科长承上司之命，指挥、监督部下之官吏，掌科之事务。

掌警察事务之科长，关于警察事务之执行，承上司之命，指挥、监督旗内之警察官吏。

掌警察事务之科所属之警正，承上司之命，关于警察事务之执行，指挥、监督旗内警佐以下之警察官吏。

第十条　旗置警察署，其位置、名称及管辖区域由省长定之。

第十一条　警察署置署长，以警正或警佐充之。但依地方之状况，得以警尉充之。

警察署长承上司之命，掌理关于管内警察事务，指挥、监督部下之官吏。

第十二条　旗置警尉补、警长及警士，为委任官。

关于警尉补、警长及警士之规程，除另以敕令规定者外，由治安部大臣定之。

附则

本令自康德七年一月一日施行。

康德三年敕令第一百八十三号《热河省及锦州省内旗官制》废止之。

新京特别市制

（康德四年九月三十日敕令第二七九号）

朕依《组织法》第三十六条，经咨询参议府，裁可《新京特别市制》，著即公布。

（国务总理大臣副署）

第一章　通则

第一条　特别市为法人，承官之监督，于法令范围内处理其公共事务，并依法令或惯例属于特别市之事务。

第二条　特别市之区域以敕令定之。

特别市区域变更时,关于特别市之事务及财产有必要之事项,由国务总理大臣定之。

第三条　关于特别市之境界有疑义时,由国务总理大臣裁定之。

第四条　凡于特别市内有住所者,为其特别市住民。

特别市住民有遵照本法共用特别市之财产及营造物之权利,并分任特别市负担之义务。

第五条　特别市关于特别市住民之权利义务,得设定特别市条例。

特别市关于其事务除关于特别市住民之权利、义务者外,得设定特别市规则。

特别市条例及特别市规则,应依一定之公告方式告示之。

第二章　特别市之行政

第六条　特别市长统辖特别市,代表特别市。

特别市长担任特别市之公共事务,及依法令或惯例属于特别市之事务,并关于警戒防御特别市住民之紧急危害事务。

第七条　特别市长关于特别市之行政,得将其职权之一部委任特别市之官吏吏员或使其临时代理。

第八条　特别市得置有给之吏员。

前项吏员之员额,由特别市长经国务总理大臣之认可定之。

吏员由特别市长任免之。

吏员承特别市长之命,办理事务。

第九条　特别市长指挥、监督吏员并得行惩戒处分。其惩戒处分为谴责、五十圆以内之过怠金或解职。但欲行解职时,须先受国务总理大臣之指挥。

第十条　咨议会未成立时,特别市长得经国务总理大臣之认可,处分其应行咨问之事件。咨议会对于受咨问之事件未答申时,亦同。

应经咨问咨议会之事件中,认为须临时急施无遑咨问者,得由特别市长处分之。

关于前二项之处分,应向下次咨议会报告之。

第十一条　特别市官吏关于特别市之行政职务关系,除本法有规定者外,则依其关于国之行政职务关系之例。

第十二条　特别市置司计一人及副司计一人或数人,就特别市官吏吏员中由特别市长任命之。

司计掌特别市之出纳其他会计事务。

副司计辅佐司计。司计有事故时,代理之。副司计有数人时,特别市长应先定代理顺序。

特别市长认为有必要时,得使副司计分掌司计事务之一部。

第十三条 特别市为处务便宜起见,得将特别市之区域划为数区,每区置区长一人。

前项区之名称及区域以特别市条例定之。

区长承特别市长之命,补助特别市长之事务中关于区内者。

区长由特别市长任免之。

区长为名誉职。

第三章 特别市咨议会

第十四条 关于特别市之事务,为使应特别市长之咨问,置咨议会。

咨议会以咨议会员组织之。

咨议会员之定数为十五人。

咨议会置议长,就咨议会员中由特别市长指名之。

议长有事故时,由特别市长指名之咨议会员代理其职务。

议长综理会务。

第十五条 咨议会员就继续二年以上为特别市住民,年龄二十五岁以上之男子,有智识经验、德望素著者中,由特别市长任选之。

特别市长有必要时,得特免前项二年之限制。

第一项二年之期间,不因区域变更而中断。

第十六条 有左列各款情形之一者,不得选任为咨议会员。

一、服役中之军人及学生生徒;

二、现为特别市官吏或吏员者;

三、禁治产人及准禁治产人;

四、破产人而未得复权者;

五、受禁锢以上刑之宣告,其执行终了后未经过五年者,或至无须受其执行时起未经过二年者;

六、租税滞纳处分中者。

被选任为咨议会员者,至有前项各款情形之一时失其职。

第十七条 咨议会员之任期为二年。

咨议会员中有缺员时,特别市长应即为其补缺。

依补缺之咨议会员之任期,为前任者之残任期间。

咨议会员为名誉职。

第十八条 应行咨问咨议会之事项如左,但其答申不拘束特别市长。

一、特别市条例及特别市规则之设定或改废;

二、岁入出预算之决定;

三、除暂时借入金外,特别市债之募集并其募集方法、利息定率及偿还方法之决定或变更;

四、除法令所定者外,关于使用费及手续费之征收事项;

五、关于特别市税及夫役现品之赋课征收事项;

六、关于基本财产、营造物及积存金谷之设置、管理或处分事项。

七、预算以外之义务负担及权利之抛弃。

第十九条 咨议会由特别市长招集之。

咨议会非有会员定数之半数以上出席,不得开议。

咨议会之意见以过半数决之可否。同数时,依议长之所决。

第四章 特别市之薪金及各项给与

第二十条 名誉职员得依特别市条例之所定,受为职务上所需费用之偿还。

第二十一条 对于有给吏员,得依特别市条例之所定,支给退职给与金、死亡给与金或其他之给与金。

第二十二条 有给吏员之薪金额、旅费额及其支给方法,应以特别市条例规定之。

第五章 特别市之财务

第二十三条 为收益所办之特别市财产,应作为基本财产维持之。

特别市为特定目的,得积存金谷。

第二十四条 特别市对于营造物之使用,得征收使用费。

特别市对于特为一个人所办之事务,得征收手续费。

第二十五条 特别市于其公益上有必要时,得为捐款或补助。

第二十六条 特别市对于其必要之费用及依法令属于特别市负担之费用,负支用之义务。

特别市以其财产所生之收入、使用费、手续费其他依法令属于特别市之收入,充前项之支出仍有不足时,得赋课征收特别市税及夫役现品。

第二十七条　于特别市内滞在三月以上者,溯自其滞在之初日起,负缴纳特别市税之义务。

第二十八条　虽于特别市内未有住所或未滞在三月以上,而于特别市内所有、使用或占有土地房屋物件,或设营业所而为营业或为特定之行为者,负担缴纳对于土地房屋物件、营业其收入或其行为所赋课特别市税之义务。

第二十九条　对于纳税人于特别市外所有、使用或占有之土地房屋物件其收入,或于特别市外设营业所之营业或其收入,不得赋课特别市税。

第三十条　关于特别市税、夫役现品、使用费及手续费之事项,除本法其他法令有规定者外,应以特别市条例规定之。

以诈伪其他不正行为而免于特别市税以外征收金或夫役现品之征收者,其处分依特别市税偷漏者处分之例。

除前项所定者外,关于赋课征收特别市税、夫役现品、使用费及手续费,得于第一项之条例中设科以五圆以下过料之规定。关于使用财产或营造物亦同。

第三十一条　特别市税以外征收金之赋课征收及滞纳处分,依特别市税赋课征收及滞纳处分之例。

关于赋课征收夫役现品,由国务总理大臣定之。

第三十二条　特别市限于为办理应为永久利益之支出、偿还负债或天灾事变有必要时,得募集特别市债。

特别市为办理预算内之支出,得为暂时借入金。

前项借入金,应于其会计年度内偿还之。

第三十三条　特别市长应调制每会计年度岁入出预算,于年度开始前经国务总理大臣之认可。

特别市之会计年度,依国之会计年度。

第三十四条　特别市长得经国务总理大臣之认可,为既定预算之追加或更正。

第三十五条　特别市为充预算以外或预算超过之支出,应设预备费。

预备费不得充曾经国务总理大臣否认之费用。

第三十六条　特别市得设特别会计。

第三十七条　特别市长经预算之认可后,应即将其缮本交付司计,并告示其要领。

司计非有特别市长之命令,不得为支出。虽有命令,无支出之预算,且不得依预备费支出或费目流用为支出时,亦同。

第三十八条　特别市之出纳以翌年度二月末日为截止。

特别市长应于出纳期限截止后二月以内作制决算表,报告咨议会及国务总理大臣,并告示其要领。

第三十九条　关于预算调制方式、费目流用其他会计有必要事项,由国务总理大臣定之。

第四十条　特别市税以外之征收金次于国之征收金,有优先权。关于其追征、退还及时效,依特别市税之例。

关于特别市支付金之时效,依国之支付金之例。

第六章　特别市之监督

第四十一条　特别市由国务总理大臣监督之。

第四十二条　国务总理大臣于特别市之监督上有必要时,得使为事务之报告、征求书类账簿、就实地视察事务或检阅出纳。

国务总理大臣得发特别市监督上必要之命令或为处分。

第四十三条　欲为特别市条例之设定或改废时,应经国务总理大臣之许可,其关于特别市税者,应经国务总理大臣及经济部大臣之许可。

第四十四条　欲为特别市债之募集并其募集方法、利息定率及偿还方法之决定或变更时,应经国务总理大臣及经济部大臣之许可。但为暂时借入金,不在此限。

第四十五条　左列事项应经国务总理大臣之许可。

一、特别市规则之设定或改废;

二、关于基本财产、不动产、积存金谷之处分事项;

三、特别会计之设定;

四、预算以外之义务负担或权利之抛弃。

第四十六条　关于应经国务总理大臣或经济部大臣之许可或认可事项,国务总理大臣或经济部大臣得以不变更许可或认可声请之趣旨为限,将此更正后予以许可或认可。

第四十七条　国务总理大臣或经济部大臣,得以本法中应经国务总理大臣或经济部大臣许可或认可之事件而系轻易者为限,不使受许可或认可。

第四十八条　关于司计及副司计之赔偿责任及身分保证,并特别市吏员之服务有必要之事项,由国务总理大臣定之。

附则

本法自康德四年十月一日施行。

于特别市之区域暂行保甲法,不适用之。

从前新京特别市之财产、营造物及权利义务由新京特别市继承之。

本法施行期日前,曾为特别市自治委员者,于其任期中视为依本法之特别市咨议会员。特别市自治委员会委员长于其任期中视为依本法之特别市咨议会议长。

本法施行之际有必要之事项,由国务总理大臣定之。

《特别市制》及大同二年敕令第二十三号《关于指定特别市之件》,废止之。

新京特别市官制

（康德四年六月二十七日敕令第一七九号）

修正　康德四年一二月敕令第四〇二号、第四七一号、五年五月第一一〇号、六年五月第一〇三号、八月第二二一号

朕经咨询参议府,裁可《新京特别市官制》,著即公布。

（国务总理、民政部大臣副署）

第一条　新京特别市置左列职员。

市长:简任;

副市长:一人,简任;

处长:四人,荐任(其中三人得为简任);

理事官:十一人,荐任;

技正:五人,荐任;

事务官:十二人,荐任;

技佐:五人,荐任;

视学:二人,委任(其中一人得为荐任);

属官:七十五人,委任;

技士：二十二人，委任。（康四·第四〇二号本条修正，四·第四七一号、五·第一一〇号、六·第一〇三号、第二二一号本条中修正）

第二条　市长承国务总理大臣之指挥、监督。关于各部大臣所管事务，承其指挥、监督，执行法律命令，管理市内行政事务。

第三条　市长指挥、监督所属官吏。关于其进退及赏罚，呈请国务总理大臣。其委任官以下专行之。

第四条　市长关于市内之行政事务，得依其职权或特别委任，发市令。

第五条　副市长辅佐市长，监督官房及各处之事务。市长有事故时，代理其职务。

第六条　处长承市长之命，掌理院务。

理事官及事务官承上司之命，掌理处务。

技正及技佐承上司之命，掌技术。

视学承上司之命，掌学事视察及其他关于教育事务。

属官承上司之指挥，办理事务。

技士承上司之指挥，从事技术。

第七条　市置官房及左列四处。

行政处；

财务处；

卫生处；

工务处。

第八条　官房掌左列事项。

一、属于机密事项；

二、关于官吏之进退、赏罚及身分事项；

三、关于管守官印事项；

四、关于文书事项；

五、关于统计及调查事项；

六、关于情报及宣传事项；

七、关于总动员计画事项；

八、关于会计及用度事项；

九、不属于他处主管事项。

第九条　行政处掌左列事项。

一、关于监督公共团体事项；

二、关于教育及学艺事项；

三、关于礼俗及宗教事项；

四、关于实业事项；

五、关于社会事业事项；

六、关于劳务事项。

第十条　财务处掌左列事项。

一、关于预算及决算事项；

二、关于税务事项；

三、关于理财事项。

第十一条　卫生处掌左列事项。

一、关于保健事项；

二、关于防疫及卫生事项。

第十二条　工务处掌左列事项。

一、关于土木事项；

二、关于建筑事项；

三、关于都邑计画及上下水道事项。

第十三条　官房及各处之事务分掌，由市长经国务总理大臣认可定之。

附则

本令自康德四年七月一日施行。

本令施行之际，现任左表上栏所载之官而在新京特别市办事者，如不另受任命状或指叙令时，即为被任命各该相当下栏所载之官者，仍与以各该同官等俸给。

附则（康德四年十二月一日敕令第四〇二号）

本令自康德四年十二月一日施行。

附则（康德四年十二月二十七日敕令第四七一号）

本令自康德五年一月一日施行。

附则（康德五年五月二十六日敕令第一一〇号）

本令自公布日施行。

附则（康德六年五月五日敕令第一〇三号）

本令自公布日施行。

附则（康德六年八月二十八日敕令第二二一号）

本令自康德六年九月一日施行。

市制

（康德四年十二月一日敕令第四〇三号）

朕依《组织法》第三十六条，经咨询参议府，裁可《市制》修正之件，著即公布。

（国务总理大臣副署）

第一章　通则

第一条　市为法人，承官之监督，于法令范围内处理其公共事务，并依法令或惯例属于市之事务。

第二条　市之设置、废止或名称及区域变更，以敕令定之。

第三条　市之设置、废止或区域变更之时，关于市之事务及财产有必要之事项，由国务总理大臣定之。

第四条　关于市之境界有疑义时，由国务总理大臣裁定之。

第五条　凡于市内有住所者，为其市住民。

市住民遵照本法共用市之财产及营造物，并分任市之负担。

第六条　市为处理市之事务，得设定市条例。

市条例及市规则，应依一定之公告方式告示之。

第二章　市之行政

第七条　市长统辖市，代表市。

市长担任市之公共事务，并依法令或惯例属于市之事务，并关于警戒防御市住民之紧急危害事务。

第八条　市长关于市之行政，得将其职权之一部委任市之官吏吏员或使其临时代理。

第九条　市得置有给之吏员。

前项吏员之员额，由市长经省长之认可定之。

吏员由市长任免之。

吏员承市长之命，办理事务。

第十条　市长指挥、监督吏员并得行惩戒处分。其惩戒处分为谴责、五十圆以内之过怠金或解职。但欲行解职时，须先受省长之指挥。

第十一条　咨议会未成立时，市长得经省长之认可，处分其应行咨问之事件。咨议会对于受咨问之事件未答申时，亦同。

应经咨问咨议会之事件中，认为须临时急施无遑咨问者，得由市长处分之。

关于前二项之处分，应向下次咨议会报告之。

第十二条　市官吏关于市之行政职务关系，除本法有规定者外，则依其关于国之行政职务关系之例。

第十三条　市置司计一人，就市官吏吏员中由市长任命之。司计掌市之出纳其他会计事务。

市长认为有必要时，得经省长之认可，置副司计一人或数人。

副司计就市官吏吏员中由市长任免之。

副司计辅佐司计。司计有事故时，代理之。副司计有数人时，市长应先定代理顺序。

市长得经省长之认可，使副司计分掌司计事务之一部。

第十四条　市得为处务便宜起见，得将市之区域划为数区，每区置区长一人。

前项区之名称及区域以市条例定之。

区长承市长之命，补助市长之事务中关于区内者。

区长由市长任免之。

区长为名誉职。

<h2 style="text-align:center">第三章　市咨议会</h2>

第十五条　关于市之事务，为使应市长之咨问，置咨议会。

咨议会以咨议会员组织之。

咨议会员之定数为七人以上、十五人以内，由国务总理大臣定之。

咨议会置议长，就咨议会员中由市长指名之。

议长有事故时，由市长指名之咨议会员代理其职务。

议长综理会务。

第十六条　咨议会员就继续二年以上为市住民，年龄二十五岁以上之男子，有智识经验、德望素著者中，由市长任选之。

市长于有必要时，得特免前项二年之限制。

第一项二年之期间，不因市之设置、废止或区域变更而中断。

第十七条　有左列各款情形之一者，不得选任为咨议会员。

一、服役中之军人及学生生徒；

二、现为市官吏或吏员者；

三、禁治产人及准禁治产人；

四、破产人而未得复权者；

五、受禁锢以上刑之宣告，其执行终了后未经过五年者，或至无须受其执行时起未经过二年者；

六、租税滞纳处分中者。

被选任为咨议会员者，至有前项各款情形之一时失其职。

第十八条　咨议会员之任期为二年。

咨议会员中有缺员时，市长应即为其补缺。

依补缺之咨议会员之任期为前任者之残任期间。

咨议会员为名誉职。

第十九条　应行咨问咨议会之事项如左，但其答申不拘束市长。

一、市条例之设定或改废；

二、岁入出预算之决定；

三、除暂时借入金外，市债之募集并其募集方法、利息定率及偿还方法之决定或变更；

四、除法令所定者外，关于使用费及手续费之征收事项；

五、关于市税及夫役现品之赋课征收事项；

六、关于基本财产、营造物及积存金谷之设置、管理或处分事项。

七、为预算以外之义务负担及权利之抛弃。

第二十条　咨议会由市长招集之。

咨议会非有会员定数之半数以上出席，不得开议。

咨议会之意见以过半数决之可否。同数时，依议长之所决。

第四章　市之薪金及各项给与

第二十一条　名誉职员得依市条例之所定，受为职务所需费用之偿还。

第二十二条　对于有给吏员，得依市条例之所定支给退职给与金、死亡给与金或其他之给与金。

第二十三条　有给吏员之薪金额、旅费额及其支给方法，应以市条例规定之。

第五章　市之财务

第二十四条　市为增进市住民之共同利益,谋造成以收益为目的之财产,应作为基本财产维持之。

市为特定目的,得积存金谷。

第二十五条　市对于营造物之使用,得征收使用费。

市对于特为一个人所办之事务,得征收手续费。

第二十六条　市于其公益上有必要时,得为捐款或补助。

第二十七条　市对于其必要之费用及依法令属于市负担之费用,负支用之义务。

市以其财产所生之收入、使用费、手续费,其他依法令属于市之收入充前项之支出仍有不足时,得赋课征收市税及夫役现品。

第二十八条　于市内滞在三月以上者,溯自其滞在之初日起,负缴纳市税之义务。

第二十九条　虽于市内无住所或未滞在三月以上,而于市内所有、使用或占有土地房屋物件,设营业所而为营业或为特定之行为者,负担缴纳对于土地房屋物件、营业其收入或其行为所赋课市税之义务。

第三十条　对于纳税人于市外所有、使用或占有之土地房屋物件其收入,或于市外设营业所之营业或其收入,不得赋课市税。

第三十一条　关于对数人或市之一部特有利益之事件、财产或营造物之费用,得使其关系人负担或对一部或以不均一赋课之。

第三十二条　关于市税、夫役现品、使用费及手续费之事项,除本法其他法令有规定者外,应以市条例规定之。

以诈伪其他不正行为而免于市税以外征收金或夫役现品之征收者,其处分依市税偷漏者处分之例。

除前项所定者外,关于赋课征收市税、夫役现品、使用费及手续费,得于第一项之条例中设科以五圆以下过料之规定。关于使用财产或营造物亦同。

第三十三条　市税以外征收金之赋课征收及滞纳处分,依市税赋课征收及滞纳处分之例。

关于赋课征收夫役现品,由国务总理大臣定之。

第三十四条　市限于为办理应为永久利益之支出、偿还负债或天灾事变有必要时,得募集市债。

市为办理预算内之支出,得为暂时借入金。

前项借入金,应于其会计年度内偿还之。

第三十五条　市长应调制每会计年度岁入出预算,于年度开始前经省长之认可。

市之会计年度,依国之会计年度。

第三十六条　市长得经省长之认可,为既定预算之追加或更正。

第三十七条　市为充预算外或预算超过之支出,应设预备费。

预备费不得充曾经省长否认之费用。

第三十八条　市得设特别会计。

第三十九条　市长经预算之认可后,应即将其誊本交付司计,并告示其要领。

司计非有市长之命令,不得为支出。虽有命令,无支出之预算,且不得依预备费支出或费目流用为支出时,亦同。

第四十条　市之出纳以翌年度二月末日为截止。

市长应于出纳期限截止后二月以内,作制决算表报告咨议会及省长,并告示其要领。

第四十一条　关于预算调制方式、费目流用其他会计有必要之事项,由国务总理大臣定之。

第四十二条　市税以外之征收金次于国之征收金,有优先权。关于其追征、退还及时效,依市税之例。

关于市支付金之时效,依国之支付金之例。

第六章　市、县之共同事务

第四十三条　市经省长之许可,得与他市或县共同处理其事务之一部。

市、县共同处理前项事务时,应依关系市县之协议定规约,并经省长之许可。

前项规约应规定处理共同事务之市、县,共同事务及其管理费用之支用方法其他必要事项。

公益上有必要时,省长得命关系市、县长处理共同事务。

第四十四条　市、县之共同事务由省长所指定之市、县长管理之。

第四十五条　增减处理共同事务之市、县数,为共同事务之变更其他规约之变更，或废止共同事务之处理时，应依关系市县之协议而定之，并经省长之许可。

于前项情形须处分财产时，应依关系市县之协议，定其处分方法，并经受省长之许可。

第四十六条　处理共同事务之市、县涉及数省时，其应行监督之省长依关系省长之呈请，由国务总理大臣指定之。

第四十七条　关于市、县共同事务之处理有必要之事项，除法令中另有规定者外，由国务总理大臣定之。

第七章　市之监督

第四十八条　市第一次由省长监督之，第二次由国务总理大臣监督之。

第四十九条　监督官署于市之监督上有必要时，得使为事务之报告、征求书类账簿、就实地视察事务或检阅出纳。

监督官署得发市监督上必要之命令或为处分。

第五十条　欲为市条例之设定或改废时，应经国务总理大臣之许可。其关于市税者，应经国务总理大臣及经济部大臣之许可。

第五十一条　欲为市债之募集并其募集方法、利息定率及偿还方法之决定或变更时，应经国务总理大臣及经济部大臣之许可。但为暂时借入金，不在此限。

第五十二条　左列事项应经省长之许可。

一、关于基本财产、不动产、积存金谷之处分事项；

二、特别会计之设定；

三、预算以外之义务负担或权利之抛弃。

第五十三条　关于应经监督官署许可或认可事项，监督官署得以不变更许可或认可声请之趣旨为限，将此更正后予以许可或认可。

第五十四条　国务总理大臣或经济部大臣，得以本法中应经国务总理大臣或经济部大臣许可之事件而系轻易者为限，将其许可权限委任省长。

省长得以本法中应经省长许可或认可之事件而系轻易者为限，经国务总理大臣之许可后，不使受许可或认可。

第五十五条　关于司计及副司计之赔偿责任及身分保证，并市吏员之服务有必要之事项，由国务总理大臣定之。

附则

本法自康德四年十二月一日施行。

于市之区域暂行保甲法,不适用之。

本法施行之际必要之事项,由国务总理大臣定之。

国务总理大臣对于认为有特别事由之市,得暂时不拘市制。

第十五条第三项之规定于不超过二十人之范围内,定咨议会员之定数。

市官制

（康德三年三月二十六日敕令第二十五号）

修正　康德三年七月敕令第一一四号、四年六月第一八〇号、一二月第四〇六号、第四八七号、五年七月第一七七号、六年五月第一〇六号、九月第二四二号、一二月第三六五号

朕经咨询参议府,裁可《市官制》,著即公布。

（国务总理、民政部大臣副署）

第一条　市共置左列职员。

市长:十六人,简任或荐任(但简任不得逾六人);

副市长:十六人,荐任(其中二人得为简任);

理事官:三十四人,荐任(其中二人得为简任);

技正:十三人,荐任(其中二人得为简任);

事务官:八十三人,荐任;

技佐:四十二,荐任;

视学:十八人,委任(其中三人得为荐任);

属官:三百九十四人,委任;

技士:一百人,委任。

前项所载职员之各市员额,由国务总理大臣定之。(康四·第四〇六号本条修正,四·第四六八号、五·第一七七号、六·第一〇六号、第二四二号、第三六五号本条中修正)

第二条　市长承省长之指挥、监督。执行法律命令,管理市内行政事务。

第三条　市长指挥、监督所属职员,关于其进退及赏罚,呈请省长。

（康四·第一八〇号本条修正）

第四条　市长关于市内之行政事务,得依其职权或特别委任,发市令。

第五条　副市长辅佐市长,监督各处或各科之事务。市长有事故时,代理其职务。（康四·第一八〇号本条修正）

第六条　理事官及事务官承上司之命,掌事务。

技正及技佐承上司之命,掌技术。

视学承上司之命,掌学务之视察及其他关于教育之事务。

属官承上司之指挥,办理事务。

技士承上司之指挥,从事技术。（康四·第一八〇号本条中修正）

第七条　市之事务分掌,经省长之认可,由市长定之。

国务总理大臣所指定之市,得置官房及处。（康四·第一八〇号本条中修正）

附则

本令自康德三年四月一日施行。

附则（康德三年七月一日敕令第一一四号）

本令自公布日施行。

附则（康德四年六月二十七日敕令第一八〇号）

本令自康德四年七月一日施行。

本令施行之际,现任左表上栏所载之官而勤务于哈尔滨特别市者,如不另受人名状或指叙令时,即为被任命各该相当下栏所载之官者,仍与以各该同官等俸给。

附则（康德四年十二月一日敕令第四〇六号）

本令自康德四年十二月一日施行。

附则（康德四年十二月二十七日敕令第四六七号）

本令自康德五年一月一日施行。

附则（康德五年七月二十三日敕令第一七七号）

本令自公布日施行。

附则（康德六年五月五日敕令第一〇六号）

本令自公布日施行。

附则（康德六年九月二十九日敕令第二四二号）

本令自康德六年十月一日施行。

附则（康德六年十二月二十八日敕令第三六五号）

本令自康德七年一月一日施行。

街制

（康德四年十二月一日敕令第四一二号）

朕深念政本立于民治，教本根于民心。乡井克举、民族协和之实绩，闾里咸安于邻，保共荣之生活，以培邦命，益固国基。兹依《组织法》第三十六条，经咨询参议府，裁可《街制》，著即公布。

（国务总理大臣副署）

第一章　通则

第一条　街为法人，承官之监督，于法令范围内处理其公共事务，并依法令或惯例属于街之事务。

第二条　街之设置、废止或名称及区域之变更，由省长定之。

第三条　街之设置、废止或区域变更之时，关于街之事务及财产上有必要之事项，由省长定之。

第四条　关于街之境界有疑义时，由省长裁定之。

第五条　凡于街内有住所者，为其街住民。

街住民遵照本法共用街之财产及营造物，并分任街之负担。

第六条　街为处理街之事务，得设定街规则。

街规则应依一定之公告方式告示之。

第二章　街之行政

第七条　街置街长、副街长、司计、事务员及其他必要之吏员。均为有给吏员。

街长、副街长及司计，每街各为一人。事务员及其他吏员之员额，由街长经县长之认可定之。

街长、副街长及司计由县长任免之。

街长之任期为三年，但不妨重任。

事务员及其他吏员由街长任免之。

第八条　以敕令指定之街，其街长、副街长、司计、事务员、其他吏员得以官吏充之。

第九条　街长统辖街、代表街。

街长担任街之公共事务,及依法令或惯例属于街之事务,并关于警戒防御街住民之紧急危害事务。

第十条　街长指挥、监督吏员并得行惩戒。其惩戒处分为谴责、十圆以下之过怠金。

第十一条　副街长辅佐街长。街长有事故时,代理其职务。

第十二条　司计承街长之命,掌街之出纳及其他会计事务。

县长应先就事务员中定司计,有事故之时,应代理其职务者。

第十三条　事务员及其他吏员承街长之命,从事事务或技术。

第十四条　街为处务便宜,得将街之区域划为数区,每区划置区划之长一人。

前项区划之名称及组织,并区划之长之职务权限其他必要事项,由国务总理大臣定之。

区划之长为名誉职。

第十五条　以敕令指定之街,为关于街之事务使应街长之咨问,得置咨议会。

咨议会以咨议会员组织之。

咨议会员为名誉职。

咨议会之权限其他必要事项,由国务总理大臣定之。

第三章　街之薪金及各项给与

第十六条　名誉职员得依街规则之所定,受为职务所需费用之偿还。

第十七条　对于有给吏员,得依街规则之所定,支给退职给与金、死亡给与金或其他之给与金。

第十八条　有给吏员之薪金额、旅费额及其支给方法,由省长定之。

第四章　街之财务

第十九条　街为增进街住民之共同利益,谋造成以收益为目的之财产,应作为基本财产维持之。

街为特定目的,得积存金谷。

第二十条　街对于营造物之使用,得征收使用费。

街对于特为一个人所办之事务,得征收手续费。

第二十一条　街对于其必要之费用及依法令属于街负担之费用，负支用之义务。

街以依街住民之协同劳作所得之收入、财产所生之收入、使用费、手续费及依法令属于街之收入，充前项之支出仍有不足时，得赋课征收街税及夫役现品。

第二十二条　关于街税之赋课征收，除本法其他法令有规定者外必要之事项，由国务总理大臣及经济部大臣定之。

第二十三条　于街内滞在三月以上者，溯自其滞在之初日起，负缴纳街税之义务。

虽于街内无住所或未滞在三月以上，而于街内所有、使用或占有土地房屋物件，设营业所为营业或为特定之行为者，负担缴纳对于土地房屋物件、营业其收入或其行为所赋课街税之义务。

第二十四条　对于纳税人于街外所有、使用或占有之土地房屋物件、其收入，于街外设营业所之营业或其收入，不得赋课街税。

第二十五条　关于对数人或街之一部特有利益之事件、财产或营造物之费用，得使其关系人负担或对一部或以不均一赋课之。

第二十六条　关于街税、夫役现品、使用费及手续费之事项，除本法其他法令有规定者外，应以街规则规定之。

对于以诈伪其他不正行为而免于街税及街税以外征收金或夫役现品之征收者，得以街规则设科以相当于其偷漏或免于征收之金额三倍之金额以下（其金额未满五圆时为五圆）过料之规定。

除前项所定者外，关于赋课征收街税、使用费及手续费，得以街规则设科以五圆以下过料之规定。关于财产或营造物之使用亦同。

关于夫役现品之赋课征收，由国务大臣定之。

第二十七条　街住民除依本法其他法令外，不得命负担街之费用。

第二十八条　有至期限不缴纳街税、使用费、手续费、过料、过怠金其他街之征收金者，街长应更指定期限督促之。

于前项情形，街得依命令之所定，征收督促手续费及延滞金。

滞纳人受第一项之督促，至其指定期限仍不完纳时，得依国税滞纳处分之例处分之。

本条之征收金次于国、省地方费及县之征收金，有优先权。关于其追征、退还及时效，依国税之例。

第二十九条　受赋课街税之人，认其赋课为违法或有错误时，得自受赋课之日起十四日以内，向街长请求审查。

街长于有前项请求时，应于二十日以内决定之。

对于请求审查之决定，应以附具理由之文书为之，并交付于请求人。

虽有请求审查而街税之征收仍不停止，但街长依其职权或关系人之请求认为必要时，得停止之。

第三十条　有不服第二十八条第三项或前条第二项之处分者，得向县长诉愿。有不服其裁决者，得向省长诉愿。

前项诉愿之提起，应自处分或裁决之日起三十日以内为之。

第三十一条　街限于为办理应为永久利益之支出、偿还负债或天灾事变有必要时，得募集街债。

街为办理预算内之支出，得为暂时借入金。

前项借入金，应于其会计年度内偿还之。

第三十二条　街为增进街住民之利益，得为必要之施设经营。

第三十三条　街长应调制每会计年度岁入出预算，于年度开始前经县长之认可。

街长得经县长之认可，为既定预算之追加或更正。

街之会计年度，依国之会计年度。

第三十四条　街为充预算外或预算超过之支出，应设预备费。

预备费不得充曾经县长否认之费用。

第三十五条　街得设特别会计。

第三十六条　街长经预算之认可后，应即将其誊本交付司计，并告示其要领。

司计非有街长之命令，不得为支出。虽有命令，无支出之预算，且不得依预备费支出或费目流用为支出时，亦同。

关于街支付金之时效，依国之支付金之例。

第三十七条　街之出纳，以翌年度二月末日为截止。

街长应于出纳期限截止后二月以内，作制决算表报告县长，并告示其要领。

第三十八条　关于预算调制方式、费目流用其他会计有必要之事项，由国务总理大臣定之。

第五章 街、村之共同事务

第三十九条 街经县长之许可，得与他街或村共同处理其事务之一部。

街、村共同处理前项事务时，应依关系街村之协议定规约，并经县长之许可。

前项规约应规定处理共同事务之街、村，共同事务及其管理费用之支用方法其他必要事项。

公益上有必要时，县长得命关系街、村长处理共同事务。

第四十条 街、村之共同事务，由省长所指定之街、村长管理之。

第四十一条 增减处理共同事务之街、村数，为共同事务之变更其他规约之变更，或废止共同事务之处理时，应依关系街村之协议而定之，并经县长之许可。

于前项情形须处分财产时，应依关系街村之协议，定其处分方法，并经县长之许可。

第四十二条 处理共同事务之街、村涉及数县时，其应行监督之县长，依关系县长之呈请，由省长指定之。如涉及省之区域时，应行监督之省长及县长，依关系省长之呈请，由国务总理大臣指定之。

第四十三条 关于街、村共同事务之处理有必要之事项，除法令中另有规定者外，由国务总理大臣定之。

第六章 街之监督

第四十四条 街第一次由县长，第二次由省长，第三次由国务总理大臣监督之。

第四十五条 监督官署于街之监督上有必要时，得使为事务之报告、征求书类账簿、就实地视察事务或检阅出纳。

监督官署得发街监督上必要之命令或为处分。

第四十六条 左列事项应经国务总理大臣及经济部大臣之许可。

一、关于街税之规则之设定或改废；

二、街债之募集并其募集方法、利息定率及偿还方法之决定或变更。但为暂时借入金，不在此限。

第四十七条 左列事项应经省长之许可。

一、街规则之设定或改废；

二、关于基本财产、不动产、积存金谷之处分事项；

三、特别会计之设定。

第四十八条　左列事项应经县长之许可。

一、为捐款或补助；

二、为暂时之借入金；

三、为预算外之义务负担或权利之抛弃。

第四十九条　关于应经监督官署之许可或认可事项，监督官署得以不变更许可或认可声请之趣旨为限，将此更正后予以许可或认可。

第五十条　国务总理大臣、经济部大臣或省长，得以本法中应经其许可或认可之事件而系轻易者为限，将其许可权限委任下级监督官署。

第五十一条　县长对于街吏员得行惩戒。其惩戒处分为谴责、二十圆以下之过怠金或解职。但欲将街长解职时，须先受省长之指挥。

第五十二条　关于司计及行司计职务者之赔偿责任及身分保证，并街吏员之服务有必要之事项，由国务总理大臣定之。

第七章　杂则

第五十三条　于兴安各省外之旗或兴安各省设置街时，其街之监督其他必要事项，由国务总理大臣定之。

第五十四条　省长经国务总理大臣之许可，关于本法之运用，除本法或根据本法所发命令之规定者外，得制定必要之规定。

附则

本法自康德四年十二月一日施行。

于街之区域，《暂行保甲法》不适用之。

本法施行之际必要之事项，由国务总理大臣定之。

从前依命令或惯例属于街之财产、营造物及权利义务，由依本法之街继承之。

从前街所定之规则等类，视为依本法之街规则。

村制

（康德四年十二月一日敕令第四一五号）

朕深念政本立于民治，教本根于民心。乡井克举、民族协和之实绩，闾里咸安于邻，保共荣之生活，以培邦命，益固国基。兹依《组织法》

第三十六条,经咨询参议府,裁可《村制》,著即公布。

（国务总理大臣副署）

第一章 通则

第一条 村为法人,承官之监督,于法令范围内处理其公共事务并依法令或惯例属于村之事务。

第二条 村之设置、废止或名称及区域变更,由省长定之。

第三条 村之设置、废止或名称及区域变更之时,关于村之事务及财产上有必要之事项,由省长定之。

第四条 关于村之境界有疑义时,由省长裁定之。

第五条 凡于村内有住所者,为其村住民。

村住民遵照本法共用之财产及营造物,并分任村之负担。

第六条 村为处理村之事务,得设定村规则。

村规则应依一定之公告方式告示之。

第二章 村之行政

第七条 村置村长、助理员、司计、事务员及其他必要之吏员,均为有给吏员。

村长、助理员及司计每村各为一人。事务员及其他吏员之员额,由村长经县长之认可定之。

村长、助理员及司计由县长任免之。

村长之任期为三年,但不妨重任。

事务员及其他吏员,由村长经县长之认可任免之。

有特别情事之村、县长,得经省长之许可,不置司计,使事务员兼掌司计事务。

第八条 村长统辖村,代表村。

村长担任村之公共事务,及依法令或惯例属于村之事务,并关于警戒防御村住民之紧急危害事务。

第九条 村长指挥、监督吏员并得行惩戒。其惩戒处分为谴责、五圆以下之过怠金。

第十条 助理员辅佐村长。村长有事故时,代理其职务。

第十一条 司计承村长之命,掌村之出纳及其他会计事务。

县长应先就事务员中定司计,有事故时之,应代理其职务者。

第十二条　事务员及其他吏员承村长之命，从事事务或技术。

第十三条　村为处务便宜起见，得将村之区域划为数区划，每区划置区划之长一人。

前项区划之名称及组织并区划之长之职务权限其他必要事项，由国务总理大臣定之。

区划之长为名誉职。

第三章　村之薪金及各项给与

第十四条　名誉职员得依村规则之所定，受为职务所需费用之偿还。

第十五条　对于有给吏员，得依村规则之所定支给退职给与金、死亡给与金或其他之给与金。

第十六条　有给吏员之薪金额、旅费额及其支给方法，由省长定之。

第四章　村之财务

第十七条　村为增进村住民之共同利益，谋造成以收益为目的之财产，应作为基本财产维持之。

村为特定目的，得积存金谷。

第十八条　村对于营造物之使用，得征收使用费。

村对于特为一个人所办之事务，得征收手续费。

第十九条　村对于其必要之费用及依法令属于村负担之费用，负支用之义务。

村以村住民之协同劳作所得之收入、财产所生之收入、使用费、手续费及依法令属于村之收入充前项之支出仍有不足时，得赋课征收村税及夫役现品。

第二十条　关于村税之赋课征收，除本法其他法令有规定者外，必要之事项由国务总理大臣及经济部大臣定之。

第二十一条　于村内滞在三月以上者，溯自其滞在之初日起，负缴纳村税之义务。

虽于村内无住所或未滞在三月以上，而于村内所有、使用或占有土地房屋物件，设营业所为营业或为特定之行为者，负担缴纳对于土地房屋物件、营业其收入或其行为所赋课村税之义务。

第二十二条　对于纳税人于村外所有、使用或占有之土地房屋物件其收入,或于村外设营业所之营业或其收入,不得赋课村税。

第二十三条 关于对数人或村之一部特有利益之事件、财产或营造物之费用,得使其关系人负担或对一部或以不均一赋课之。

第二十四条 关于村税、夫役现品、使用费及手续费之事项,除本法其他法令有规定者外,应以村规则规定之。

对于以诈伪其他不正行为而免于村税及村税以外征收金或夫役现品之征收者,得以村规则设科以相当于其偷漏或免于征收之金额三倍之金额以下(其金额未满五圆时为五圆)过料之规定。

除前项所定者外,关于赋课征收村税、使用费及手续费,得以村规则设科以五圆以下过料之规定,关于财产或营〈造物亦同〉。

第二十五条 村住民除依本法其他法令外,不得命负担村之费用。

第二十六条 有定期限不缴纳村税、使用费、手续费、过料、过怠金其他村之征收金者,村长应更指定期限督促之。

于前项情形,村得依命令之所定,征收督促手续费及延滞金。

滞纳人受第一项之督促,至其指定期限仍不完纳时,得依国税滞纳处分之例,处分之。

本条之征收金次于国、省地方费及县之征收金有优先权。关于其追征、退还及时效,依国税之例。

第二十七条 受赋课村税之人,认其赋课为违法或有错误时,得自受赋课之日起十四日以内,向村长请求审查。

村长于有前项请求时,应于二十日以内决定之。

对于请求审查之决定,应以附具理由之文书为之,并交付请求人。

虽有请求审查,而村税之征收仍不停止。但村长依其职权或关系人之请求认为必要时,得停止之。

第二十八条 有不服第二十六条第三项或前条第二项之处分者,得向县长诉愿。有不服其裁决者,得向省长诉愿。

前项诉愿之提起,应自处分或裁决之日起三十日以内为之。

第二十九条 村限于为办理应为永久利益之支出、偿还负债或天灾事变有必要时,得募集村债。

村为办理预算内之支出,得为暂时借入金。

前项借入金,应于其会计年度内偿还之。

第三十条 村为增进村住民之利益,得为必要之施设经营。

第三十一条　村长应调制每会计年度岁入出预算,于年度开始前经县长之认可。

村长得经县长之认可,为既定预算之追加或更正。

村之会计年度,依国之会计年度。

第三十二条　村为充预算外之支出或预算超过之支出,应设预备费。

预备费不得充曾经县长否认之费用。

第三十三条　村得设特别会计。

第三十四条　村长经预算之认可后,应即将其誊本交付司计,并告示其要领。

司计非有村长之命令,不得为支出。虽有命令,无支出之预算,且不得依预备费支出或费目流用为支出时,亦同。

关于村支付金之时效,依国之支付金之例。

第三十五条　村之出纳以翌年度二月末日为截止。

村长应于出纳期限截止后二月以内,作制决算表报告县长,并告示其要领。

第三十六条　关于预算调制方式、费目流用其他会计有必要之事项,由国务总理大臣定之。

第五章　村之共同事务

第三十七条　村经县长之许可,与他村共同处理其事务之一部。

村共同处理前项事务时,应依关系村之协议,定规约并经县长之许可。

前项规约应规定处理共同事务之村、共同事务及其管理费用之支用方法其他必要事项。

公益上有必要时,县长得命关系村〈长〉处理共同事务。

第三十八条　村之共同事务由省长所指定之村长管理之。

第三十九条　增减处理共同事务之村数,为共同事务之变更其他规约之变更,或废止共同事务之处理时,应依关系村之协议而定之,并经县长之许可。

于前项情形须处分财产时,应依关系村之协议,定其处分方法,并经县长之许可。

第四十条　处理共同事务之村涉及数县时,其应行监督之县长依关系县长之呈请,由省长指定之。如涉及省之区域时,其应行监督之省长及县长依关系省长之呈请,由国务总理大臣指定之。

第四十一条 关于村共同事务之处理有必要之事项,除法令中另有规定者外,由国务总理大臣定之。

第六章 村之监督

第四十二条 村第一次由县长,第二次由省长,第三次由国务总理大臣监督之。

第四十三条 监督官署于村之监督上有必要时,得使为事务之报告、征求书类账簿、就实地视察事务或检阅出纳。

监督长官得发村之监督上必要之命令或为处分。

第四十四条 左列事项应经应经国务总埋大臣及经济部大臣之许可。

一、关于村税之规则之设定或改废;

二、村债之募集并募集方法、利息定率及偿还方法之决定或变更。但为暂时借入金,不在此限。

第四十五条 左列事项应经省长之许可。

一、村规则之设定或改废;

二、关于基本财产、不动产、积存金谷之处分;

三、特别会计之设定。

第四十六条 左列事项应经县长之许可。

一、为捐款或补助;

二、为暂时之借入金;

三、为预算以外之义务负担或权利之抛弃。

第四十七条 关于应经监督官署之许可或认可事项,监督官署得以不变更许可或认可声请之趣旨为限,将此更正后予以许可或认可。

第四十八条 国务总理大臣、经济部大臣或省长得以本法中应经其许可或认可之事件而系轻易者为限,将其许可或认可之权限委任下级监督官署。

第四十九条 县长对于村吏员得行惩戒。其惩戒处分为谴责及十圆以下之过怠金或解职。但欲将村长解职时,须先受省长之指挥。

第五十条 关于司计及行司计职务者之赔偿责任及身分保证,并村吏员之服务有必要之事项,由国务总理大臣定之。

第七章　杂则

第五十一条　于旗内设置村时,其村之监督其他必要事项,由国务总理大臣定之。

第五十二条　省长经国务总理大臣之许可,关于本法之运用,除本法或根据本法所发命令之规定者外,得制定必要之规定。

附则

本法自康德四年十二月一日施行。

于村之区域,《暂行保甲法》不适用之。

本法施行之际必要之事项,由国务总理大臣定之。

从前依命令或惯例属于村之财产、营造物及权利义务,由依本法之村继承之。

从前村所定之规则等类,视为依本法之村规则。

《街制》《村制》施行规则

（康德四年十二月二十一日院令第三〇号、经济部令第五九号）
　　　　　　修正　康德五年一二月院令第五二号、经令第六二号

兹制定《〈街制〉〈村制〉施行规则》如左。

第一章　通则

第一条　于设街、村之际,系从前施行于该地域之街、村规则之类而应继续施行于该地域者,街、村长应先告示其题名。

第二条　街、村公所之位置拟规定或变更时,应经县长之认可。

第二章　街、村之行政

第三条　县长依《街制》第七条第三项或《村制》第七条第三项之规定,拟任命街长或村长时,应先就该街、村住民中选任三人以上五人以内之街、村长铨衡委员,命街、村长铨衡委员推荐街、村长候补者三人。

街、村长铨衡委员受前项之推荐命令时,应自其日起十日以内就继续二年以上为街、村住民,年龄二十五岁以上之男子,具有智识经验、德望素著者中推荐候补者。

第四条　依《街制》第十四条及《村制》第十三条规定之区划之名

称,应用屯或街、村之通称。

前项之区划应更将其划分为牌。

牌之组织于街约以二十户,于村约以十户为标准。其名称、区域或其他必要之事项,应以街、村规则定之。

第五条　前条第一项之区划之长,由街、村长任免之。

区划之长补助于区划内之街、村长事务,指挥牌长。

第六条　牌置牌长一人。

牌长由牌内之家长协议定之。

牌长承区划之长之命,补助街、村长之事务。

第七条　依第五条第一项之规定任免区划之长,或依前条第二项之规定决定牌长时,应依左列之规定。

一、决定牌长时,应即报告于区划之长;

二、区划之长受前款之报告时,应即报告于街、村长;

三、街、村长任免区划之长或受前款之报告时,应即报告于县长,并告示其要领。

第八条　《市制》第十一条之规定就设置咨议会,街之行政准用之。

第三章　街咨议会

第九条　咨议会员之定数为五人以上十人以内,各街之定数由省长经国务总理大臣之许可定之。

咨议会置议长,由街长就咨议会员中指名之。

议长有事故时,由街长指名之咨议会员代理其职务。

议长综理会务。

第十条　《市制》第十六条至第二十条及《〈市制〉施行规则》第四条至第九条之规定,于街咨议会准用之。

第四章　街、村基本财产

第十一条　街、村应以基本财产所产生之收入,支用街、村经常费二分之一以上为目的而图其造成。

第十二条　关于基本财产之造成及管理方法,应以街、村规则定之。

第十三条　基本财产除负债之偿还、天灾事变其他基于不得已事由之支出或当办理应为街村永久利益之支出,有显著增加街、村住民之负担之虞者外,不得处分之。

第五章　街、村税

第十四条　得为街、村税而赋课之种目如左。

一、街税：门户税、地费、家屋费、杂种费；

二、村税：门户税、地费。

第十四条之二　门户费向在街、村内构成一户者，或虽未构成一户而经营独立生计者，赋课之。

门户费斟酌纳税义务人之所得、资产、生计或营业之状况等，设定等级而赋课之。

第十四条之三　对于在赋课期日以后新发生门户费之纳税义务者，自其发生月之翌月起；对于已消灭纳税义务者，至消灭之月为止，按月赋课门户费。

第十四条之四　门户费遇纳税义务人之资力显著减少而由街、村长认为有必要时，得减免其赋课额。

第十四条之五　地费以土地之面积（除家屋之基地）及其他为标准向土地所有人赋课之。但对于为地上权、耕种权或典权标的之土地向其权利人，于官公有之出租地向其承租人，赋课之。

纳税义务人有更动时，新纳税义务人对于该年份及上年份之地费，负有与旧纳税人连带缴纳之义务。

第十四条之六　地费依街、村规则之所定，得以谷类缴纳之。

第十四条之七　家屋费以家屋之赁贷价格为标准，向家屋所有人赋课之。但对于为典权标的之家屋，向其权利人赋课之。

第十四条之五第二项之规定，对于家屋费准用之。

第十四条之八　前条所称家屋者，系指住家、店铺、工场、仓库其他建筑物及其基地而言。

前项之基地，包括为家屋之利用而附随之土地。

第十四条之九　对于新建筑之家屋，自竣工之翌年起赋课家屋费。

依本令或其他法令不赋课家屋费之家屋，或不得赋课家屋费之家屋，已成为得赋课家屋费者，自其翌年起赋课家屋费。

家屋灭失或其他失其为家屋之效用时，依纳税义务人之声请，至该月为止，按月赋课家屋费。其已成为不赋课家屋费之家屋，或不得赋课家屋费之家屋时亦同。

第十四条之十　杂种费得另设税目，而于有课税之必要时，受国务总理大臣及经济部大臣之许可,赋课之。

第十四条之十一　对于在年税或期税之杂项费,赋课期日以后发生纳税义务者,自其发生月之翌月起,对于已消灭纳税义务者,至消灭之月为止,按月赋课杂种费。

第十四条之十二　对于左列之所得营业及物件,不得赋课街、村税。

一、《勤劳所得税法》第二条所列之给与;

二、《营业税法》第三条所列之营业;

三、《地税法》第六条所列之土地,但除所有人以有偿供他人使用之土地;

四、《家务税法》第二条所列之家屋,但除所有人以有偿供他人使用之家屋。

第十四条之十三　门户费、地费及家屋费,其赋课率或赋课额超过一定额时,应依左列区分受监督官署之许可。

区分		县、旗长	省长	国务总理大臣及经济部大臣
门户费	街税	纳税义务人每人超过五圆时	纳税义务人每人超过七圆时	纳税义务人每人超过十圆时
	村税	纳税义务人每人超过一圆五角时	纳税义务人每人超过二圆时	纳税义务人每人超过三圆时
地费	安东省、奉天省、锦州省、热河省、通化省之管内	每亩平均超过三角时	每亩平均超过四角时	每亩平均超过五角时
	以外省之管内	每晌平均超过二圆时	每晌平均超过三圆时	每晌平均超过四圆时
家屋费		赋课率超过赁贷价格千分之七·五时	赋课率超过赁贷价格千分之十时	赋课率超过赁贷价格千分之十五时

第十五条　街、村因公益上或其他特别之事由,认为以课税为不适

当时或有不适当者时,得不为课税。

街、村因公益上或有其他特别之事由时,得以不均一之税率而为课税。

依第一项之规定不为课税或依前项之规定拟以不均一之税率为课税时,应经国务总理大臣及经济部大臣之许可。

第十六条　拟征收街、村税时,街、村长应向纳税者交付纳税告知书。

第十七条　依《街制》第二十八条第一项及《村制》第二十六条第一项规定之督促,应以督促状为之。

第十八条　关于督促手续费之事项,应以街、村规则规定之。

第十九条　为街、村税之督促时,得征收每一日于税金额千分之一以内,以街、村规则所定之比率,自纳期限之翌日起至税金完纳或财产扣押之前日止,按日数计算之延滞金。但有左列各款之一之情形或对于滞纳街、村长认为有应斟酌之情事时,不在此限。

一、将纳期限提前征收时;

二、因纳税人之住所及居所不在帝国内,或因住所居所一概不明而依公示送达之方法为纳税之告知或督促时;

三、于督促状之指定期日以前完纳税金及督促手续费时。

第二十条　纳税人有左列各款情形之一时,限于业经交付纳税告知书之街、村税,虽在纳期限以前,亦得征收之。

一、因滞纳国税其他之公课受滞纳处分时;

二、受强制执行时;

三、受破产之宣告时;

四、有拍卖之开始时;

五、法人为解散时,但不伴随清算之解散除外;

六、纳税人之继承人为继承之限定承认时;

七、认为纳税有谋偷漏街、村税之行为时。

第二十一条　于因滞纳国税、地方税其他之公课执行滞纳处分时,其执行机关应以书面将滞纳人之姓名或名称及住所、为滞纳处分标的之财产并其期日通知街、村长。

有强制执行或拍卖之开始、破产之宣告或限定继承之呈报时,法院应以书面将左列事项及其期日通知街、村长。

一、在有强制执行或拍卖之开始时，被执行人之姓名或名称及住所并为其标的之财产；

二、在破产宣告时，破产人之姓名或名称及住所并破产管财人；

三、在有限定继承之呈报时，被继承人及继承人之姓名及住所并其继承财产。

受理法人解散登记声请之登记官署，应即以书面通知街、村长。

第二十二条　于依前条规定通知之事项发生异动时，该管机关应随时以书面通知街、村长。

第二十三条　于继承开始时，被继承人所应缴纳或对于被继承人所应课之街村税、督促手续费、延滞金及滞纳处分费，应由继承人缴纳之。于此情形，继承人有数人时，应由各继承人连带缴纳之。

前项之规定，于继承人有无不明时之继承财产准用之。于此情形，以其继承财产之管理人视为继承人。

于法人合并时，因合并而消灭之法人，所应缴纳或对于因合并而消灭之法人所应课之街村税、督促手续费、延滞金及滞纳处分费，应由合并后存续之法人或因合并而设立之法人缴纳之。

前项之规定，就组合之合并有准于法人合并之情事时，准用之。

第二十四条　系共有物、因共同事业所生之物件或共同行为之街村税、督促手续费、延滞金及滞纳处分费，应由纳税人连带负担之。

第二十五条　已纳之税金系过纳时，以不背反纳税人之意思为限，得充为尔后纳期应征收之同一税目之税金。

第二十六条　纳税人于纳税地无住所或居所时，为使处理关于纳税事项，应规定纳税管理人，申告于街、村长。其纳税管理人变更时亦同。

第二十七条　纳税告知书、督促状及关于滞纳处分之书类送达于受取人之住所或居所。

有纳税管理人时，限于关于纳税告知书及督促之书类送达于其住所或居所。

第二十八条　应受书类之送达者，于其住所或居所拒绝书类之送达时，或其住所及居所不在帝国内时或均各不明时，得公告书类之要旨，以代其送达。于此情形，自公告之初日起算经过七日时，视为该书类业经送达。

第二十九条　纳税人于纳税地无住所或居所,且不为依第二十六条之纳税管理人之申告时,街、村得将应向其人征收之街、村税或督促手续费、延滞金或滞纳处分费之征收,嘱托于其住所或居所所在之街、村。

依前项之规定,受嘱托征收街、村税或督促手续费、延滞金或滞纳处分费之街、村长,应依其街、村之街、村税征收之例征收之,将款解于为嘱托之街、村。于此情形,为征收及解款所需之费用,为受嘱托街、村之负担。于受嘱托街、村所征收之督促手续费及滞纳处分费,为其街、村之收入。

第三十条　前条之规定,对于在他街、村之财产之滞纳处分执行之嘱托,准用之。

第三十一条　街、村对于国务总理大臣及经济部大臣所指定之街、村税,得使有其征收之便宜者征收之。

对于前项街、村税之征收,得不依第十六条之规定。

第三十二条　依前项规定之征收担任人,应将其应征收之街、村税于街、村长所指定之期日以前缴纳于街、村。

《街制》第二十八条、《村制》第二十六条及本令第十六条至第三十条之规定,于征收担任人准用之。

第三十三条　街、村应将前条缴纳金额百分之四交付征收担任人。

第三十四条　征收担任人于第三十二条第一项之指定期日内,因不可避免之灾害而亡失已收之税金时,得向街、村长声请免除其缴纳。

第三十五条　《街制》第二十九条、第三十条及《村制》第二十七条、第二十八条之规定,于征收担任人准用之。

第三十六条　纳税人或征收担任人于有左列各款之一之情形,有属于其滞纳之街、村税或其督促手续费、延滞金或滞纳处分费时,街、村长得代滞纳处分之执行,对该管机关要求其金额之交付。

一、因国税、地方税其他公课之滞纳,受滞纳处分时;

二、受强制执行时;

三、有拍卖之开始时;

四、受破产之宣告时。

前项之要求,应以记载街、村税或其督促手续费、延滞金或滞纳金处分费之金额、年度纳期区分及纳期限之书面为之。于此情形,有尚未确定金额之延滞金时,应依迄至为其要求之原因发生之当日之日数算定之。

受第一项要求之该管机关,应将其计算书或配当表之誊本连同其配当额送交街、村长。

第三十七条　受交付要求之滞纳处分执行机关欲停止其滞纳处分时,应于财产扣押解除之先,将其旨通知为交付要求之街、村长。

第三十八条　受交付要求之破产执行机关,应不依破产手续而由破产财团将要求额交付街、村长。

第三十九条　街、村之各该职员关于街、村税之赋课认为有必要时,于自日出至日没之间,对于营业者其营业时间内,得临检家宅或营业所或检查账簿物件。

于前项之情形时,各该职员应携带足资证明其身分之证票。

第四十条　关于街、村税之赋课征收,除本令其他法令有规定者外,必要之事项应由街、村规则定之。

第六章　街、村之夫役现品其他之财务

第四十一条　关于学艺、美术及手工之劳务,不得赋课夫役。

夫役及现品除急迫之际外,应算出金额而赋课之。

被赋课夫役者,得由本人自任之或派适当人员代行之。

夫役及现品除急迫之际外,得以金钱代之。

第四十二条　工事之承揽、物件劳力其他之供给及财产之卖与、贷与,应付竞争投标。但须临时急施时,或经县长之认可另有规定者,不在此限。

第七章　街、村之岁入出预算及决算

第四十三条　街、村税及其他一切之收入为岁入,一切之经费为岁出。其岁入岁出,应编入预算。

第四十四条　于各年度所决定之岁入,不得充属于他年度之岁出。

第四十五条　岁入之所属年度,依左列之区分。

一、纳期一定之收入,为其纳期末日所属之年度;

二、纳期跨两年度者,为实行收纳之日所属之年度;

三、其他之收入为实行收纳之日所属之年度。但街、村债、补助金、交付金、其他与此相类之收入中于其收入,编入预算之年度之出纳期限

截止前业经收纳者,为其预算所属之年度。

第四十六条　岁出之所属年度依左列之区分。

一、俸给薪金、旅费及费用赔偿之类,为其应行支给事实发生之日所属年度;

二、土木建筑费及物件购入代价之类,为订立契约之日所属之年度。但有依契约所定之支付期日时,为其支付期日所属之年度;

三、街、村债之本利金中定有支付期日者,为其日期所属之年度;

四、补助金、捐款及负担金之类,为其支付编入预算之年度;

五、除前列各款所载者外,均为发支付命令之日所属之年度。

第四十七条　岁入之误纳、过纳之金额,均应由受其收入之岁入中退还之。

岁出之误支、过支之金额、资金先付、概算支付及预先支付等之缴回金,均应归还于为其支付之经费定额中。

第四十八条　出纳期限截止后之收入、支出,应作为现年度之岁入、岁出。前条之退还金及缴回金中系出纳期限截止后者,亦同。

第四十九条　于各年度岁计有剩余时,应编入翌年度之岁入。但依街、村规则之规定,将剩余金之全部或一部编入基本财产时,得不滚入而即为支出。

第五十条　街、村税应依纳税告知书;夫役现品应依赋课令书;负担金、使用费、手续费、过怠金、过料及其他之收入应依纳付书收入之。但于急迫时所赋课之夫役现品,不在此限。

第五十一条　岁入出预算应分为经常、临时二部。

岁入出预算应区分为款、项,附以预算说明。

第五十二条　预算所定之各款金额,不得彼此流用。

各项之金额,得经县长之认可而流用之。

第五十三条　预算于会计年度经过后,不得追加或更正之。

第五十四条　至会计年度经过后,以岁入不足充岁出时,得经县长之认可,将翌年度之岁入提前充用之。

第五十五条　属于特别会计之岁入出,应另调制其预算。

第五十六条　街、村之岁入出预算,应依另开样式调制之。

第五十七条　决算应依与预算同一之区分调制之,对于预算之超过或不足,附以说明。

第八章　街、村之出纳及会计事务

第五十八条　街、村长应调定一切之收入，并调制第一号样式之收入原簿交付于司计。

第五十九条　收入之命令，应依第二号样式之收入命令簿。但得以收入原簿之交付而代收入命令。

第六十条　由纳税人依纳税告知书为纳税时，应由司计受领之交付领收证。

依前项业经收入之纳税告知书，应即日按各项汇总存卷于表皮，记载其收入年月日、款项、金额、人员并区别纳期内纳入、督促前纳入、督促后纳入等而后归卷。

对于手续费，除有请求者外，得不交付领收证。

第六十一条　司计就街、村税其他收入，虽经过纳期而竞有未至完纳者，应即报告于街、村长。

第六十二条　支出非对于债主不得为之。

须由街、村长支出时，应于其请求书上。无请求书者，则作细目书，朱书款项及支出命令盖章之后，交付司计。

第六十三条　于司计为现金之支付时，应征取领收证。但如邮票等不得征取领收证者，不在此限。

领收证应添附请求书或细目书，区别各项。于其表皮记载其款项，而后归卷。

第六十四条　对于左列之经费，为使街官吏及街、村吏员以现金支付，得将其资金先付该管街官吏及街、村吏员。

一、街、村债之本利支付；

二、在街、村外远隔之地，为支付之经费。

有特别必要时，前项之资金先付，得对于街官吏及街、村吏员以外者为之。

第六十五条　对于旅费、邮票及诉讼费用，得为概算支付。

第六十六条　除前二项所载者外，有必要时，街、村长得经县长之认可，为资金先付或概算支付。

第六十七条　对于非预先支付难立购入或借入之契约者，得为预先支付。

第六十八条　街、村应备置左列账簿。

一、收入原簿,第一号样式;

二、收入命令簿,第二号样式;

三、现金出纳簿,第三号样式;

四、岁入内译簿,第四号样式;

五、岁出内译簿,第五号样式;

六、岁入岁出外现金出纳簿,第六号样式;

七、基本财产台账,第七号样式;

八、备品台账,第八号样式;

九、消耗品流水账,第九号样式。

设特别会计时,应依前项之例,另备置账簿。

第六十九条　街、村长应每月规定例日,检查司计保管之现金、会计账簿及证凭书类。

街、村长依前项之规定检查完了时,应于现金出纳簿之记账末尾记载"康德　年　月　日检查完讫"、盖章。

第七十条　街、村对于变更账簿样式,其他难依本章规定之事项,县长得经省长之认可,另为规定。

第九章　街、村司计之赔偿责任及身分保证

第七十一条　司计将属于其掌管之现金、证券其他之财产亡失或毁损时,街、村长应指定期间,令其赔偿损害。但原因不可避免之事故时,或有相当之理由而认为不得已时,得免除其赔偿责任之全部或一部。

第七十二条　司计违反《街制》第三十六条第二项、《村制》第三十四条第二项之规定而为支出时,街、村长应指定期间,令其赔偿因此所生之损害。

第七十三条　受前二条之处分者,有不服该处分时,得诉愿于县长。有不服县长之裁决者,得诉愿于省长。

第七十四条　关于征收赔偿金,依《街制》第二十八条第一项至第三项、《村制》第二十六条第一项至第三项之例。

第七十五条　对于司计认为有征取身份保证之必要时,街、村长应规定其种类、价格、程度其他必要事项。

第十章　街、村事务之移交及服务规律

第七十六条　街、村长更迭时,应自更迭日起于十日以内,将其所

担任之事务移交于后任人。如有不能移交于后任人之情事时，应移交于代理人。代理人至能移交于后任人时，应即移交于后任人。

前项移交之际，须调制书类、账簿及财产目录，并对于处分未完或未着手之事项或拟将来企画之事项，将其顺序、方法及意见记载于移交书。

第七十七条　副街长及助理员更迭时，准用前条之规定。

第七十八条　司计更迭时，准用第七十六条第一项之规定。

但同条中十日以内，改为五日以内。

前项移交之际，应对与现金、书类、账簿、其他物件均调制目录，并对于现金附以与各账簿相对照之明细书。对于账簿于事务移交之日最终记账之次记入合计数目及年、月、日，且由为移交者及受移交者连累之。

第七十九条　依第七十六条第二项、第七十七条及前条第二项之规定，调制之书类、账簿及财产目录，如依现有设备之目录或台账得确认移交当时之实况时，得以现有者充用之。于此情形，应将其旨记载于移交者。

第八十条　街、村之设置、废止或区域变更时，准用第七十六条至前条之规定。

第八十一条　在第七十六条至第七十八条及前条之情形，不能于所定期间内完结移交时，应具其事由，经县长之许可。

第八十二条　除第七十六条至前条所规定者外，关于事务移交上必要之事项，由省长定之。

第八十三条　街、村吏员之服务规律，准用官吏服务规程。

第十一章　杂则

第八十四条　对于兴安各省以外之旗，或于兴安各省所设置之街或之村，《街制》及《村制》并本令之适用。除有另定者外，《街制》及《村制》并本令中所有之县长为旗长。

第八十五条　对于国务总理大臣所指定兴安各省之街，其《街制》及本令中旗长之职，由省长行之。

前项之街，第一次由省长，第二次由国务总理大臣监督之。

附则

修正　康德五年十二月院令第五二号、经济部令第六二号本令自《街制》《村制》施行之日施行。

于设置街、村时，县长初次欲任命街、村长时，得不适用第三条之规定。

附则（康德五年十二月二十八日院令第五二号、经济部令第六二号）

本令自康德六年一月一日施行。

在本令施行前，应赋课或征收之街、村税，其赋课征收仍依从前之例。

保甲

暂行保甲法

（大同二年十二月二十二日教令第九六号）

修正　康德元年三月敕令第一一号

兹经咨询参议府，制定《暂行保甲法》，著即公布此令。

（国务总理、民政部总长副署）

第一条　为以邻保友爱相倚，保持地方康宁，及防治不测紧急之危害起见，设保、甲及牌之制。

凡十户为一牌，以一村或相当区域内之牌合为一甲。以警察署管辖区域内之甲合为一保。

在市街地，凡十牌为一甲。

县长或警察厅长经省长认可，得于警察署管辖区域内指定二以上之保之区域。

第二条　牌、甲及保之区域及名称，由警察署长定之。

第三条　保置保长、副保长各一人。甲置甲长、副甲长各一人。牌置牌长一人。

副保长参酌地方状况，得置二人以上。

保长、副保长、副甲长、牌长及市街地内甲长，依左列各款互选之。

一、牌长由牌之家长互选之；

二、甲长及副甲长由甲之牌长互选之；

三、保长及副保长由保之甲长互选之；

依前项规定，互选牌长、甲长及副甲长时，须经警察署长认可。互选保长及副保长时,须经警察署长呈请地方行政官署长认可。

市街地以外甲之甲长,以村长或相当人员充之。

第一次之牌长、副甲长及市街地内甲之甲长,由警察署长指名之。第一次之保长及副保长,由地方行政官署长指定之。

保、甲及牌职员之兼任,以牌长被选任为甲长或副甲长、甲长被选任为保长或副保长时为限。

保长、副保长、副甲长、牌长及市街地内甲长等之任期为一年,但不妨连任。

第四条 依前条第三项之规定被互选或依第六项之规定,被指定者及在任期中之保长、副保长、副甲长、牌长及市街地内甲长,非有正当之理由,不得辞职。

第五条 保长、甲长及牌长各应保持该保、甲及牌康宁之任。

副保长或副甲长辅助保长或甲长。保长或甲长有事故时,代行其职务。

牌长第一级受甲长,第二级受保长,第三级受警察署长之指挥、监督。甲长第一级受保长,第二级受警察署长之指挥、监督。保长受警察署长之指挥、监督。

牌长或甲长之第二级或第三级之指挥、监督者,直接指挥牌长或甲长时,应即通知第一级或第一级及第二级之指挥、监督者。

第六条 保长、副保长、副甲长、牌长及市街地内之甲长执行职务不适当时,得由认可之官署长撤销其认可。

第七条 保长、副保长、副甲长、牌长及市街地内甲之甲长死亡或失踪时或被撤销其认可时,应即依第三条第三项及第四项之规定选任后任者。

依前项规定被选任之后任者,其任期为前任者之残留期间。

第八条 保及甲应各订其规约。

前项规约中,得订褒赏并五圆以下之过怠金及代此之服役等项规定。

依第一项规定,甲之规约应经保长呈请警察署长认可,保之规约应经警察署长呈请地方行政官署长认可。

第九条 牌之住民中有犯左列各款罪之一者,警察署长得对于该牌之各家长课以二圆以下之连坐金。但牌之住民中有犯罪尚未经官发觉以前，将犯人报官或防遏因犯罪之被害者，或犯人经官发觉以前自首者，得减额或免除连坐金。

一、内乱罪；

二、外患罪；

三、公共危险罪；

四、暂行惩治叛徒法所规定之罪；

五、暂行惩治盗匪法所规定之罪；

六、暂行枪械取缔规则所规定之罪。

第十条　保长或甲长因警戒、防御保或甲之住民紧急危害，得组织自卫团。

警察署长认为必要时，对于保长或甲长得命组织自卫团。

第十一条　依前条组织自卫团时，在该甲继续有一年以上之住所、年在十八岁以上四十岁以下之男子、无左列各款情形之一者，均为甲之自卫团员。

一、公务员（除保、甲、牌之职员外）；

二、残废者。

保之自卫团以保内各甲之自卫团编成之。

第十二条　甲长组织自卫团时，应经保长报告警察署长。

保长组织自卫团时，应报告警察署长。

第十三条　保之自卫团置团总、副团总各一人。甲之自卫团置团长、副团长各一人。

副团总及副团长参酌地方状况，得各置二人以上。

团长及副团长、团总及副团总依左列各款互选之。

一、团长及副团长由甲之自卫团员互选之；

二、团总及副团总由保之团长互选之；

依前项规定互选团长及副团长时，应经警察署长认可。互选团总及副团总时，应经警察署长呈请地方行政官署长认可。

自卫团职员或自卫团职员与保、甲及牌职员之兼任，以团长被选任为团总或副团总、保长被选任为团总、甲长被选任为团长、牌长被选任为副团长时为限。

团总、副团总、团长及副团长之任期为一年，但不妨连任。

第十四条　依前条第三项之规定，被互选者及在任期中之团总、副团总、团长及副团长,非有正当之理由不得辞职。

第十五条　团总掌保自卫团之事务并指挥之。

团总关于自卫团事务,第一级受保长,第二级受警察署长指挥、监督。关于自卫团之指挥,受警察署长之指挥、监督。

副团总辅助团总。团总有事故时,其中一人代行其职务。

团长掌甲自卫团之事务并指挥之。

团长关于自卫团事务,第一级受甲长,第二级受保长,第三级受警察署长之指挥、监督。关于自卫团之指挥,第一级受团总,第二级受警察署长之指挥、监督。

副团长辅助团长。团长有事故时,其中一人代行其职务。

第十六条第二级或第三级之指挥、监督者,直接指挥团总或团长时,应即通知第一级或第一级及第二级之指挥、监督者。

第十七条　自卫团应互相援助。

第十八条　自卫团之职员执行其职务有不适当时,得由认可之官署长撤销其认可。

第十九条　自卫团之职员死亡或失踪或被撤销其认可时,应即依第十三条第三项及第四项之规定选任其后任者。

依前项规定被选任之后任者,其任期为前任者之残留期间。

第二十条　保、甲、牌及自卫团之职员,除命令另有规定外,均为名誉职。关于自卫团员亦同。

第二十一条　保、甲、牌及自卫团之经费,归保、甲或牌内有住所之家长负担。

第二十二条　关于施行本令有必要之规定,由民政部大臣定之。

第二十三条　省长、北满特别区长官、首都警察总监及哈尔滨警察厅长参酌其管辖区域中治安之状况,认为无庸施行本令之地方,经民政部大臣认可,得不施行保、甲及牌之制。

第二十四条　本令所称地方行政官署,系指左列各款所载者而言。

一、在北海特别区,则为北满特别区长官;

二、在哈尔滨警察厅管辖区域内,则为哈尔滨警察厅长;

三、在首都警察厅管辖区域内,则为首都警察总监;

四、在各警察厅管辖区域内,则为警察厅长;

五、在其他区域内则为县长或相当人员。

附则

本令自公布之日施行。

本令在兴安省内暂不施行。

已有之保、甲、牌或自卫团,虽类似本令之制,须依本令规定手续办理。

凡类似保、甲、牌及自卫团之旧团体而警察厅长认为与本令精神相抵触者,得命其解散。

《暂行保甲法》施行规则

(大同三年一月十七日民政部令第二号)

兹制定《〈暂行保甲法〉施行规则》如左,此令。

第一条　有左列所示之一者,不得为保、甲、牌及自卫团职员。

一、女子;

二、未满二十五岁者;

三、虽继续在该地二年以上而无一定住所者;

四、素行不良者;

五、曾被褫夺公权,尚未复权者;

六、沾染不良嗜好者;

七、不通文义及无恒产者。

第二条　保、甲、牌及自卫团员其任期终了时,须于十日以前举行后任者之选举,同时并应有请许可之手续。

第三条　保、甲、牌及自卫团职员选举之日时及会场应于事前〈报告〉。保则经由警察署长报告地方行政官署长,甲则经由保长报告警察署长,牌则经由甲长及保长报告警察署长。

第四条　保长之职务如左。

一、保内住民之教诫事项;

二、褒赏救恤事项;

三、保及甲自卫团事务之监督;

四、保所需经费预算之编成;

五、审查甲及牌所需经费之预算及其征收之监督。

第五条　甲长之职务如左。

一、甲内住民之教诫事项；

二、违反规约者之处分及过怠金之征收处理；

三、甲自卫团事务之监督；

四、甲及牌所需经费之预算之编成及其赋课征收。

第六条　牌长之职务如左。

一、牌内住民之教诫事项；

二、辅助警察官吏调查牌内户口及取缔枪械。

第七条　保及甲设立规约时，保须会同该保保长及保内各甲长协议后决定之。甲须会同该甲甲长及甲内各牌长协议后决定之。其改订规约时亦同。

第八条　《暂行保甲法》第九条之连坐金，由警察署长征收，缴纳国库。

第九条　家长须于门户易见之处应悬挂门牌，并应记载左列事项于该门牌之上。

一、家长之姓名；

二、家族数；

三、同居者数；

四、使用人数。

牌长须将牌内之各家长，甲长须将甲内之各牌长，保长须将保内之各甲长姓名于门户易见之处悬挂之。

第十条　警察署长得定期或临时召集自卫团举行点检及训练。

第十一条　团总须依照附表式样作制团员名簿，经由保长报告警察署长。团员有异动时，须即报告。

第十二条　甲及牌之经费，由甲内各家长按其所有土地及财产之多寡，分别摊派之。但应经由保长及警察署长呈请地方行政官署长，得其认可后，始由甲长征收之。

第十三条　保之经费经警察署长，得地方行政官署长之认可后，由保内各甲分摊其甲之经费。办法亦均依前条规定，由甲长征收之。

第十四条　保及甲之会计年度，自七月一日起至次年六月末日止。

第十五条　保长及甲长调查编制会计年度预算，至迟应于新会计年度开始之二月前，由保长汇编，经警察署长呈请地方行政官署长之认可。

第十六条　保长及甲长调查编制会计年度决算,至迟应于年度终了后二月以内,由保长汇编,经警察署长提呈地方行政官署长。

第十七条　地方行政官署长及警察署长对于保、甲、牌有监督上之必要时,得使其报告事务,并调阅文书账簿及实地视察事务或监查其会计。

第十八条　本令自大同二年十二月二十二日施行之。

第三编　民事法

一般民事法

民法

（康德四年六月十七日敕令第一三〇号）

朕依《组织法》第四十一条,经咨询参议府,裁可《民法》第一编、第二编、第三编,著即公布。

（国务总理、司法部大臣副署）

第一编　总则

第一章　通则

第一条　关于民事法令无规定之事项,依习惯法,无习惯法者依条理。

第二条　权利之行使及义务之履行,须以诚实且从信义为之。

第二章　人

第一节　自然人

第一目　权利能力及行为能力

第三条　人之权利能力,始于出生,终于死亡。

第四条　满二十岁为成年。

第五条　未成年人为法律行为,须得其法定代理人之同意。但仅得权利或免义务之行为不在此限。

反于前项规定之行为得取消之。

第六条　法定代理人定目的而许处分之财产,于其目的之范围内,未成年人得随意处分之,就未定目的而许处分之财产之处分亦同。

第七条　被许为一种或数种之营业之未成年人,关于其营业有与成年人同一之行为能力。

于前项情形未成年人有不胜其营业之事迹者,其法定代理人得取消其许可或限制之。但其取消或限制不得以之对抗善意第三人。

第八条　就心神耗弱人或因浪费而有使自己或家属陷于穷迫之虞之人,法院须因本人、配偶、四亲等内之亲属、家长、监护人或检察官之请求,为准禁治产之宣告。

第九条　第五条及第六条之规定于准禁治产人准用之。

第十条　准禁治产之原因终止者,法院须因第八条所揭之人之请求取消其宣告。

第十一条　就在心神丧失之常况之人,法院须因第八条所揭之人之请求,为禁治产之宣告。

第十二条　禁治产人之法律行为,得取消之。

第十三条　第十条之规定于禁治产准用之。

第十四条　无能力人之对方,得于其无能力人为能力人后对之催告,应于一定期间内确答是否追认其得取消之行为。如无能力人于其期间内不发确答者,视为追认其行为。但其期间不得少于一月。

于无能力人未为能力人时,对其法定代理人为前项之催告,而于其期间内不发确答者,亦与前项同。但就需特别手续之行为,于其期间内不发确答者,视为取消之。

第十五条　无能力人所为之契约,于有其追认前,得由对方撤回之。但契约之当时,对方已知无能力之事实者,不在此限。

无能力人所为之单独行为,于有其追认前,得由对方拒绝之。

前二项之撤回或拒绝,对于无能力人亦得为之。

第十六条　无能力人为使信其为能力人而用诈术者,不得取消其行为。未成年人或准禁治产人为使信其已有法定代理人之同意而用诈术者亦同。

第二目　住所

第十七条　以人之生活之本据为其住所。

第十八条　住所不明者以居所视为住所。

第十九条　于满洲国无住所之人，以在满洲国之居所视为住所。

第二十条　就某行为选定暂住所者，关于其行为视为住所。

第三目　不在及失踪

第二十一条　离去从来之住所或居所之人，未置其财产之管理人者，法院须因利害关系人或检察官之请求，命就其财产之管理所必要之处分。于本人之不在中，管理人之权限消灭者亦同。

本人于日后置管理人者，法院须因其管理人、利害关系人或检察官之请求，取消前项之命令。

第二十二条　不在人置管理人，而其不在人之生死不明者，法院得因利害关系人或检察官之请求，改任管理人。

第二十三条　法院所选任之管理人，须作制其应管理之财产之目录。

法院对于其所选任之管理人，于前项所定者外，得命凡为保存不在人之财产认为必要之处分。

不在人之生死不明而有利害关系人或检察官之请求者，法院对于不在人所置之管理人亦得命前二项之处分。

于前三项之情形，其费用以不在人之财产支用之。

第二十四条　法院所选任之管理人，以超过第一百十四条所定权限之行为为必要者，得经法院之许可为之。不在人之生死不明，而不在人所置之管理人以超过其权限之行为为必要者亦同。

第二十五条　法院得使其所选任之管理人，就其财产之管理及返还供相当之担保。

法院得对于其所选任之管理人，由不在人之财产中与以相当之报酬。

前二项之规定于不在人之生死不明，而不在人所置之管理人准用之。

第二十六条　不在人之生死七年间不明者，法院须因利害关系人之请求，为失踪之宣告。

临战地之人、在沉没之船舶中之人、其他遭可为死亡原因之危难之人之生死，于战争终了后、船舶沉没后或其他之危难过去后三年间不明者，亦与前项同。

第二十七条　受失踪宣告之人,视为于前条期间满了之时死亡。

第二十八条　失踪人生存或与前条所定时相异之时死亡经证明者,法院须因本人、利害关系人或检察官之请求取消失踪之宣告。但失踪之宣告后其取消前,以善意所为之行为不因此妨其效力。

有失踪之宣告之取消者,因失踪之宣告而得财产之人,于其所受利益现存之限度,负返还之义务。但恶意之受益人,于其所受之利益附以利息而为返还。如尚有损害者,任其赔偿之责。

第二十九条　二人以上遭遇共同之危难而死亡者,推定同时死亡。

第二节　法人

第一目　总则

第三十条　法人非依本法其他之法律之规定,不得成立。

第三十一条　以学术、宗教、慈善、技术、社交其他之非营利事业为目的之社团或财团,得经主管官署之许可为法人。

第三十二条　法人因在主事务所之所在地为设立之登记而成立。

第三十三条　法人从法令之规定,于定款所定目的之范围内,有权利负义务。

第三十四条　法人就理事、其他之代表人执行其职务所加于他人之损害,任赔偿之责。但其理事、其他之代表人不因此免自己损害赔偿之责任。

因不在法人目的范围内之行为加损害于他人者,赞成其事项议决之社员、理事及履行之理事其他之代表人,连带任其赔偿之责。

第三十五条　法人之住所,为在其主事务所之所在地。

第三十六条　法人之业务属于主管官署之监督。

主管官署不论何时,得检查法人之业务及财产之状况。

第三十七条　法人为其目的以外之事业或违反得设立许可之条件,其他为可害公益之行为者,主管官署得取消其许可。

第二目　设立

第三十八条　社团法人之设立人,须作定款记载左列事项署名。

一、目的;

二、名称;

三、事务所所在地;

四、关于资产之规定;

五、关于理事任免之规定；

六、关于社员资格之得丧之规定。

第三十九条　社团法人之定款以有总社员四分之三以上同意者为限，得变更之。但定款另有规定者不在此限。

定款之变更，非经主管官署之许可，不生其效力。

第四十条　财团法人之设立，须出捐一定之财产，且作定款记载第三十八条第一款至第五款所揭之事项署名。

以遗嘱设立财团法人者，虽于定款欠缺设立人之署名，然具备遗嘱之方式时有其效力。

第四十一条　财团法人之设立人未定其名称、事务所或理事任免之方法而死亡者，法院须因利害关系人或检察官之请求定之。

第四十二条　财团法人之定款，以定款定其变更之方法者为限，得变更之。于此情形准用第三十九条第二项之规定。

为维持财团法人之目的或保存其财产有必要者，主管官署得不拘前项之规定，因设立人、理事或利害关系人之请求变更定款之规定。

第四十三条　因情事之变更至不能达财团法人之目的者，有必要时主管官署得斟酌设立人之意思，变更目的其他定款之规定。

第四十四条　以生前处分设立财团法人者，准用关于赠予之规定。以遗嘱设立财团法人者，准用关于遗赠之规定。

第四十五条　以生前处分设立财团法人者，其出捐之财产自法人成立之时起组成法人之财产。

以遗嘱设立财团法人者，其出捐之财产视为自遗嘱生效力之时起归属于法人。

第四十六条　有法人设立之许可者，须于三星期以内在主事务所之所在地，为设立之登记。

前项之登记须登记左列事项。

一、目的；

二、名称；

三、事务所；

四、设立许可之年月日；

五、定有存立时期或解散事由者其时期或事由；

六、资产之总额；

七、定有出资方法者其方法；

八、理事之姓名及住所。

法人为设立登记后，须于二星期以内在分事务所之所在地，登记前项所揭之事项。

第四十七条　法人成立后，新设分事务所者，须在主事务所之所在地于二星期以内登记其旨。在其分事务所之所在地，于三星期以内登记前条第二项所揭之事项。在他分事务所之所在地，于同期间内登记已设其事务所。

在管辖主事务所或分事务所所在地之登记处之管辖区域内新设分事务所者，以登记设其事务所为足。

第四十八条　法人移转其事务所者，须在旧所在地于二星期以内为移转之登记。在新所在地，于三星期以内登记第四十六条第二项所揭之事项。

在同一登记处之管辖区域内移转事务所者，仅为移转之登记已足。

第四十九条　第四十六条第二项所揭之事项中发生变更者，须在主事务所之所在地于二星期，在分事务所之所在地于三星期以内为变更之登记。

第五十条　依前三条之规定，应登记之事项须经官署之许可者，自其许可书到达之时起算登记之期间。

第五十一条　从本节之规定，应登记之事项非于其登记后，不得以之对抗第三人。

已登记之事项，法院须速公告之。

第五十二条　法人须于成立之时及每年初三月以内，作财产目录备置于事务所。但特设事业年度者，须于成立之时及其年度终作之。

社团法人须备置社员名簿，于有社员之变更订正之。

第三目　机关

第五十三条　法人须置理事。

第五十四条　理事执行法人之事务。

理事有数人而定款另无规定者，法人之事务以理事之过半数决之。

第五十五条　理事就法人之事务，各自代表法人。但不得违反定款之规定。又在社团法人，须从总会之决议。

就法人之代表从关于代理之规定。

第五十六条　于理事之代表权所加之限制，不得以之对抗善意第三人。

第五十七条　理事须以善良管理人之注意行其职务。

第五十八条　理事以依定款或总会之决议未经禁止者为限，得使他人代理特定之行为。

第五十九条　理事欠缺而有因迟滞生损害之虞者，法院须因利害关系人或检察官之请求，选任暂行理事。

第六十条　就法人与理事利益相反之事项，理事无代表权。于此情形，须依前条规定选任特别代理人。

第六十一条　理事怠其任务者，其理事对于法人，连带任损害赔偿之责。

第六十二条　法人得以定款或总会之决议置监事。

第六十三条　监事之职务如左。

一、监查法人财产之状况；

二、监查理事或清算人之事务执行之状况；

三、就财产状况或事务执行发见有不整之事迹者，向总会或主管官署报告之；

四、为前款之报告有必要者招集总会。

第六十四条　社团法人之事务，除以定款委任于理事其他之职员者外，均依总会之决议定之。

第六十五条　社团法人之理事，须至少每年一回招集通常总会。

第六十六条　社团法人之理事认为有必要者，不论何时得招集临时总会。

第六十七条　总社员五分之一以上之社员，得对于理事示以会议之目的事项，请求招集临时总会。但此定数得以定款增减之。

前项请求后，于二星期以内理事不为总会招集之手续者，为请求之社员得经法院之许可为其招集。

第六十八条　招集总会须自会日起于一星期以前，从定款所定之方法，对于各社员发其通知。

前项通知须记载会议之目的事项。

第六十九条　总会得仅就依前条规定预先通知之事项为决议。但定款另有规定者不在此限。

第七十条　各社员之表决权为平等。

不出席总会之社员，得依书面或以代理人为表决。

前二项之规定，于定款另有规定者不适用之。

第七十一条　就社团法人与某社员之关系而为议决者，其社员无表决权。

第七十二条　总会之决议，除本法或定款另有规定者外，以行使之表决权之过半数为之。

第七十三条　就总会之议事，须作议事录。

议事录须记载议事之经过、要领及其结果，由议长及出席之理事署名。

理事须将议事录备置于主事务所。

第四目　解散

第七十四条　法人因左列事由解散。

一、存立时期之满了其他定款所定解散事由之发生；

二、破产；

三、设立许可之取消。

社团法人于前项所揭者外，因左列事由解散。

一、总会之决议；

二、社员之缺亡。

第七十五条　社团法人非有总社员四分之三以上之同意，不得为解散之决议。但定款另有规定者不在此限。

第七十六条　法人至不能还清其债务者，理事须即为破产之声明。

第七十七条　解散之法人之财产，归属于定款所指定之人。

未以定款指定归属权利人或未定指定之方法者，理事或清算人得经主管官署之许可，为与其法人之目的相似之目的处分其财产。但在社团法人须经总会之决议。

不依前二项之规定处分之财产，归属于国库。

第七十八条　解散之法人仅于清算目的之范围内，有权利负义务。

第七十九条　法人解散者除破产者外，理事为其清算人。但定款另有规定或总会选任他人者不在此限。

第八十条　无依前条规定为清算人之人或因清算人之欠缺，有生损害之虞者，法院得因利害关系人或检察官之请求或以职权选任清算人。

第八十一条　有重要之事由者，法院得因利害关系人或检察官之请求或以职权解任清算人。

第八十二条　清算人除破产者外，须于其就职后在主事务所之所在地二星期，在分事务所之所在地于三星期以内，登记左列事项。

一、解散之事由及其年月日；

二、清算人之姓名及住所。

第四十九条之规定于前项之登记准用之。

第八十三条　清算人除破产者外，须自其就职之日起于二星期以内，将前条第一项所揭之事项呈报于主管官署。于清算中就职之清算人以呈报其姓名及住所为足。

第八十四条　清算人之职务如左。

一、现务之结了；

二、债权之收取及债务之清算；

三、残余财产之移交。

清算人得为执行前项职务所必要之一切行为。

第八十五条　清算人须自其就职日起于二月以内，至少三回之公告。对于债权人催告，应于一定期间内声报其债权，但其期间不得少于二月。

前项公告须附记债权人。不于期间内声报者，应由清算被除斥之旨。

第一项之公告须以与法院为登记事项之公告同一之方法为之。

第八十六条　清算人对于已知之债权人，须分别催告其债权之声报。

已知之债权人不得由清算除斥之。

第八十七条　清算人于第八十五条第一项之债权声报之期间内，不得对于债权人为清偿。但法人不因此免由于迟延之损害赔偿之责任。

第八十八条　法人虽未至清偿期之债权，亦得清偿之。

于前项情形，就附条件债权、存续期间不确定之债权、其他价额不确定之债权，须从法院所选任之鉴定人之评价清偿之。

第八十九条　由清算被除斥之债权人，仅得对于法人债务还清后未移交于归属权利人之财产请求清偿。

第九十条　清算中法人之财产不足还清其债务已至分明者,清算人须即为破产之声明,且公告其旨。

清算人移交其事务于破产管财人者,其任务为终了。

第八十五条第三项之规定,于第一项之公告准用之。

第九十一条　清算结了者,清算人须于二星期以内向主管官署呈报,且在主事务所之所在地于二星期,在分事务所之所在地于三星期以内,为清算结了之登记。

第九十二条　法人之解散及清算属于法院之监督。

法院不论何时得为前项监督所必要之检查。

第九十三条　第五十四条第一项、第五十五条至第五十八条、第六十条、第六十一条、第六十六条、第八十七条及第七十三条第二项、第三项之规定,于清算人准用之。

第五目　罚则

第九十四条　法人之理事、监事或清算人,于左列情形处一千圆以下之过料。

一、怠为本节所定之登记者;

二、违反第五十二条之规定或于财产目录或社员名簿为不正之记载者;

三、于第三十六条或第九十二条之情形,妨碍主管官署或法院之检查者;

四、对于官署或总会为不实之声明或隐蔽事实者;

五、违反第五十三条或第八十七条之规定者;

六、反于第七十六条或第九十条之规定,怠为破产之声明者;

七、怠为第八十五条或第九十条所定之公告或为不正之公告者。

第三章　物

第九十五条　本法称物者谓有体物。

第九十六条　土地及其定着物为不动产。

不动产以外之物均为动产。

第九十七条　物之所有人为供其物之常用,以属于自己所有之他物附属于其者,其附属之物为从物。

从物随主物之处分。

第九十八条　依物之用法,收得之产出物为天然孳息。

为物之使用之对价而受之金钱其他之物为法定孳息。

第九十九条　天然孳息属于由其原物分离之时有收得之权利之人。

法定孳息收得之权利之存续期间,按日取得之。

第四章　法律行为
第一节　总则

第一百条　以反于公共秩序或善良风俗之事项为目的之法律行为为无效。

第一百零一条　法律行为之当事人表示与不关于法令中公共秩序之规定相异之意思者,从其意思。

第一百零二条　有与不关于法令中公共秩序之规定相异之习惯,而法律行为之当事人之意思不明确者,从其习惯。

第二节　意思表示

第一百零三条　意思表示不因表意人知其非真意而为之妨其效力。但对方知表意人之真意或可得知之者,其意思表示为无效。

前项意思表示之无效,不得以之对抗善意第三人。

第一百零四条　与对方通谋所为虚伪之意思表示为无效。前条第二项之规定于前项之情形准用之。

第一百零五条　意思表示于法律行为之要素有错误者,得取消之。但表意人重大之过失者不在此限。

依前项规定意思表示之取消,不得以之对抗善意第三人。

第一百零六条　因诈欺或强迫之意思表示,得取消之。

就有对方之意思表示第三人行诈欺或强迫者,以对方知其事实或可得知之者为限,得取消其意思表示。

前条第二项之规定,于前二项之情形准用之。

第一百零七条　对于隔地人之意思表示,自其通知到达对方之时起生其效力。

意思表示虽表意人于发其通知后死亡或丧失行为能力,不因此妨其效力。

第一百零八条　意思表示之对方于接受之时系无能力人者,不得以其意思表示对抗之。但法定代理人知其达到之后不在此限。

第一百零九条　表意人无过失而不知对方之姓名或所在者，意思表示得从《民事诉讼法》公示送达之规定送达之。

第三节　代理

第一百十条　代理人于其权限内以本人名义所为之意思表示，直接对于本人生其效力。

前项规定于第三人对于代理人所为之意思表示准用之。

第一百十一条　代理人未表示以本人名义所为而为之意思表示，视为以自己名义所为者。但对方知其为代理人而为或可得知之者，准用前条第一项之规定。

第一百十二条　意思表示之效力因意思之欠缺、诈欺、强迫或知某情事或有不知之过失而受影响者，其事实之有无就代理人定之。

有为特定法律行为之授权而代理人从本人之指示为其行为者，本人就自知之情事不得主张代理人之不知。就其因过失而不知之情事亦同。

第一百十三条　代理人无须为行为能力人。

第一百十四条　未定权限之代理人，有仅为左列行为之权限。

一、保存行为；

二、于不变物或权利之性质之范围内，以其利用或改良为目的之行为。

第一百十五条　代理人有数人者，各自代理本人。但法令或授权行为另有所定者不在此限。

第一百十六条　代理权因法律行为被授与者，代理人非得本人之许诺或有不得已之事由，不得选任复代理人。

第一百十七条　代理人依前条规定选任复代理人者，就选任及监督对于本人任其责。

代理人从本人之指名而选任复代理人者，非知其不适任或不诚实而怠于通知本人或将其解任，不任其责。

第一百十八条　法定代理人得以其责任选任复代理人。但有不得已之事由者，仅负前条第一项所定之责任。

第一百十九条　复代理人就其权限内之行为代理本人。

复代理人对于本人及第三人有与代理人同一之权利义务。

第一百二十条　代理人非有本人之许诺，不得以本人名义与自己为法律行为或就同一法律行理代理当事人双方。但就债务之履行不在此限。

第一百二十一条　对于第三人表示已向他人授与代理权之人,就于其代理权之范围内其他人与第三人间所为之法律行为任其责。但其第三人已知其无代理权或可得知之者,不在此限。

第一百二十二条　代理人为其权限外之法律行为,而第三人有足信其有权限之正当理由者,本人就其行为任责。

第一百二十三条　代理权因左列事由而消灭。

一、本人之死亡;

二、代理人之死亡、禁治产或破产。

第一百二十四条　因法律行为被授与之代理权,于前条情形外,因其授权原因之法律关系之终了而消灭。但虽于其法律关系终了前,亦不妨撤回之。

第一百二十五条　代理权之消灭,不得以之对抗善意第三人。但第三人因过失而不知其事实者,不在此限。

第一百二十六条　无代理权之人为他人之代理人所为之契约,非本人为其追认,对之不生其效力。

第一百二十七条　无代理权之人为他人之代理人已为契约者,对方得定相当期间催告,本人应于其期间内确答是否追认。如本人于其期间内不发确答者,视为拒绝追认。

第一百二十八条　追认或其拒绝非向对方为之,不得以之对抗其对方。但对方知其事实者不在此限。

第一百二十九条　追认另无意思表示者,溯其契约之时生其效力。但不得害第三人之权利。

第一百三十条　无代理权之人所为之契约,于本人追认前对方得撤回之。但契约之当时对方知无代理权者,不在此限。

前项之撤回,须对于本人或代理人为之。

第一百三十一条　为他人之代理人而为契约之人,不能证明其代理权且未得本人之追认者,从对方之选择对之任履行或损害赔偿之责。

前项规定于对方知无代理权或可得知之,或为代理人而为契约之人系无行为能力者,不适用之。

第一百三十二条　就单独行为限于其行为之当时,对方同意称代理人之人无代理权而为之或不争执其代理权者,准用前六条之规定。对于无代理权之人,得其同意而为单独行为者亦同。

第四节　无效及取消

第一百三十三条　无效之法律行为,不因追认生其效力。但当事人知其无效而为追认者,视为为新法律行为。

第一百三十四条　得取消之法律行为,限于无能力人或为有限瑕疵之意思表示之人,其代理人或承继人得取消之。

第一百三十五条　得取消之法律行为之对方确定者,其取消依对于对方之意思表示为之。

第一百三十六条　法律行为经取消者,其行为自始无效。但无能力人于因其行为所受利益现存之限度,负偿还之义务。

第一百三十七条　得取消之法律行为,十第一百三十四条所揭之人为追认后,不得取消之。

第一百三十五条之规定,于前项追认准用之。

第一百三十八条　追认非于取消原因之情况,从止后为之不生其效力。

前项规定于法定代理人为追认者,不适用之。

第一百三十九条　自得依前条规定为追认之时后,就得取消之法律行为有左列事实者,视为已为追认。但已留异议者不在此限。

一、全部或一部之履行;

二、履行之请求;

三、更改;

四、担保之供与;

五、因得取消之行为取得权利之全部或一部之让渡;

六、强制执行。

第一百四十条　取消权须自得为追认之时起于一年,自法律行为之时起于五年以内行使之。

第五节　条件与期限

第一百四十一条　附停止条件法律行为,自条件成就之时起生其效力。

附解除条件法律行为,自条件成就之时起失其效力。

当事人表示使其条件成就之效力溯及其成就以前之意思者,从其意思。

第一百四十二条　附条件法律行为之当事人,不得于条件之成否未定间,害因条件之成就由其行为可生之对方之利益。

第一百四十三条　于条件之成否未定间之当事人之权利义务,得从一般之规定处分,继承、保存或担保之。

第一百四十四条　因条件之成就而受不利益之当事人,以不当妨其条件之成就者,对方得视为已成就其条件。

因条件之成就而受利益之当事人,以不当使其条件成就者,对方得视为未成就其条件。

第一百四十五条　附始期之法律行为,自期限到来之时起生其效力。

附终期之法律行为,自期限到来之时起失其效力。

第一百四十六条　第一百四十二条及第一百四十三条之规定,于附期限之法律行为准用之。

第五章　期间

第一百四十七条　期间之计算,除法令、裁判上之命令或法律行为另有所定者外,从本章之规定。

第一百四十八条　以时定期间者,即时起算之。

第一百四十九条　以日、星期、月或年定期间者,期间之初日不算入之。但其期间自午前零时起者不在此限。

第一百五十条　就年龄之计算,算入出生之日。

第一百五十一条　以日、星期、月或年定期间者,以期间之末日之终了为期间之满了。

第一百五十二条　以星期、月或年定期间者,从历算之。

不自星期、月或年之始起算期间者,其期间以最后之星期、月或年相当于其起算日之前日为满了。但以月或年定期间而最后之月无相当日者,以其月之末日为满期日。

第一百五十三条　期间之末日值祭日、星期日其他之休日者,以其日有不为交易之习惯时为限,期间以其翌日为满了。

第六章　消灭时效

第一百五十四条　债权因二十年间不行使而其消灭时效完成。

非债权或所有权之财产权,因三十年间不行使而其消灭时效完成。

第一百五十五条　左列债权因五年间不行使而其消灭时效完成。

一、利息、抚养费、薪金、赁贷费其他一年以内期间所定之定期给付之债权；

二、关于医师、助产士、看护人及药师之治疗、勤劳及配剂之债权；

三、关于承揽人或技师其他从事工事之设计或监督之人之工事之债权；

四、对于律师、办理士及公证人求关于其职务所交付之书类之返还债权；

五、关于律师、办理士及公证人之职务之债权；

六、生产人及商人变卖之产物及商品之价金债权；

七、关于手工业人及制造人之工作之债权；

八、关于学生及习业人之教育、衣食及止宿之校主、塾主及教师之债权。

第一百五十六条　左列债权因二年间不行使而其消灭时效完成。

一、旅店、饮食店、贷座及娱乐场之住宿费、饮食费、座费、入场费及消费物之代价并垫款之债权；

二、衣服、寝具及葬具其他之动产之赁贷费债权；

三、以一月以内之期间所定之雇人之薪金债权；

四、劳役人及艺人之工资并其所供给物之价金债权。

第一百五十七条　因确定判决所确定之债权，虽定短期之消灭时效者，然因二十年间不行使而其消灭时效完成。依破产手续所确定之债权并基于裁判上之和解、调停及公证证书之债权亦同。

利息、抚养费、薪金、赁贷费其他以一年以内期间所定之定期给付之债权，而其给付时期未到来者，不适用前项之规定。

第一百五十八条　消灭时效自得行使权利之时进行。

以不作为为标的之债权之消灭时效，自违反行为之时进行。

第一百五十九条　消灭时效因左列事由而中断。

一、请求；

二、扣押、假扣押或假处分；

三、承认。

第一百六十条　前条之时效中断，仅于当事人及其承继人之间其效力。

第一百六十一条　裁判上之请求,于有诉之却下或撤回者,不生时效中断之效力。

于前项情形,如于六月以内为裁判上之请求,破产手续参加、扣押、假扣押或假处分者,时效视为因最初之诉之提起而中断。

第一百六十二条　破产手续参加,于债权人取消之或其请求被却下者,不生时效中断之效力。

第一百六十三条　支付命令因债权人不于法定期间内为假执行之声明而失其效力者,不生时效中断之效力。

第一百六十四条　催告非于六月以内为裁判上之请求,破产手续参加、扣押、假扣押或假处分,不生时效中断之效力。

第一百六十五条　扣押、假扣押或假处分因权利人之请求,或因不从法律之规定而被取消者,不生时效中断之效力。

第一百六十六条　扣押、假扣押或假处分对于受时效利益之人而未为之者,非通知其人后,不生时效中断之效力。

第一百六十七条　为可生时效中断效力之承认者,无须就对方之权利有处分之能力或权限。

第一百六十八条　中断之时效,自其中断事由终了之时更开始其进行。

因裁判上之请求而中断之时效,自裁判确定之时更开始其进行。

第一百六十九条　于消灭时效期间满了前六月以内,如无能力人未有法定代理人者,自其人为能力人或法定代理人就职之时起六月以内,对之时效不完成。

第一百七十条　就无能力人对于其法定代理人所有之权利,自其人为能力人或后任之法定代理人就职之时起六月以内,消灭时效不完成。

就夫对妻或妻对夫所有之权利,自婚姻解消之时起六月以内,消灭时效不完成。

第一百七十一条　就属于继承财产之权利或对于继承财产之权利,自继承人确定、管理人被选任或有破产之宣告之时起六月以内,消灭时效不完成。

第一百七十二条　当消灭时效之期间满了之时,因天灾其他不可避之事变不能中断时效者,自其妨碍终止之时起一月以内,时效不完成。

第一百七十三条　权利之消灭时效已完成者,因其权利之消灭受利益之当事人,得主张其权利之消灭。

第一百七十四条　主权利之消灭时效已完成者,其效力及于其从权利。

第一百七十五条　时效之利益不得预先抛弃之。

第二编　物权

第一章　总则

第一百七十六条　物权除本法其他之法律所定者外,不得创设之。

第一百七十七条　关于不动产物权,因法律行为之得丧变更,非为登录不生其效力。

第一百七十八条　因判决、拍卖、公用征收、继承其他法律规定之关于不动产物权之取得,无须登录而生其效力。但非为其登录后不得处分之。

第一百七十九条　记载于登录簿之权利关系为关于其权利为法律行为之人之利益,视为真正。但就其真正有异议之登录或知不真正或可得知之者,不在此限。

第一百八十条　以关于不动产物权之得丧变更为目的之法律行为,须依书面为之。

第一百八十一条　关于动产物权之让渡,非移交其动产不生其效力。但让受人已占有其动产者,仅以让渡之意思表示为足。

第一百八十二条　让渡关于动产之物权而让渡人继续占有其动产者,当事人间得缔结让受人取得间接占有权之契约,以代动产之移交。

第一百八十三条　让渡关于第三人占有之动产之物权者,让渡人得将对于其第三人所有之返还请求权让渡于让受人,以代动产之移交。

第一百八十四条　就同一物所有权及他物权归属于同一人者,其物权消灭。但就其物权之存续所有人或第三人有法律上之利益者,不在此限。

前项规定于所有权以外之物权及以之为标的之他权利,归属于同一人者,准用之。

第二章　占有权

第一百八十五条　对于物有事实上之支配力之人为占有人。

占有人虽一时失对于物事实上之支配力,而依第一百九十七条之规定受占有物之返还者,占有权视为未消灭。

第一百八十六条　基于地上权、质权、赁贷借、寄托其他类似之关系使他人占有物之人,为间接占有人。

第一百八十七条　占有权之让渡因占有物之移交生其效力。

第一百八十八条　间接占有权之让渡,因让渡物之返还请求权生其效力。

第一百八十九条　占有人推定以所有之意思善意、平稳且公然为占有。

善意占有人于基于本权之诉败诉者,自其诉之提起之时起视为恶意占有人。

第一百九十条　于前后两时有为占有之事实者,占有推定其间为继续。

第一百九十一条　占有人之承继人,得从其选择仅就自己之占有或将自己之占有与前主之占有合并而为主张。

合并前主之占有而为主张者,其瑕疵亦承继之。

第一百九十二条　动产占有人于占有物上行使之权利推定适法有之。

第一百九十三条　善意占有人取得由占有物所生之孳息。

第一百九十四条　恶意占有人负返还孳息且偿还已为消费、因过失而毁损或怠于收得之孳息之代价之义务。

前项规定于因强暴或隐秘之占有人准用之。

第一百九十五条　占有物因应归责于占有人之事由灭失或毁损者,恶意占有人对于其回复人负赔偿其损害全部之义务,善意占有人于因其灭失或毁损所受之利益现存之限度,负赔偿之义务。但无所有意思之占有人虽系善意,亦须为全部之赔偿。

第一百九十六条　占有人返还占有物者,得使回复人偿还保存其物所费之金额其他之必要费。但占有人已取得孳息者,通常之必要费归其负担。

就占有人改良占有物所费之金额其他之有益费,以其价格之增加现存者为限,得从回复人之选择,使偿还其所费之金额或增价额。但对于恶意占有人,法院得因回复人之请求许与相当之期限。

第一百九十七条　占有人占有被侵夺者,得请求其物之返还及损害之赔偿。

前项请求对于侵夺人之特定承继人不得为之。但承继人系恶意者不在此限。

第一项请求权自侵夺之时起,于一年以内裁判上不行使者消灭。

第一百九十八条　占有人占有被妨害者,得请求其妨害之除去及损害之赔偿。

前项请求权自妨害终止之时起,于一年以内裁判上不行使者消灭。因工事占有被妨害而自其工事着手之时起,于一年以内裁判上不行使之,或工事完成者亦同。

第一百九十九条　占有人占有被妨害之虞者,得请求其妨害之预防或损害赔偿之担保。

前项请求权因工事占有,有被妨害之虞,而自其工事着手之时起,于一年以内裁判上不行使之,或工事完成者消灭。

第二百条　前三条之请求权,间接占有人亦有之。

占有人占有被侵夺者,间接占有人得请求返还其物于占有人。如占有人不能受返还或不欲之者,间接占有人得请求返还于自己。

第二百零一条　基于占有权之诉与基于本权之诉,互无妨碍。

基于占有权之诉不得基于本权之理由裁判之。

第二百零二条　事实上行使财产权之人为准占有人。

本章之规定于准占有〈人〉准用之。

第三章　所有权
第一节　所有权之效力

第二百零三条　所有人有于法令之限制内使用、收益及处分其所有物之权利。

第二百零四条　所有人对于物之占有人得请求其返还。但占有人有得占有之权利者,得拒绝其返还。

第二百零五条　所有人得对于妨害所有权之人,请求其除去对于为有妨害之虞之行为之人,请求其预防或损害赔偿之担保。

第二百零六条　土地所有权就其行使于有利益之范围及于土地之上下。

第二百零七条　数人区分一栋建筑物而各所有其一部者,建筑物及其附属物之共用部分推定属于其共有。

共用部分之修缮费其他之负担,按各所有人之所有部分之价格分担之。

第二百零八条　土地所有人得于疆界或其近旁为营造或修缮墙壁或建筑物,于必要之范围内请求邻地之使用。但非有邻人之许诺不得进入其住房。

于前项情形,邻人受损害者,得请求其偿金。

第二百零九条　某土地与公路之间无从其土地用法之使用所必要之通路者,其土地所有人为至公路得通行围绕地,如有必要得开设通路。

前项之通行及通路之开设,须选为有通行权之人必要且为围绕地损害最少之场所及方法。

第二百十条　有通行权之人对于通行地所有人所受之损害,须支付偿金。

偿金除对于因开设通路所生之损害者外,得按年支付之。

第二百十一条　因分割而生不通公路之土地者,其土地所有人为至公路仅得通行他分割人之所有地。于此情形无须支付偿金。

前项规定于土地所有人让渡其土地之一部者准用之。

第二百十二条　土地所有人不得妨阻由邻地水自然流来。

第二百十三条　水流因事故于低地阻塞者,高地所有人得以自己之费用为疏通必要之工事。但就费用之负担另有习惯者,从其习惯。

第二百十四条　土地所有人为贮水、排水或引水于其土地设工作物,而因其破溃或阻塞致损害于他人之土地或有致损害之虞者,须以自己之费用为其修缮或疏通或预防之工事。但就费用之负担另有习惯者,从其习惯。

第二百十五条　高地所有人为干涸浸水地或为排泄家用或农工业除水至公路、公流或沟道,得使水通过低地。但须为低地选损害最少之场所及方法。

于前项情形,高地所有人对于低地所有人所受之损害,须支付偿金。

第二百十六条 土地所有人为使其所有地之水通过,得使用高地或低地之所有人所设工作物。

于前项情形,使用他人工作物之人,须按其受利益之比例负担工作物之设置及保存之费用。

第二百十七条 土地所有人非以过巨之费用或劳力不能得其家用或土地之利用所必要之水者,得对于邻地所有人支付偿金,请求给予有余之水。

第二百十八条 沟渠其他之水流地之所有人,如对岸之土地属于他人之所有者,不得变更其水路或幅员。

两岸之土地属于水流地之所有人者,其所有人得变更其水路及幅员。但于下游须复自然之水路。

有异于前二项规定之习惯者,从其习惯。

第二百十九条 土地所有人得与邻地所有人以共同之费用,设标示疆界之物。

前项费用相邻人平分负担之。但测量费用按其土地广狭之比例负担之。

第二百二十条 疆界线上所设之界标、围障、墙壁及沟渠推定属于相邻人之所有。

第二百二十一条 土地所有人不因故意或重大之过失逾疆界营造工作物者,邻地所有人知之而不速述异议时,不得请求其工作物之移去或变更。

于前项情形,邻地所有人得对于工作物所有人请求以相当之价额购买逾疆界部分之土地。但不妨损害赔偿之请求。

第二百二十二条 就疆界生争执而不能知正当之疆界者,须斟酌登录簿之记载、占有状态其他诸般之状况,依公平之方法定之。

第二百二十三条 第二百零八条至第二百二十一条之规定,于土地所有人、地上权人、耕种权人或土地之典权人或赁借人之间,及地上权人、耕种权人或土地之典权人或赁借人相互之间,准用之。

第二节 所有权之取得

第二百二十四条 三十年间以所有之意思平稳且公然占有他人未登录之不动产之人,得法院之许可而于登录簿为所有权之登录者,因时效取得其不动产之所有权。

已登录之不动产所有人死亡或受失踪之宣告其他于登录簿上不分明而具与前项同一之要件者亦同。

第二百二十五条　无权利而于登录簿经登录为所有人之人，十年间以所有人之意思平稳且公然占有其不动产，而其占有之始系善意且无过失者，因时效取得其不动产之所有权。

第二百二十六条　二十年间以所有之意思平稳且公然占有他人之动产之人，因时效取得其动产之所有权。

第二百二十七条　十年间以所有之意思平稳且公然占有他人之动产之人，其占有之始系善意且无过失者，因时效取得其动产之所有权。

第二百二十八条　前四条之取得时效之效力溯及其起算日。

关于消灭时效之中断及停止之规定，于取得时效准用之。

第二百二十九条　前五条之规定，于所有权以外之财产权之取得准用之。

第二百三十条　平稳且公然让受动产之人系善意且无过失者，其物虽不属于让渡人之所有者，亦取得其所有权。

第二百三十一条　于前条情形，动产系盗品或遗失物者，被害人或遗失主自盗难或遗失之时起二年间对于让受人，得请求其物之返还。但就金钱不在此限。

第二百三十二条　让受人于拍卖或公共市场或自贩卖与其物同种之物之商人，以善意买受盗品或遗失物者，被害人或遗失主非偿还让受人所支付之价金，不得请求其物之返还。

第二百三十三条　无主之动产因以所有之意思占有之而取得其所有权。

无主之不动产属于国库之所有。

第二百三十四条　不动产所有人取得为其不动产之从而附合于不动产之物之所有权。但另有习惯者，从其习惯。

前项规定，就他人因权原而使附属之物，不适用之。

第二百三十五条　动产与他人之动产附合至非毁损不能分离者，其合成物之所有权属于主动产之所有人。为分离需过巨之费用者亦同。

就附合之动产不能区别主从者,动产所有人按其附合当时之价格之比例共有合成物。

第二百三十六条　前条规定于动产与他人之动产混合至不能识别者适用之。

第二百三十七条　加工于他人之动产者,其加工物之所有权属于材料所有人。但因加工所产生之价格甚著超过材料之价格者,加工人取得其物之所有权。

加工人供材料之一部者,以于其价格加因加工所生之价格者超过他人材料之价格时为限,加工人取得其物之所有权。

第二百三十八条　依前四条之规定,动产所有权消灭者,其动产上所存之他权利亦消灭。

前项动产所有人为合成物、混和物或加工物之单独所有人者,前项权利嗣后存于合成物、混和物或加工物之上为共有人者,存于其持分之上。

第二百三十九条　于前五条之情形,受损害之人得从关于不当利得之规定请求偿金。

　　　　　　第三节　共有及总有

第二百四十条　数人按其持分就一个物有所有权者为共有人。

共有人持分推定相等。

第二百四十一条　共有人得处分其持分。

第二百四十二条　共有人就共有物之全部,得按其持分为使用及收益。

第二百四十三条　共有人非有他共有人之同意,不得处分共有物或加变更。

第二百四十四条　关于共有物管理之事项,按共有人之持分,以其过半数决之。但保存行为,各共有人得为之。

第二百四十五条　共有人按持分支付管理之费用其他任共有物之负担。

共有人于一年以内不履行前项之义务者,他共有人得以相当价额购买其持分。

第二百四十六条　共有人就共有物对于他共有人有债权者,对于其特定承继人亦得请求清偿。

第二百四十七条　共有人抛弃其持分或无继承人而死亡者,其持分归属于他共有人。

第二百四十八条　共有人不论何时,得请求共有物之分割。但不妨为不超过五年之期间内不为分割之契约。

前项契约得更新之。但其期间自更新之时起不得超过五年。

第二百四十九条　前条规定于第二百零七条及第二百二十条所揭之共有物不适用之。

第二百五十条　就共有物分割之方法协议不谐者,共有人得向法院请求其分割。

法院以现物为分割,如不能为分割或因分割有甚著减损其价格之虞者,得命其物之拍卖。

第二百五十一条　共有人就他共有人因分割所得之物,按其持分负与卖主同一之担保责任。

第二百五十二条　某地方住民、亲属团体其他习惯上成总合体之数人,基于其关系所有一个物者为总有人。

就总有人之权利及义务,从习惯外,适用以下二条之规定。

第二百五十三条　总有人之权利及于总有物之全部。

总有人不得请求总有物之分割。

第二百五十四条　总有人非有其全员之同意,不得处分总有物或加变更。但保存行为各总有人得为之。

第二百五十五条　本节之规定,于数人有所有权以外之财产权者准用之。

第四章　地上权

第二百五十六条　地上权人有为在他人土地所有建筑物其他之工作物而使用其土地之权利。

第二百五十七条　以契约定地上权之存续期间者,其期间就以石造、混凝土造、砖造或类此之坚固之建筑物之所有为目的者,不得少于三十年;以不坚固之建筑物之所有为目的者十五年;以建筑物以外之工作物之所有为目的者五年。

以短于前项期间之期间设定地上权者,其期间伸长至前项期间。

第二百五十八条　未以契约定地上权之存续期间者,就以坚固之建筑物之所有为目的者为六十年;以不坚固之建筑物之所有为目的者三十年；以建筑物以外之工作物之所有为目的者十年。但工作物于此期间之满了前朽废者，地上权因此消灭。

以契约设定地上权而未定工作物之种类及构造者，地上权视为以不坚固之建筑物之所有为目的。

第二百五十九条　地上权消灭而工作物尚存者，地上权人得请求契约之更新。

地上权设定人不欲契约之更新者，地上权人得请求以相当之价额购买工作物。

第二百六十条　当事人更新契约者，地上权之存续期间自更新之时起算，就坚固之建筑物之为三十年，不坚固之建筑物十五年，建筑物以外之工作物五年。于此情形，准用第二百五十八条第一项但书之规定。

当事人定长于前项期间之期间者，从其订定。

第二百六十一条　地上权人于地上权消灭后，继续使用土地而地上权设定人未速述异议者，视为以与前契约同一之条件更设定地上权。于此情形，准用前条第一项之规定。

第二百六十二条　地上权消灭前工作物已灭失，而对于超过残存期间应存续之工作物之营造，地上权设定人未速述异议者，地上权自工作物灭失之时起算，就坚固之建筑物三十年间、不坚固之建筑物十五年间、建筑物以外之工作物五年间存续。但残存期间较长者，依其期间。

第二百六十三条　地上权消灭者，地上权人得将土地回复原状，收去其工作物。但地上权设定人提供相当之价额请求自行购买者，地上权人非有正当之事由，不得拒绝之。

第二百六十四条　地租因对于土地之租税其他之负担之增减或土地价格之昂低或较比临土地之地租之不相当者，当事人得向将来请求地租之增减。但有一定期间不增加地租之特约者，从其订定。

第二百六十五条　地上权设定人以地上权人继续二年以上怠于地租之支付者为限，得请求地上权人之消灭。

第二百六十六条　前条之请求地上权为抵押权之标的或存于其土地上之建筑物为典权或抵押权之标的者，因通知典权人或抵押权人后经过相当期间生其效力。

第二百六十七条　反于第二百五十七条及第二百五十九条至第二

百六十五条之规定之契约条件而不利于地上权人者,视为未定之。

第二百六十八条　地上权设定人就地上权标的之土地与第三人缔结买卖契约而地上权人请求自行购买者,地上权设定人非有正当之事由,不得拒绝之。

第二百六十九条　地上权设定人须将与第三人缔结买卖契约之内容速通知地上权人。

前项通知第三人亦得为之。

第二百七十条　第二百六十八条所定之请求权,地上权人受前条通知后于一月以内不行使者消灭。

第二百七十一条　地上权设定人非经过前条之期间后,不得履行与第三人所缔结之买卖契约。但其买卖契约缔结后,地上权人抛弃第二百六十八条所定之权利者,不在此限。

第二百七十二条　地上权人为第二百六十八条之请求者,地上权人与地上权设定人之间从地上权设定人与第三人所约定之条件成立买卖。

第二百七十三条　前五条之规定,就依《强制执行法》《拍卖法》其他法令之规定而为之拍卖〈者〉,不适用之。

第二百七十四条　前六条之规定,于地上权人就其土地所有之工作物与第三人缔结买卖契约者准用之。

第二百七十五条　第二百零四条、第二百零五条、第五百八十四条、第五百八十五条、第五百九十五条、第六百零六条、第六百二十九条及第六百三十条之规定,于地上权准用之。

第五章　耕种权

第二百七十六条　耕种权人有为耕作、树木之栽植、采盐或牧畜而使用他人土地之权利。

第二百七十七条　以契约定耕种权之存续期间者,其期间不得少于二十年。如以短于二十年之期间设定耕种权者,其期间伸长至二十年。

未以契约定耕种权之存续期间者,其期间就以树木之栽植为目的者为五十年,就其他者为三十年。

第二百七十八条　耕种权设定人于耕种权之存续期间满了前六月至一年以内,对于耕种权人另未表示意思者,视为期间满了之际以与前契约同一条件更设定耕种权。但其期间为二十年。

第二百七十九条　耕种权消灭之时存有收获季节之农作物者，视为至其季节之终了止，耕种权存续。

第二百八十条　第二百五十九条之规定，于以树木之栽植为目的之耕种权准用之。

就前项耕种权更新契约者，耕种权之存续期间自更新之时起算为二十年。但树木于此期间满了前已灭失者，耕种权因此消灭。

当事人定长于前项期间之期间者，从其订定。

第二百八十一条　反于前四条之规定之契约条件而不利于耕种权人者，视为未定之。

第二百八十二条　第二百零四条、第二百零五条、第二百六十四条至第二百七十二条、第五百八十三条至第五百八十五条、第五百九十五条、第六百零六条、第六百二十三条、第六百二十八条及第六百二十九条之规定，于耕种权准用之。

第六章　地役权

第二百八十三条　地役权人有从一定之目的以他人土地供自己土地之便益之权利。

第二百八十四条　地役权为要役地所有权之从而与之共同移转或为存于要役地上所有权以外之权利之标的。但契约另有订定者，不在此限。

地役权不得由要役地分离而让渡或为他权利之标的。

第二百八十五条　土地共有人之一人，就其持分不得使为其土地或于其土地之上所存之地役权消灭。

土地之分割或其一部之让渡者，地役权为其各部或于其各部之上存在。但地役权因其性质仅关于土地之一部者，不在此限。

第二百八十六条　地役权以继续且表现者为限，得因时效取得之。

第二百八十七条　土地共有人之一人因时效而取得地役权者，他共有人亦取得之。

对于共有人之取得时效之中断，非对于行使地役权之各共有人为之，不生其效力。

行使地役权之共有人有数人者，虽对于其一人有取得时效停止之原因,时效仍为各共有人进行。

第二百八十八条　要役地属于数人之共有而为其一人有消灭时效之中断或停止者,其中断或停止为他共有人亦生其效力。

第二百八十九条　因契约承役地所有人负担以其费用为地役权之行使而设工作物或为其修缮之义务者,其义务承役地所有人之特定承继人亦负担之。

第二百九十条　承役地所有人不论何时,得将地役权所必要土地之部分之所有权委弃于地役权人而免前条之负担。

第二百九十一条　承役地所有人于不妨地役权之行使之范围内,得使用为其行使于承役地上所设之工作物。

于前项情形,承役地所有人须按受其利益之比例,负担工作物之设置及保存之费用。

第二百九十二条　第二百零五条之规定,于地役权准用之。

第二百九十三条　某地方住民基于成其总合体之关系,有于他人土地为草木、野生物或土砂之采取或放牧其他之收益之权利者,从习惯外,准用本章之规定。

第七章　典权

第二百九十四条　典权人有支付典价,占有他人之不动产,且从其用法为使用及收益之权利。

第二百九十五条　于存于他人土地上之建筑物设定典权者,其效力及于建筑物基地之地上权或赁借权。

于前项情形,典权设定人非有典权人之同意,不得使地上权消灭或赁贷借终了。

第二百九十六条　建筑物与其基地属于同一所有人而仅于建筑物设定典权者,视为典权设定人于嗣后其建筑物与基地之所有人相异时设定地上权。但地租因当事人之请求,由法院定之。

第二百九十七条　于前条情形,典权设定人不得对于第三人于建筑物之基地设定地上权或为赁贷。

第二百九十八条　典权人支付管理之费用其他任不动产之负担。

第二百九十九条　典权之期间为三年以上三十年以下,其期间不满三年者伸长至三年,超过三十年者缩短为三十年。

第三百条　典权定有期间者,典权设定人得于其期间满了后提供典价请求典物之回赎。

前项回赎请求权,自典权期间满了之时起经过二年者消灭。但自典权设定之时起未经过十五年者,不在此限。

第三百零一条　典权无期间之订定者,典权设定人得于典权设定后经过三年后,不论何时提供典价,请求典物之回赎。

前项回赎请求权,自典权设定之时起经过三十年者消灭。

第三百零二条　典权设定人不得预先抛弃典物之回赎请求权。

第三百零三条　典权设定人拟请求典物之回赎者,须于六月以前向典权人通知其旨。

典权设定人怠为前项通知者,任赔偿因此典权人所受损害之责。

第二百零四条　典权之标的物系耕作地而请求回赎之时,存有收获季节之农作物者,典权人至其季节之终了止,得为其土地之使用及收益。

第三百零五条　典物回赎请求权消灭者,典权人取得典物之所有权。

第三百零六条　典权人于其权利之范围内得将典物转典于他人。于此情形,就因不为转典则不发生之不可抗力之损害亦任其责。

第三百零七条　典物之一部灭失而典权设定人请求残存部分之回赎者,以提供按其灭失部分之价格之比例减额之典价为足。

第三百零八条　典物之一部灭失者,典权人得修筑其部分而回复原状。

典权人以前项规定将典物回复原状者,典物视为自始未灭失。

第三百零九条　典权人就典物支出有益费者,以其价格之增加现存者为限,得从典权设定人之选择,使偿还其所费之金额或增价额。但法院得因典权设定人之请求,许与相当之期限。

第三百十条　有异于前三条规定之习惯者,从其习惯。

第三百十一条　第二百零四条、第二百零五条及第二百六十八条至第二百七十四条之规定,于典权准用之。

第八章　留置权

第三百十二条　他人之物或有价证券之占有人有关于其物或有价证券所生之债权者,于受其债权之清偿前得留置其物或有价证券。但其债权不在清偿期者,不在此限。

前项规定于占有因不法行为而开始者,不适用之。

第三百十三条 留置权人于受债权全部之清偿前,得就留置物之全部行其权利。

第三百十四条 留置权人得收得由留置物所生之孳息,先于他债权人,以之充当其债权之清偿孳息。非金钱者留置权人得拍卖之。

前项之孳息须先充当债权之利息,尚有余剩者充当原本。

第三百十五条 留置权人须以善良管理人之注意,占有留置物。

留置权人无债务人之许诺,不得为留置物之使用或赁贷或以之供担保。但为留置物之保存所必要之使用者,不在此限。

留置权人违反前二项之规定者,债务人得请求留置权之消灭。

第三百十六条 留置权人就留置物支出必要费者,得使所有人为其偿还。

留置权人就留置物支出有益费者,以其价格之增加现存者为限,得从所有人之选择,使偿还其所费之金额或增价额。但法院得因所有人之请求,许与相当之期限。

第三百十七条 留置权之行使,不妨债权消灭时效之进行。

第三百十八条 债务人得供相当之担保而请求留置权之消灭。

第三百十九条 留置权因占有之丧失而消灭。

第九章 质权

第一节 财产质权

第三百二十条 动产质权人有占有为其债权人之担保而自债务人或第三人领受之动产,且就其物先于他债权人受自己债权之清偿之权利。

第三百二十一条 质权为将来之债权,亦得设定之。

第三百二十二条 质权之设定,因向质权人为其标的物之移交,生其效力。

第三百二十三条 质权人不得使质权设定人为质物之占有。

第三百二十四条 为担保数个债权就同一动产设定质权者,其质权之顺位依设定之前后。

第三百二十五条 质权对于因质物之灭失、毁损或公用征收,其所有人应受之金钱其他之物亦得行之,但须于其付与或移交前为扣押。

第三百二十六条 质权担保原本、利息、违约金、质权实行之费用、质物保存之费用及因债务之不履行或质物隐有之瑕疵所生损害之赔偿。但契约另有订定者不在此限。

第三百二十七条　质权人于受前条所揭债权之清偿前，得留置质物。但此权利不得以之对抗对于自己有优先权之债权人。

第三百二十八条　质权人于其权利之范围内，得以自己之责任将质物为转质。于此情形，就因不为转质则不发生之不可抗力之损害，亦任其责。

第三百二十九条　于前条情形，非从第四百三十八条之规定向债务人通知转质之事实，或其债务人承认之，不得以之对抗其债务人、保证人、质权设定人及其承继人。

第四百三十九条之规定，于前项情形准用之。

债务人受第一项之通知或为承认者无转质权人之同意而为之清偿，不得以之对抗其转质权人。

第三百三十条　质权人为受其债权之清偿，得拍卖质物。

质权人以有正当之事由者为限，得不拘前项规定向法院请求从鉴定人之评价即以质物充清偿。于此情形，质权人须将其请求向债务人预为通知。

第三百三十一条　质权设定人不得以债务清偿期前之契约约定，使质权人为清偿取得质物之所有权其他，不依法律所定方法处分质物。

第三百三十二条　质权人仅就未以质物受清偿之债权之部分，得以他财产受清偿。

前项规定应先于质物，就他财产为配当者不适用之。但他债权人为使质权人从前项规定受清偿，得请求提存应配当于质权人之金额。

第三百三十三条　为担保他人之债务设定质权之人清偿其债务或因质权人之实行失质物之所有权者，从关于保证债务之规定，对于债务人有求偿权。

第三百三十四条　第二百零四条、第二百零五条、第二百三十条至第二百三十二条，及第三百十三条至第三百十七条之规定，于质权准用之。

第三百三十五条　本节之规定，于依法律之规定所生之质权准用之。

前项质权对于因其标的物之变卖或赁贷而所有人应受之金钱其他

之物亦得行之。于此情形,准用第三百二十五条但书之规定。

第二节　权利质权

第三百三十六条　质权得以财产权为其标的。但以不动产之使用或收益为标的之权利,不在此限。

前项质权除本节有规定者外,准用前节之规定。

第三百三十七条　以指名债权为质权之标的而有其债权之证书者,质权之设定因向质权人交付其证书生其效力。

第三百三十八条　以抵押权担保之债权为质权之标的者,以质权人于其抵押权之登录附记其旨为限,质权之效力及于抵押权。

第三百三十九条　设定以指名债权为标的之质权者,非从第四百三十八条之规定向第三债务人通知质权之设定或第三债务人承认之,不得以之对抗第三债务人其他之第三人。

第四百三十九条之规定,于前项情形准用之。

第三百四十条　以指示式证券债权为质权之标的者,质权之设定因于其证券为背书交付质权人生其效力。

第三百四十一条　以无记名式证券债权为质权之标的者,质权之设定因向质权人交付其证券而生其效力。

第三百四十二条　权利质权之设定,除本法其他之法令有规定者外,因从关于其权利让渡之规定为之而生其效力。

第三百四十三条　质权设定人非有质权人之同意,不得使质权标的之权利消灭或加以可害质权人利益之变更。

第三百四十四条　质权人得直接请求质权标的之债权之给付。

债权之标的物系金钱者,质权人以对于自己债权额之部分为限,得请求其给付。

前项债权之清偿期于质权人之债权清偿期前到来者,质权人得使第三债务人提存其清偿金额。于此情形,质权于其提存金之上存在。

债权之标的物系不动产者,质权人于为清偿所受之物之上有抵押权。

债权之标的物系非不动产者或金钱之物者,质权人于为清偿所受之物之上有质权。

第十章　抵押权

第三百四十五条　抵押权人有就债务人或第三人不移转、占有而供债务担保之不动产,先于他债权人受自己债权清偿之权利。

地上权、耕种权及典权亦得为抵押权之标的。于此情形,准用本章之规定。

第三百四十六条　抵押权除契约另有订定者外,及于附加于其抵押物而与之成为一体之物,就抵押物之从物亦同。

前项规定于抵押权设定人知害他债权人而使物附属者,不适用之。但抵押权人于抵押权之设定或物附属之当时不知可害他债权人之事实者,不在此限。

第三百四十七条　抵押权及于抵押物扣押后,抵押权设定人得就抵押物收得之孳息。但就法定孳息非由抵押权人将抵押物之扣押通知其清偿义务人,不得以之对抗清偿义务人。

第三百四十八条　抵押权人有请求利息其他之定期金之权利者,得仅就其已满期之最后二年分行其抵押权。但就其以前之定期金满期后,于抵押权之登录为附记者,亦不妨自其登录之时起行之。

前项规定于抵押权人有请求因债务之不履行所生之损害赔偿之权利者,就其最后之二年分亦适用之。但与利息其他之定期金通算不得超过二年分。

第三百四十九条　抵押权人于其权利范围内,得以抵押权为他债权之抵押,或为对于同一债务人之他债权人之利益让渡,或抛弃其抵押权或其顺位。

于前项情形,抵押权人为数人处分其抵押权者,因此受利益之人之权利顺位,依其处分之前后。

第三百二十九条之规定,于第一项之情形准用之。

第三百五十条　抵押权人为受其债权之清偿,得拍卖抵押物。

第三百五十一条　土地及存于其上之建筑物属于同一所有人而仅以其土地或建筑物为抵押者,视为抵押权设定人于拍卖时设定地上权。但地租因当事人之请求由法院定之。

土地及存于其上之建筑物属于同一所有人而以土地及建筑物为抵押者,如拍卖之结果,其土地与建筑物之拍定人相异时,亦与前项同。

第三百五十二条　抵押权设定后,其设定人于抵押地营造建筑物者,抵押权人得与土地共同拍卖之。但其优先权得仅就土地卖得金行之。

第三百五十三条 于抵押物上取得权利之人支出必要费或有益费者，得从第一百九十六条之区别，以抵押物之卖得金最先受其偿还。

第三百五十四条 债权人为同一债权之担保于数个不动产上有抵押权，而应同时配当其卖得金者，按其各不动产价额之比例，分其债权之负担。

仅应以某不动产之卖得金为配当者，抵押权人得就其卖得金受债权全部之清偿。于此情形，后顺位之抵押权人得以达于先顺位之抵押权人，从前项规定，就他不动产受清偿之金额为止，代位而行抵押权。

第三百五十五条 不超过第五百八十七条所定期间之赁贷借，虽抵押权设定后所登录者，亦得以之对抗抵押权人。但其赁贷借致损害于抵押权人者，抵押权人得向法院请求其解除。

第三百五十六条 抵押权得仅定其应担保之最高金额，将债权之确定保留于将来而设定之。于此情形，至其确定间之债权之消灭或移转，于抵押权不及影响。

债权系附利息者，其利息于前项最高金额中算入之。

第三百五十七条 以地上权、耕种权或典权为抵押之人，非有抵押人之同意，不得使其权利消灭。

地上权人或土地典权人或赁借人于其地上所有建筑物之上设定抵押权者，非有抵押权人之同意，不得使其地上权或典权消灭或赁贷借终了。

第三百五十八条 第二百零五条、第三百十三条、第三百二十一条、第三百二十四条、第三百二十五条、第三百三十二条及第三百三十三条之规定，于抵押权准用之。

第三百五十九条 本章之规定，于依法律之规定所生之抵押权准用之。

第三编 债权
第一章 总则
第一节 债权之标的

第三百六十条 债权虽不得以金钱估计者，亦得以之为其标的，不作为亦得为债权之标的。

第三百六十一条 债权之标的为特定物之移交者，债务人于为其移交前须以善良管理人之注意保存其物。

第三百六十二条　仅以种类指示债权之标的物而不能以法律行为之性质或当事人之意思定其品质者,债权人须给付有中等之品质之物。

于前项情形,债务人完了为物之给付所必要之行为,或得债权人之同意而指定其给付之物者,嗣后以其物为债权之标的物。

第三百六十三条　债权之标的物系金钱者,债务人得依其选择,以各种通货为清偿。

以特种通货之给付为债权之标的,而其通货于清偿期已失强制通用之效力者,债务人须以他之通货为清偿。

前二项之规定,于以外国通货之给付为债权之标的者,准用之。

第三百六十四条　以外国之通货指定债权额者,债务人得依在其履行地之履行期之汇兑行市。以满洲国之通货为清偿债务人迟延支付者,债权人得请求依其选择按履行期或支付日之汇兑行市,以满洲国之通货支付之。

第三百六十五条　就应生利息之债权另无意思表示者,其利率为年百分之五。

第三百六十六条　利息迟延在一年分以上,经债权人催告而债务人不支付其利息者,债权人得以之滚入原本。

前项之滚入,依对于债务人之意思表示为之。

第三百六十七条　债权之标的应于数个之给付中依选择而定者,其选择权属于债务人。

第三百六十八条　应由债权人或债务人为选择者,其选择依对于对方之意思表示为之。

前项之意思表示,非有对方之同意,不得撤回之。

第三百六十九条　就选择权之行使定有期间者,有选择权之当事人不于其期间内行使时,对方得定相当期间催告应于其期间内为选择。如有选择权之当事人不于其期间内为选择者,其选择权属于对方。

就选择权之行使未定有期间者,于债权之期限到来后,经对方定相当期间为催告,而有选择权之当事人不于其期间内为选择时,亦与前项同。

第三百七十条　应由第三人为选择者,其选择依对于债权人或债务人之意思表示为之。

前项之意思表示,非有债权人及债务人之同意不得撤回之。

第三百七十一条 应为选择之第三人,不能为选择或不欲为选择者,选择权属于债务人。

第三人不为选择者,经债权人或债务人定相当期间为催告,而第三人不于其期间内为选择时,亦与前项同。

第三百七十二条 为债权标的之给付中,有自始不能或嗣后为不能者,债权就其残存者存在。

因无选择权之当事人之过失,给付为不能或债权人有选择权而因其过失给付为不能者,不适用前项之规定。

第三百七十三条 选择溯及债权发生之时生其效力。

第二节 债权之效力

第三百七十四条 就债务之履行有确定期限者,债务人自其期限到来之时起,任迟延之责。

就债务之履行有不确定期限者,债务人自知其期限到来之时起,任迟延之责。

就债务之履行未定期限者,债务人自受请求履行之时起,任迟延之责。

第三百七十五条 债务人于左列情形不得主张期限之利益:

一、债务人毁灭担保或减少之者;

二、债务人负供担保之义务而不供之者。

第三百七十六条 债务人任意不为债务之履行者,债权人得向法院请求其强制履行。但债务之性质不许之者,不在此限。

前项规定不妨损害赔偿之请求。

第三百七十七条 债务人不为从债务本旨之履行或不能为之者,债权人得请求其损害之赔偿。但其不履行非因债务人之故意或过失者,不在此限。

第三百七十八条 债务人之法定代理人为其债务人为履行或债务人使用他人为履行者,债务人就其法定代理人或被用人之故意或过失,任与自己之故意或过失同一之责。

第三百七十九条 债务人就在迟延之间所生之损害,不得以无过失而免其责。但债务人虽于应为其履行之时履行而仍可生损害者,不在此限。

第三百八十条 因债务不履行之损害赔偿之请求,得就因不履行而通常可生之损害为之。

虽因特别情事所生之损害而债务人预见其情事或可得预见者,债权人得请求其赔偿。

第三百八十一条 损害赔偿另无意思表示者,以金钱为之。

第三百八十二条 关于债务之不履行债权人有过失者,法院就定损害赔偿之责任及其金额,须斟酌之。

第三百八十三条 就金钱债务之不履行,其损害赔偿之额依法定利率定之。但约定利率超过法定利率者,依约定利率。

就前项之损害赔偿,债权人无须为损害之证明,又债务人不得以无过失而免其责。

第三百八十四条 当事人得预先约定就债务之不履行支付一定之金额为损害赔偿。于此情形,法院不得增减其额。

损害赔偿之预定,不妨履行之请求或契约之解除。

违约金之约定,推定为损害赔偿之预定。

第三百八十五条 前条规定,于当事人预定以非金钱充损害之赔偿者准用之。

第三百八十六条 债权人以损害赔偿而受其债权标的之物或权利之价额之全部者,债务人就其物或权利当然代位债权人。

第三百八十七条 债权人拒绝受债务之履行或不能受之者,其债权人自有履行之提供之时起,任延迟之责。

第三百八十八条 在债权人迟延之间,债务人非有故意或重大之过失,不任因不履行所生一切之责。

第三百八十九条 就应生利息之债权,在债权人迟延之间,债务人无须支付利息。

第三百九十条 因债权人之迟延而清偿之费用或债务标的物之保管费用增加者,其增加额由债权人负担之。

第三百九十一条 债权人为保全自己之债权,得行使属于其债务人之权利。但专属于债务人一身之权利不在此限。

债权人于其债权之期限未到来之间,非经法院之许可,不得行使前项之权利。但保存行为不在此限。

第三百九十二条　债权人着手前条第一项之权利之行使者,须向债务人通知之。但保存行为不在此限。

债务人受前项通知后所为权利之处分,不得以之对抗债权人。

第三百九十三条　债权人得请求取消债务人知害其债权人所为之法律行为及回复原状。但因其行为而受利益之人或转得人于其行为或转得之当时不知可害债权人之事实者,不在此限。

前项之规定,于不以财产权为标的之法律行为不适用之。

第三百九十四条　前条第一项之请求,仅得以诉为之。

前项之诉债权人,须自知取消原因之时起于一年,自行为之时起于十五年以内提起之。

第三百九十五条　依前二条之规定所为之取消及原状之回复为总债权人之利益生其效力。

第三节　多数当事人之债权

第一目　总则

第三百九十六条　有数人之债权人或债务人而另无意思表示者,各债权人或各债务人以平等之比例,有权利或负义务。

第二目　不可分债权及不可分债务

第三百九十七条　债权之标的其性质上或因当事人之意思表示为不可分而有数人之债权人者,各债权人得为总债权人请求履行,又债务人得为总债权人对于各债权人为履行。

第三百九十八条　除依前条之规定对于他债权人亦生其效力者外,不可分债权人一人之行为或就其一人所生之事项,对于他债权人不生其效力。

于不可分债权人之一人与其债务人之间有更改或免除者,受债务全部履行之他债权人,须将如其一人之债权人不失其权利应分与其债权人之利益,偿还于债务人。

第三百九十九条　数人负担不可分债务者,准用前条之规定及关于连带债务之规定。但第四百零四条至第四百零九条及第四百十一条之规定不在此限。

第四百条　不可分债权或不可分债务变为可分债权或可分债务者,各债权人得仅就自己之部分请求履行,又各债务人仅就其负担部分任履行之责。

第三目　连带债务

第四百零一条　数人各自负为全部履行之义务,而因其一人之履行他人亦免其义务者,其债务为连带债务。

第四百零二条　债权人得对于连带债务人之一人或同时或顺次,对于总债务人请求全部或一部之履行。

第四百零三条　就连带债务人之一人虽存有法律行为之无效或取消之原因者,他债务人之债务不因此妨其效力。

第四百零四条　对于连带债务人一人之履行之请求,对于他债务人亦生其效力。

第四百零五条　连带债务人之一人与债权人间有更改者,债权为总债务人之利益消灭。

第四百零六条　连带债务人之一人对于债权人有债权者,其债务人援用抵销时,债权为总债务人之利益消灭。

有债权之债务人未援用抵销之间,仅就其债务人之负担部分,他债务人得援用抵销。

第四百零七条　对于连带债务人之一人所为债务之免除,仅就其债务人之负担部分,为他债务人之利益亦生其效力。

第四百零八条　连带债务人之一人与债权人间有混同者,就其债务人之负担部分,他债务人亦免其义务。

第四百零九条　为连带债务人之一人消灭时效完成者,其债务人为时效之抗辩时,就其债务人之负担部分,他债务人亦免其义务。

得为消灭时效之抗辩之债务人未为之间,仅就其债务人之负担部分,他债务人得为时效之抗辩。

第四百十条　对于连带债务人之一人之债权人之迟延,对于他债务人亦生其效力。

第四百十一条　除前七条所揭之事项外,就连带债务人之一人所生之事项,对于他债务人不生其效力。

第四百十二条　连带债务人之负担部分,推定为相等。

第四百十三条　连带债务人之一人清偿债务其他以自己之出捐而得共同之免责者,对于债务人就其各自之负担部分有求偿权。

前项之求偿包含清偿其他免责之日以后之法定利息,及不得避免费用其他之损害赔偿。

第四百十四条　连带债务人之一人未预先通知他债务人而为清偿其他以自己之出捐得共同之免责者，他债务人有得对抗债权人之事由时，得就其负担部分以上对抗其债务人。但以抵消对抗其债务人者，因抵消而可消灭之债权移转于为免责行为之债务人。

因连带债务人之一人怠于将以清偿其他自己之出捐得共同免责通知他债务人，而他债务人善意向债权人为清偿其他有偿得免责者，其债务人得以自己之清偿其他免责之行为视为有效。

第四百十五条　连带债务人中有无偿还资力之人者，其不能偿还之部分求偿人及他有资力之人，按其各自负担部分分担之。但求偿人有过失者，不得对于他债务人请求分担。

第四目　保证债务

第四百十六条　保证人于主债务人不履行其债务者，任为其履行之责。

第四百十七条　保证就将来之债务亦得为之。

第四百十八条　保证债务包含关于主债务之利息、违约金、损害赔偿其他一切从其债务者。

保证人得仅就其保证债务为违约金之约定或损害赔偿之预定。

第四百十九条　保证人之负担就债务之标的或态样重于主债务者，缩减至主债务之限度。

第四百二十条　债务人负供保证人之义务者，其保证人须为具备左列条件之人：

一、为行为能力人者；

二、有清偿之资力者；

三、于管辖债务履行地之高等法院管辖区域内有住所或定暂住所者。

保证人至欠缺前项第二款或第三款之条件者，债权人得请求以具备前项条件之人代之。

前二项之规定，于债权人指名保证人者不适用之。

第四百二十一条　债务人不能供具备前条条件之保证人者，得供他担保代之。

第四百二十二条　保证人得以属于主债务人之抗辩对抗债权人，主债务人之抗辩权之抛弃，对于保证人无其效力。

第四百二十三条　保证人得依主债务人之债权以抵消对抗债权人。

第四百二十四条　主债务人对于其债权人有取消权或解除权者，保证人得对于债权人拒绝债务之履行。

第四百二十五条　保证人由债权人受请求者，得证明主债务人有清偿之资力且容易执行，而请求先就主债务人之财产为执行。

第四百二十六条　保证人与主债务人连带负担债务者，无前条所定之权利。

第四百二十七条　不拘依第四百二十五条之规定有保证人之请求债权人怠为执行其后，由主债务人不得全部之清偿者，保证人于债权人如即为执行可得清偿之限度，免其义务。

第四百二十八条　对于主债务人履行之请求其他消灭时效之中断，对于保证人亦生其效力。

第四百二十九条　有数人之保证人者，其保证人虽以各别之行为负担债务，亦适用第三百九十六条之规定。但其保证人中有无清偿资力之人者，其不能清偿之部分，他保证人连带任其清偿之责。

第四百三十条　保证人受主债务人之委托为保证而以自己之出捐消灭债务者，其保证人对于主债务人有求偿权。

第四百十三条第二项之规定，于前项情形准用之。

第四百三十一条　保证人受主债务人之委托而为保证者，其保证人于左列情形得对于主债务人预行求偿权：

一、主债务人受破产之宣告且债权人未加入其财团之配当者；

二、债务在清偿期者。但保证契约之后债权人许与主债务人之期限，不得以之对抗保证人；

三、保证人无过失而受应向债权人清偿之裁判之宣告者；

四、债务之清偿期系不确定且亦不能确定其最长期而于保证契约后经过十年者。

第四百三十二条　依前条规定主债务人对于保证人为赔偿而债权人未受全部之清偿之间，主债务人得使保证人供担保，或请求对于保证人使自己得免责。

依前条规定应为赔偿者，主债务人得提存其应赔偿之金额，供担保或使保证人得免责而免其赔偿之义务。

第四百三十三条　未受主债务人之委托而为保证之人清偿债务其他以自己之出捐使主债务人免其债务者，主债务人须于其当时受利益之限度为赔偿。

反于主债务人之意思而为保证之人，以自己之出捐使主债务人免其债务者，主债务人须仅于其受利益现存之限度为赔偿。但主债务人主张于求偿之日以前有抵销之原因者，因其抵销而可消灭之债权，当然移转于保证人。

第四百三十四条　第四百十四条之规定，于保证人准用之。

保证人受主债务人之委托而为保证，而善意为清偿其他为免责所为之出捐者，第四百十四条第二项之规定，于主债务人亦准用之。

第四百三十五条　为连带债务人或不可分债务人之一人为保证之人，对于他债务人，仅就其负担部分有求偿权。

第四百三十六条　有数人之保证人而因主债务人为不可分，或因各保证人互相或与主债务人连带负担债务，一人之保证人清偿全额其他超过自己负担部分之额者，准用第四百十三条至第四百十五条之规定。

非前项情形而保证人之一人清偿全额其他超过自己负担部分之额者，准用第四百三十三条之规定。

第四节　债权之让渡

第四百三十七条　债权得让渡之。但其性质不许之者不在此限。

前项规定当事人表示反对之意思者不适用之。但其意思表示不得以之对抗善意第三人。

第四百三十八条　债权之让渡非让渡人通知债务人或债务人承认之，不得以之对抗债务人其他之第三人。

前项之通知或承认非以有确定日期之证书为之，不得以之对抗债务人以外之第三人。

第四百三十九条　债务人未留异议而为前条之承认者，虽有可得对抗让渡人之事由，亦不得以之对抗让受人。但债务人为使消灭其债务有付与让渡人者，不妨请求其返还。又有对于让渡人负担之债务者，不妨视为未成立。

让渡人仅为让渡之通知者，债务人得于受其通知前以对于让渡人所生之事由对抗让受人。

第五节　债务之承受

第四百四十条　第三人得依与债权人之契约承受债务,使债务人免债务。但其性质不许之者不在此限。

无利害关系人第三人,不得反于债务人之意思承受债务。

第四百四十一条　第三人依与债务人之契约亦得承受债务。于此情形,债务之承受因债权人之承认生其效力。

前项承认或其拒绝,须对于债务人或第三人为之。

第四百四十二条　第三人依与债务人之契约承受债务者,第三人或债务人得定相当期间催告债权人。于其期间内确答是否承认,如债权人于其期间内不发确答者,视为拒绝承认。

第四百四十三条　依第三人与债务人之契约承受债务者,于有债权人之承认前,其当事人得撤回或变更之。

第四百四十四条　承认另无意思表示者,溯及债务承受之成立之时生其效力。但不得害第三人之权利。

第四百四十五条　承受人得以属于旧债务人之抗辩对抗债权人。

第四百四十六条　保证或第三人就债权所供之担保,除其保证人或第三人同意债务之承受者外,因债务之承受而消灭。

第六节　债权之消灭

第一目　清偿

第四百四十七条　清偿之提供,须从债务之本旨现实为之。但债权人预先拒其受领或就债务之履行需债权人之行为者,以通知为清偿之准备而催告其受领为足。

第四百四十八条　清偿之提供,自其提供之时起免因不履行所生一切之责任。

第四百四十九条　债权之标的为特定物之移交者,债务人须以其应为移交之时之现状移交其物。

第四百五十条　债务人移交他人之物者,非更为有效之清偿,不得请求其物之返还。

第四百五十一条　无让渡能力之所有人为清偿移交物而取消其清偿者,其所有人非更为有效之清偿,不得请求其物之返还。

第四百五十二条　与前二条之情形,债权人善意消费或让渡为清偿所受之物者,其清偿为有效。但债权人由第三人受赔偿之请求者,不妨对于债务人为求偿。

第四百五十三条　债务人得债权人之承诺，以代其负担之给付而为他给付者，其给付有与清偿同一之效力。

第四百五十四条　应为清偿之场所依其交易之性质或当事人之意思表示而未定者特定物之移交，须于债权发生当时其物存在之场所为之。

于前项情形，债权之标的非为特定物之移交者，其清偿须于债权人现时之住所为之。但关于营业而生之债权之清偿，须于债权人现时之营业所为之。

第四百五十五条　另无意思表示者，债务人虽清偿期间，亦得为清偿。但须对于对方赔偿因此所生之损害。

第四百五十六条　债务之清偿第三人得为之。但其债务之性质不许之者或当事人表示反对之意思者不在此限。

无利害关系之第三人不得反于债务人之意思而为清偿。

第四百五十七条　向债权之准占有人所为之清偿，限于清偿人系善意者有其效力。

第四百五十八条　向领受证书之持到人所为之清偿，其人虽无受领清偿之权限，亦有其效力。但清偿人知其无权限或可得知之者不在此限。

第四百五十九条　除前二条之情形外，向无受领清偿权限之人所为之清偿，仅于债权人因此所受利益之限度有其效力。

第四百六十条　受支付禁止之第三债务人向自己之债权人所为之清偿，不得以之对抗扣押债权人。

第四百六十一条　就清偿之费用另无意思表示者，其费用由债务人负担之。但因债权人住所之移转其他之行为而清偿之费用增加者，其增加额由债权人负担之。

第四百六十二条　清偿人得对于清偿受领人请求领受证书之交付。

第四百六十三条　有债权证书而清偿人为全部之清偿者，得请求其证书之返还债权。因清偿以外之事由而全部消灭者亦同。

第四百六十四条　债务人对于同一之债权人负担有同种标的之数个债务，而为清偿所提供之给付不足消灭总债务者，清偿人得于给付之时指定其充当清偿之债务。

清偿人不为前项之指定者，清偿受领人得于其受领之时为其清偿之充当。但清偿人对于其充当即述异议者不在此限。

第四百六十五条　当事人未为清偿之充当者，从左列规定充当其清偿。

一、总债务中有在清偿期与不在清偿期者，以在清偿期者为先；

二、总债务在清偿期或不在清偿期者，以为债务人清偿之利益多者为先；

三、为债务人清偿之利益相同者，以清偿期之先到或应先到者为先；

四、就前二款所揭事项相同之债务之清偿，按各债务之额充当之。

第四百六十六条　为一个债务之清偿应为数个之给付，而清偿人为不足消灭其债务全部之给付者，准用前二条之规定。

第四百六十七条　债务人就一个或数个之债务，于原本外应支付利息及费用，而清偿人为不足消灭其债务全部之给付者，须以之顺次充当费用、利息及原本。

第四百六十五条之规定，于前项情形准用之。

第四百六十八条　为债务人为清偿之人，得与其清偿同时经债权人之同意而为代位。

第四百三十八条及第四百三十九条之规定，于前项情形准用之。

第四百六十九条　就为清偿有正当利益之人，因清偿当然代位债权人。

第四百七十条　依前二条之规定而代位债权人之于基于自己之权利，得为求偿之范围内，得行使其债权人为债权之效力及担保所有一切之权利。但须从左列规定：

一、保证人非预先于抵押权之登录附记其代位者，对于其抵押物上取得权利之第三人不代位债权人；

二、第三取得人对于保证人，不代位债权人；

三、第三取得人之一人，非按各不动产之价格对于他第三取得人，不代位债权人；

四、前款之规定，于以自己财产供他人之债务担保之人之间准用之；

五、保证人与以自己财产供他人之债务担保之人之间，非按其人数，不代位债权人。但以自己财产供他人债务担保之人有数人者，除保证人之负担部分，非就其残额按其财产之价格，不得对之为代位。

其财产为不动产者，准用第一款之规定。

第四百七十一条　就债权之一部有伴随代位之清偿者，代位人按其所清偿之价额与债权人共同行使其权利。

于前项情形，因债务不履行之契约之解除，仅由债权人得为之。但须向代位人偿还其所清偿之价额及其利息。

第四百七十二条　因伴随代位之清偿而受全部清偿之债权人，须将关于债权之证书及其占有之担保物交付于代位人。

就债权之一部有伴随代位之清偿者，债权人须于债权证书记入其代位，且使代位人监督自己占有之担保物之保存。

第四百七十三条　有依第四百六十九条之规定应为代位之人而因债权人之故意或过失其担保丧失或减少者，应为代位之人于因其丧失或减少至不能受偿还之限度，免其责。

第四百七十四条　前六条之规定，于第三人以提存其他自己之出捐使债务人免其债务者准用之。

第二目　提存

第四百七十五条　债权人拒绝清偿之受领或不能受领之者，清偿人得为债权人提存清偿之标的物而免其债务。清偿人无过失而不能确知债权人者亦同。

第四百七十六条　提存须于债务履行地之提存所为之。

就提存所法令另无规定者，法院须因清偿人之请求，为提存所之指定及提存物保管人之选任。

提存人须速向债权人为提存之通知。

第四百七十七条　债权人不受诺提存或宣告提存，有效之判决未确定之间，清偿人得取回提存物。于此情形，视为未为提存。

前项规定于因提存而质权或抵押权消灭者不适用之。

第四百七十八条　清偿之标的物不适于提存，或其物有灭失或毁损之虞者，清偿人得经法院之许可拍卖之而提存其价金。就其物之保管需过巨之费用者亦同。

第四百七十九条　债务人对于债权人之给付而应为清偿者，债权人非为其给付,不得领受提存物。

第三目　抵销

第四百八十条　二人互负同种标的之债务而双方之债务在清偿期者,各债务人得就其对当额,因抵销而免其债务。但债务之性质不许之者不在此限。

前项规定于当事人表示反对之意思者不适用之。但其意思表示不得以之对抗善意第三人。

第四百八十一条　抵销依当事人之一方对于其对方之意思表示为之。但其意思表示不得附条件或期限。

前项之意思溯及双方债务互相适于抵销之始而生其效力。

第四百八十二条　抵销虽双方债务之履行地不同者,亦得为之。但为抵销之当事人,须对于其对方赔偿因此所生之损害。

第四百八十三条　消灭时效完成之债权,于其完成以前适于抵销者,债权人得以之为抵销。

第四百八十四条　债务因不法行为而生者,其债务人不得以抵销对抗债权人。

第四百八十五条　债权系禁止扣押者,其债务人不得以抵销对抗债权人。

第四百八十六条　受支付禁止之第三债务人,依其后取得之债权,虽为抵销,不得以之对抗扣押债权人。

第四百八十七条　第四百六十四条至第四百六十七条之规定,于抵销准用之。

第四目　更改

第四百八十八条　当事人为变更债务要素之契约者,其债务因更改而消灭。

第四百八十九条　因债务人之交替之更改,得以债权人与新债务人之契约为之。但无利害关系人,不得反于旧债务人之意思为之。

第四百九十条　因债权人之交替之更改,非以有确定日期之证书为之,不得以之对抗第三人。

第四百九十一条　第四百三十九条第一项之规定,于因债权人之交替之更改准用之。

第四百九十二条　因更改而生之债务,因不法原因或因当事人不知之事由而不成立或被取消者,旧债务不消灭。

第四百九十三条　更改之当事人于旧债务标的之限度,得将供其债务担保之质权或抵押权移于新债务。但第三人所供之者须得其同意。

第五目　免除

第四百九十四条　债权人对于债务人表示免除债务之意思者,其债权消灭。

第六目　混同

第四百九十五条　债权及债务归于同一人者,其债权消灭。但其债权为第三人权利之标的者不在此限。

第七节　证券债权

第一目　指示式之证券债权

第四百九十六条　指示式之证券债权之让渡,得依于证券为背书交付让受人为之。

第四百九十七条　背书对于证券之债务人亦得为之。依背书而让受证券债权之债务人,得更依背书让渡之。

第四百九十八条　背书依记载于证券或与其结合之补笺,由背书人署名为之。

背书得不指定被背书人或仅以背书人之署名为之。

第四百九十九条　背书系依前条第二项空白式之方法者,所持人得以自己或他人之名称补充空白,又得依空白式或表示他人更将证券为背书,又得不补充空白且不为背书,而仅以证券之交付让渡第三人。

第五百条　凭票支付之背书,有与空白式背书同一之效力。

第五百零一条　证券占有人依背书之连续证明其权利者,视为适法之所持人。虽最后之背书系空白式者亦同。

空白式背书之次有他背书者为其背书之人,视为依空白式背书取得证券。

抹消之背书,就背书之连续视为无其记载。

第五百零二条　无论何人不得对于证券适法之所持人请求其证券之返还。但所持人于取得当时知让渡人无权利或因重大之过失而不知之者不在此限。

第五百零三条　证券债务人不得以基于对所持人前手之人的关系

之抗辩，对抗所持人。但所持人知害其债务人而取得证券者不在此限。

第五百零四条　就应为清偿之场所证券另无订定者，其清偿须于债务人现时之营业所。如无营业所者，于其住所为之。

第五百零五条　就清偿虽定有期限者，债务人于其期限到来后自所持人提示证券请求履行之时起，任迟延之责。

第五百零六条　债务人虽有调查背书连续整否之义务，然不负调查背书人署名及所持人真伪之义务。但债务人于清偿当时知所持人非权利人或因重大之过失而不知之者，其清偿为无效。

第五百零七条　债务人负仅于证券互换为清偿之义务。

第五百零八条　债务人当为清偿，得对于所持人请求于证券为证明领受之记载而交付之。

债务人受一部之清偿而有债务人之请求者，债权人须于证券上记载其旨。

第五百零九条　不依所持人之意思离去占有或灭失之证券，得依公示催告之手续为无效。

第五百十条　所持人为公示催告之声明者，得使债务人提存其债务之标的物，或供相当担保，使从其证券之趣旨为清偿。

第二目　无记名式之证券债权

第五百十一条　无记名式证券债权之让渡，因向让受人交付其证券而生其效力。

第五百十二条　第五百零二条至第五百十条之规定，于无记名式之证券债权准用之。

第五百十三条　虽于证券指定债权人如附记向其持到人清偿而发行之者，其证券有与无记名式同一之效力。

第五百十四条　本目之规定，于债务人仅以因向证券持到人清偿而免其责之目的所发行之证券，不适用之。

第五百零四条至第五百零六条及第五百零八条之规定，于前项证券准用之。

第二章　契约
第一节　总则

第一目　契约之成立

第五百十五条　契约之要约不得撤回之。

第五百十六条　定承诺期间所为契约之要约,要约人于其期间内未受承诺之通知者,失其效力。

承诺之通知虽于前项期间后到达,然在通常之情形,可得知于其期间内可到达之时发送者,要约人须速对于对方发其迟到之通知。但于其到达前,已发迟延之通知者不在此限。

要约人怠于前项通知者,承诺之通知视为未迟到。

第五百十七条　未定承诺期间所为契约之要约受要约人,不于相当期间内发承诺之通知者失其效力。

第五百十八条　于前二条之情形,迟延之承诺通知视为新要约。

第五百十九条　隔地人间之契约,于发承诺通知之时成立。

第五百二十条　依要约人之意思表示或交易上之习惯无承诺通知之必要者,契约于有可认承诺之意思表示之事实之时成立。

第五百二十一条　承诺人于要约附条件其他变更而承诺之者,视为与其要约之拒绝,同时为新要约。

第二目　契约之效力

第五百二十二条　为契约标的之给付自始不能,而当事人之一方于契约缔结当时知其不能或可得知之者,对于因信其契约为有效而受损害之对方,任其赔偿之责。但对方知其给付之不能或可得知之者不在此限。

第五百二十三条　双务契约当事人之一方,得于对方提供其债务之履行前,拒绝自己债务之履行。但对方之债务不在清偿期者不在此限。

第五百二十四条　双务契约当事人一方之债务,因不应归责于当事人双方之事由至不能履行者,债务人无受反对给付之权利。

第五百二十五条　双务契约当事人一方之债务,因应归责于债权人之事由至不能履行者,债务人不失受反对给付之权利。在债权人受领迟延之间因不应归责于当事人双方之事由至不能履行者亦同。

于前项情形,债务人因免自己之债务而得利益者,须向债权人偿还之。

第五百二十六条　当事人依契约,得使第三人取得对于其一方直接请求某给付之权利。

前项契约因第三人对于债务人表示享受其契约之利益之意思而生

其效力。

第五百二十七条　于前条情形,债务人得定相当期间催告第三人,于其期间内确答是否享受契约之利益。如第三人不于其期间内发确答者,视为拒绝享受契约之利益。

第五百二十八条　依第五百二十六条第二项之规定,契约生效力后,当事人不得使第三人之权利消灭或变更。

第五百二十九条　基因第五百二十六条所揭契约之抗辩债务人,得以之对抗受其契约之利益之第三人。

第三目　契约之解除

第五百三十条　依契约或法律之规定,当事人之一方有解除权者,其解除依对于对方之意思表示为之。

前项之意思表示不得撤回之。

第五百三十一条　当事人之一方不履行其债务者,对方得定相当期间催告其履行。如于其期间内不履行者,得解除契约。

第五百三十二条　依契约之性质或当事人之意思表示,非于一定之日时或一定之期间内为履行,不能达为契约之目的者,当事人之一方不为履行而经过其时期时,对方得不为前条催告即为其契约之解除。

第五百三十三条　债务之履行为不能者,债权人得为契约之解除。

第五百三十四条　前三条之规定,于债务之不履行非因债务人之故意或过失者不适用之。

第五百三十五条　当事人之一方有数人者,契约之解除仅得由其全员或对于其全员为之。

于前项情形,解除权就当事人中之一人消灭者,就他人亦消灭。

第五百三十六条　当事人之一方行使其解除权者,各当事人负使其对方回复原状之义务。

于前项情形应返还之金钱,须自其受领之时起附利息。

解除权之行使,不妨损害赔偿之请求。

第五百三十七条　第五百二十三条之规定,于前条情形准用之。

第五百三十八条　就解除权之行使未定期间者,对方得对于有解除权之人定相当期间,催告应于其期间内确答为解除与否。如于其期间内未受解除之通知者,解除权消灭。

第五百三十九条　有解除权之人因故意或过失甚者,着毁损契约之标的物或至不能返还或因加工或改造而变为他种类之物者,解除权消灭。

第二节　赠与

第五百四十条　赠与因当事人之一方表示,以自己之财产无偿给与对方之意思,对方为受诺而生其效力。

第五百四十一条　不依书面之赠与各当事人,得解除之。但就履行终了之部分不在此限。

第五百四十二条　赠与人就赠与之标的物或权利之瑕疵或欠缺,不任其责。但赠与人知其瑕疵或欠缺而不告于受赠人者不在此限。

就附负担赠与,赠与人于其负担之限度,负与卖主同一之担保责任。

第五百四十三条　以定期给付为标的之赠与,因赠与人或受赠人之死亡而失其效力。

第五百四十四条　因赠与人死亡而生效力之赠与,从关于遗赠之规定。

第三节　买卖

第一目　总则

第五百四十五条　买卖因当事人之一方约移转某财产权于对方,对方约支付其价金而生其效力。

第五百四十六条　买卖一方之预约,自对方表示完结买卖之意思之时起,生买卖之效力。

就前项之意思表示未定期间者,预约人得定相当期间催告对方,应于其期间内确答完结买卖与否。如于其期间内未受确答者,预约失其效力。

第五百四十七条　关于买卖契约之费用,当事人双方平分负担之。

第五百四十八条　本节之规定,于买卖以外之有偿契约准用之。

第二目　买卖之效力

第五百四十九条　以他人之权利为买卖之标的者,卖主负取得其权利而移转于买主之义务。

第五百五十条　于前条情形,卖主不能取得其变卖之权利而移转于买主者,买主得为契约之解除。但于契约当时知其权利不属于卖主者,不得为损害赔偿之请求。

第五百五十一条 卖主于契约当时不知其变卖之权利不属于自己,而不能取得其权利移转于买主者,卖主得赔偿损害而为契约之解除。

于前项情形,买主于契约当时知其买受之权利不属于卖主者,卖主得对于买主仅通知不能移转其变卖之权利而为契约之解除。

第五百五十二条 因买卖之标的权利之一部属于他人,卖主不能移转于买主者,买主得按其不足部分之比例,请求价金之减额。

于前项情形,如仅就残存之部分买主不应买受者,善意买主得为契约之解除。

价金减额之请求或契约之解除,不妨善意买主为损害赔偿之请求。

第五百五十三条 前条所定之权利,买主系善意者,须自知事实之时起;系恶意者,自契约之时起于一年以内行使之。

第五百五十四条 指示数量而为买卖之物不足者,及物之一部于契约当时已灭失者,买主不知其不足或灭失时,准用前二条之规定。

第五百五十五条 买卖之标的物为地上权、耕种权、地役权、典权、留置权或质权之标的物,而买主不知之者,以因此不能达为契约之目的者为限,买主得为契约之解除。于其他之情形,仅得为损害赔偿之请求。

前项规定,于称为买卖标的物之土地所存在之地役权不存在者准用之。

于前二项情形,契约之解除或损害赔偿之请求,须自买主知事实之时起,于一年以内为之。

第五百五十六条 前条第一项及第三项之规定,于已登录之赁贷借标的物之不动产或具备第五百九十条或第五百九十一条之条件之赁贷借标的物之土地或建筑物系买卖标的物者准用之。

第五百五十七条 因存于买卖标的物不动产上之抵押权之行使,买主不能取得其所有权或失之者,其买主得为契约之解除。

买主为出捐而保存其所有权者,得对于卖主请求其出捐之偿还。

于前二项任何情形,买主受损害者得请求其赔偿。

第五百五十八条 前条规定,于抵押权标的之地上权、耕种权或典权系买卖标的者准用之。

第五百五十九条　依《强制执行法》《拍卖法》其他法令之规定而为拍卖者,拍定人得依前九条之规定,对于债务人为契约之解除或请求价金之减额。

于前项情形,债务人系无资力者,拍定人得对于受价金配当之债权人请求返还其价金之全部或一部。

于前二项之情形,债务人知物或权利之欠缺而不声报或债权人知之而请求拍卖者,拍定人得对于其过失人为损害赔偿之请求。

第五百六十条　买卖之标的物有瑕疵者,准用第五百五十五条之规定。但买主因过失而不知有瑕疵者不在此限。

买主虽因过失而不知有瑕疵者,卖主就其知而不告之瑕疵,不得免前项所定担保之责。

前二项之规定,于依《强制执行法》《拍卖法》其他法令之规定而为拍卖者不适用之。

第五百六十一条　仅以种类指示买卖之标的物,而给付之标的物有瑕疵者,准用前条之规定。

于前项情形,买主得不为契约之解除或损害赔偿之请求,而请求更以无瑕疵之物代之。

前项所定之请求,须自买主知事实之时起于一年以内为之。

第五百六十二条　第五百二十三条之规定,于第五百五十二条至第五百五十六条、第五百六十条及前条之情形准用之。

第五百六十三条　卖主虽特约不负前十四条所定担保之责任,就其知而不告之事实及自为第三人设定或让渡于第三人之权利,不得免其责。

第五百六十四条　债权之卖主担保债务人之资力者,推定担保契约当时之资力。

未至清偿期债权之卖主担保债务人将来之资力者,推定担保清偿期之资力。

第五百六十五条　就买卖标的物之移交有期限者,推定就价金之支付,亦附同一之期限。

第五百六十六条　应于买卖标的物之移交同时支付价金者,须于其移交之场所支付之。

第五百六十七条　未移交之买卖标的物生孳息者,其孳息属于卖主。

买主自有移交之日起负支付价金之利息之义务。但就价金之支付有期限者，于其期限到来前无须支付利息。

第五百六十八条　就买卖标的物有主张权利之人，而买主有丧失其所买受权利之全部或一部之虞者，买主得按其危险之限度，拒绝价金之全部或一部之支付。但卖主已供相当之担保者不在此限。

于前项情形，卖主得对于买主请求价金之提存。

第四节　交换

第五百六十九条　交换因当事人互约移转非金钱所有权之财产权而生其效力。

当事人之一方约与他权利同时移转金钱之所有权者，就其金钱，准用关于买卖价金之规定。

第五节　消费贷借

第五百七十条　消费贷借因当事人之一方约以金钱其他之代替物之所有权移转于对方，对方约于受其移转后以同种类、品等及数量之物为返还而生其效力。

第五百七十一条　于贷主应移交标的之时前，当事人之一方受破产之宣告者，消费贷借因此失其效力。

第五百七十二条　附利息之消费贷借，利息须自借主标受的物移交之时起，如借主因应归于其责之事由而不受其移交者，自贷主为履行提供之时起支付之。

第五百七十三条　附利息之消费贷借，无标的物之移交间，借主不论何时得为契约之解除。但须赔偿贷主因此所生之损害。

第五百七十四条　当事人未定返还之时期者，返还之催告须定相当之期间为之。

于前项情形，借主不论何时得为返还。

第五百七十五条　借主至不能以同种类、品等及数量之物为返还者，须偿还其时之物之价额。但第三百六十三条第二项之情形不在此限。

第五百七十六条　有不因消费贷借而负给付金钱其他之代替物之义务之人，而当事人约以其物为消费贷借之返还义务之标的物者，嗣后从本节之规定。

第六节　使用贷借

第五百七十七条　使用贷借因当事人之一方约为对方无偿使用或收益交付某物，对方约于其使用或收益之后返还其物而生其效力。

第五百七十八条　借主须从因契约或其标的物之性质而定之用法，为其物之使用或收益。

借主非贷主之同意，不得使第三人为借用物之使用或收益。

借主为反于前二项之规定之使用或收益者，贷主得为解约之声明。

第五百七十九条　借主负担借用物之通常必要费。

借主就借用物支出通常必要费以外之费用者，贷主须从第一百九十六条之规定偿还之。但就有益费法院得因贷主之请求，许与相当之期限。

第五百八十条　第五百四十二条之规定，于使用贷借准用之。

第五百八十一条　当事人未定使用贷借之期间者，使用贷借于借主从契约所定之目的，完毕使用或收益之时终了。但虽于其前经过足为使用或收益之期间者，贷主得即为解约之声明。

第五百八十二条　借主死亡者，贷主得为解约之声明。

第五百八十三条　借主得将借用物回复原状而收去使附属之物。

第五百八十四条　数人共同借用某物者，各自连带负担其义务。

第五百八十五条　因反于契约本旨之使用或收益所生损害之赔偿及借主所支出费用之偿还，须自贷主受借用物返还之时起于一年以内请求之。

第七节　赁贷借

第五百八十六条　赁贷借因当事人之一方约使对方为某物之使用或收益，对方约支付租价而生其效力。

第五百八十七条　无处分之能力或权限之人为赁贷借者，其赁贷借不得超过左列期间。

一、以树木之栽植或采伐为目的之山林之赁贷借十年；

二、其他之土地之赁贷借五年；

三、建筑物之赁贷借三年；

四、动产之赁贷借六月。

第五百八十八条　前条之期间得更新之。但须于其期间满了前就土地于一年、建筑物三月、动产一月以内为其更新。

第五百八十九条　不动产赁借人得对于赁借人就其赁借之登录请求协力。

不动产之赁借登录者,对丁嗣后从就其不动产取得物权之人亦生其效力。

第五百九十条　以建筑物之所有为目的之土地之赁贷借,虽无其登录而赁借人于其土地上有登录之建筑物者,对于嗣后就其土地取得物权之人亦生其效力。

建筑物于土地之赁贷借期间满了前灭失或朽废者,土地赁借人不得以其后之期间对抗取得前项物权之人。

第五百九十一条　建筑物之赁贷借虽无其登录,有建筑物之移交者,对于嗣后就其建筑物取得物权之人亦生其效力。

第五百九十二条　赁贷人负为赁贷物之使用或收益所必要修缮之义务。

第五百九十三条　赁贷人拟为赁贷物之保存所必要之行为者,赁借人不得拒绝之。

赁贷人反于赁借人之意思,拟为保存行为而赁借人因此不能达赁借之目的者,赁借人得为解约之声明。

第五百九十四条　赁借人就赁借物支出属于赁贷人负担之必要费者,得对于赁贷人即请求其偿还。

赁借人支出有益费者,赁贷人须于赁贷借终了之时从第一百九十六条第二项之规定,为其偿还。但法院得因赁贷人之请求,许与相当之期限。

第五百九十五条　赁借物之一部因非因赁借人之过失之灭失其他之事由至不能为使用或收益者,赁借人得按其不能为使用或收益之部分之比例,请求租价之减额。

从前项情形,仅就残存之部分赁借人不能达赁借之目的者,赁借人得为解约之声明。

第五百九十六条　建筑物之租价因对于土地或建筑物之租税其他之负担之增减、因土地或建筑物之价格之昂低或较比邻建筑物之租价至不相当者,当事人得向将来请求租价之增减。但有一定期间不增加租价之特约者,从其订定。

就以建筑物其他之工作物之所有为目的之土地之赁贷借,准用第二百六十四条之规定。

第五百九十七条　赁借人非有赁贷人之同意，不得让渡其权利或转贷赁借物。

赁借人反于前项规定使第三人为赁借物之使用或收益者，赁贷人得为解约之声明。

第五百九十八条　赁借人适法转贷赁借物者，转借人对于赁贷人直接负义务。于此情形，不得以租价之先付对抗赁贷人。

前项规定，不妨赁贷人对于赁借人行使其权利。

第五百九十九条　赁借人适法转赁贷借物者，虽因赁贷人与赁借人之合意而使赁贷借终了，转借人之权利不因此消灭。

第六百条　前三条及第六百零七条之规定于建筑物，赁借人使第三人使用其建筑物之一部者不适用之。

第六百零一条　有取得以建筑物其他之工作物之所有为目的之土地赁借人，因其权原使附属于土地之建筑物其他之物之第三人，而赁贷人不同意赁借权之让渡或转贷者，其第三人得对于赁贷人请求以相当之价额购买之。

第六百零二条　赁借物需修缮或就赁借物有主张权利之人者，赁借人须速通知赁贷人。但赁贷人已知之者不在此限。

第六百零三条　赁贷借除定有期间者外，各当事人得不论何时为解约之声明。于此情形，赁贷借因解约声明后，经过左列期间而终了。

一、就土地一年；

二、就建筑物赁贷人为解约之声明者六月，赁借人为解约之声明者三月；

三、就贷座及动产一日。

第六百零四条　就建筑物之赁贷借，当事人定六月未满之期间者，其赁贷借视为未定期间。

第六百零五条　当事人虽定赁贷借之期间，而其一方或各自保留于其期间内为解约之权利者，准用第六百零三条之规定。

第六百零六条　赁借人受破产之宣告者，虽赁贷借定有期间，赁贷人或破产管财人得依第六百零三条之规定，为解约之声明。于此情形，各当事人不得对于对方请求因解约所生损害之赔偿。

第六百零七条　有因解约声明应终了之建筑物转贷借而赁贷借应

终了者,赁贷人非对于转借人通知其旨,不得以其终了对抗转借人。

赁贷人为前项之通知者,转贷借因其通知后经过六月而终了。

第六百零八条 于赁贷借期间满了后,赁借人继续赁借物之使用或收益,而赁贷人不速述异议者,视为以与前赁贷借同一之条件更为赁贷借。但各当事人得依第六百零三条之规定为解约之声明。

就前赁贷借当事人供担保者,其担保因期间之满了消灭。但押金不在此限。

第六百零九条 前条规定于赁贷借因解约之声明而终了者准用之。

第六百十条 建筑物之赁贷借以怠其支付之租价,总额达于二期之租价额者为限,赁贷人得因此为解约之声明。

就以建筑物其他之工作物之所有为目的之土地之赁贷借,准用第二百六十五条之规定。

第六百十一条 第二百六十六条之规定,于前条第二项之情形准用之。

第六百十二条 以建筑物其他之工作物之所有为目的之土地赁贷借终了而工作物存在者,赁借人得请求契约之更新。

赁贷人不欲契约之更新者,赁借人得请求以相当之价额购买工作物。

第六百十三条 以建筑物其他之工作物之所有为目的之土地赁借人,适法转贷其土地,而与赁贷借终了同时,转贷借亦终了。且于其地上工作物存在者,转借人得对于赁贷人请求以与前转贷借同一条件,将其土地赁贷于自己。但就其期间准用第二百六十条之规定。

赁贷人不欲赁贷者,准用前条第二项之规定。

第六百十四条 前条规定于地上权人赁贷其土地者准用之。

第六百十五条 于建筑物之赁贷借,有赁借人与供其建筑物使用之便益,得赁贷人之同意使附属之物者,赁借人于赁贷借终了,得对于其时之赁贷人请求以相当之价额购买其附属物。就自赁贷人买受之附属物亦同。

第六百十六条 建筑物赁借人适法转贷其建筑物,而与赁贷借终了同时转贷借亦终了者,转借人得对于转贷借终了时之赁贷人,请求将为供其建筑物使用之便益,得赁贷人之同意使附属之物以相当之价额购买。就自赁贷人买受或得其同意自赁借人买受之附属物亦同。

　　第六百十七条　反于第五百九十六条、第六百零一条、第六百零三条第二款前段、第六百零七条、第六百零八条、第六百十条及第六百十二条至前条之规定之契约条件而不利于赁借人或转借人者,视为未定之。

　　第六百十八条　第五百九十六条、第六百零四条、第六百零七条、第六百十条及第六百十二条至前条之规定,于为一时使用而为赁贷借或转贷借显明者不适用之。

　　第六百十九条　第二百五十七条、第二百五十八条、第二百六十条至第二百六十二条及第二百六十七条之规定,于以建筑物其他之工作物之所有为目的之土地赁贷借准用之。

　　前项规定于为临时设备其他一时使用而为土地赁贷借显明者,不适用之。

　　第六百二十条　定以耕作、树木之栽植、采盐或牧畜为目的之土地赁贷借之期间者,其期间不得少于五年。如以短于此之期间为赁贷借者,其期间伸长至五年。

　　前项规定于因疾病其他不得已之事由,自己不能耕作而一时赁贷土地或因土地使用目的之变更其他特别之事由不能赁贷五年以上显明者,不适用之。

　　第六百二十一条　就前条所揭之赁贷借未定期间者,其期间就以树木之栽植为目的者为二十年,就其他者为十年。

　　第六百二十二条　前二条所揭之赁贷借期间满了前六月至一年以内,对于赁借人另无意思表示者,视为期间满了之际以与前契约同一条件更为赁贷借。但其期间为五年。

　　第六百二十三条　以耕作、采盐或牧畜为目的之土地赁贷借终了而工作物存者,赁借人得对于赁贷人请求以相当之价额购买之。

　　第六百二十四条　以耕作、采盐或牧畜为目的之土地赁借人适法转贷其土地,而与赁贷借终了,同时转贷借亦终了,且于其地上工作物存在者,转借人得对于赁贷人行使前条之权利。

　　第六百二十五条　第二百五十九条之规定,于以树木之栽植为目的之土地赁贷借准用之。

　　就前项赁贷借更新契约者,其赁贷借期间自更新之时起算为五年。

但树木于此期间满了前灭失者,赁贷借因此终了。

当事人定长于前项期间之期间者从其订定。

第六百二十六条　第六百二十四条之规定,以耕作、采盐或牧畜为目的之耕种权人赁贷其土地者,准用之。

第六百十三条之规定,于以树木之栽植为目的之耕种权人,赁贷其土地者准用之。但就赁贷借之期间,从前条第二项及第三项之规定。

第六百二十七条　第二百六十四条及第二百七十九条之规定,于以耕作、树木之栽植、采盐或牧畜为目的之土地赁贷借准用之。

第二百六十五条之规定,于以树木之栽植为目的之土地赁贷借准用之。

第六百二十八条　反于前八条之规定之契约条件而不利于赁借人或转借人者,视为未定之。

第六百二十九条　土地赁贷人就由赁贷借关系所生之债权,于备置于赁借地,或供其土地利用之赁借人所有之动产,及赁借人所占有其土地之孳息之上有质权。

第六百三十条　土地赁贷人就清偿期已到之最后二年分之租价,于赁借人在其土地所有之建筑物上有抵押权。

前项抵押权先于建筑物上所设定之抵押权。

第六百三十一条　建筑物赁贷人就由赁贷借关系所生之债权于备置于其建筑物,赁借人所有之动产上有质权。

第六百三十二条　第五百七十八条第一项及第五百八十三条至第五百八十五条之规定,于赁贷借准用之。

第八节　雇佣

第六百三十三条　雇佣因当事人之一方约对于对方服劳务,对方约与以报酬而生其效力。

第六百三十四条　劳务人非终了其所约之劳务后不得请求报酬。以期间而定报酬者,得于其期间经过后请求之。

第六百三十五条　使用人非有劳务人之同意,不得让渡其权利于第三人。

劳务人非有使用人之同意,不得使第三人代自己服劳务。

劳务人反于前项规定第三人服务者,使用人得为解约之声明。

第六百三十六条　雇佣之期间超过五年或应于当事人之一方或第

三人之终身间继续者,当事人之一方得于经过五年后,不论何时为解约之声明。于此情形,雇佣因解约声明经过三月而终了。

第六百三十七条　当事人未定雇佣之期间者,各当事人得不论何时为解约之声明。于此情形,雇佣因解约声明后经过二星期而终了。

以期间定报酬者,解约之声明得对于次期以后为之。

前项声明须于本期之前半为之。但以六月以上之期间而定报酬者,其声明于三月以前为之已足。

第六百三十八条　当事人虽定雇佣之期间,然有不得已之事由者,各当事人得即解约之声明。但其事由因当事人一方之过失所生者,对于对方任损害赔偿之责。

第六百三十九条　雇佣期间满了后,劳务人继续服其劳务而使用人不速述异议者,推定以与前雇佣同一之条件更为雇佣。但各当事人得依第六百三十七条之规定为解约之声明。

就前雇佣当事人供担保者,其担保因期间之满了而消灭。但保身金不在此限。

第六百四十条　使用人受破产之宣告者,雇佣虽定有期间而劳务人或破产,管财人得依第六百三十七条之规定为解约之声明。于此情形,各当事人不得对于对方请求因解约所生损害之赔偿。

第九节　承揽

第六百四十一条　承揽因当事人之一方约完成某工作,对方约对于其工作之结果与以报酬而生其效力。

第六百四十二条　报酬须与工作标的物之移交同时与之。但无须物之移交者,准用第六百三十四条第一项之规定。

第六百四十三条　工作之标的物有瑕疵者,定作人得对于承揽人定相当期限,请求其瑕疵之修补。但瑕疵不重要而其修补须过巨之费用者不在此限。

定作人得代瑕疵之修补与或与其修补同时为损害赔偿之请求。于此情形,准用第五百二十三条之规定。

第六百四十四条　工作之标的物有瑕疵而因此不能达契约之目的者,定作人得为契约之解除。但就建筑物其他土地之工作物不在此限。

第六百四十五条　前二条之规定,于工作标的物之瑕疵因定作人所供材料之性质或定作人所与之指示而生者,不适用之。但承揽人知其材料或指示之不适当而不告之者,不在此限。

第六百四十六条 前三条所定之瑕疵修补或损害赔偿之请求及契约之解除,须自移交工作标的物之时起,于一年以内为之。

无须工作标的物之移交者,前项期间自工作终了之时起算之。

第六百四十七条 土地工作物之承揽人就其工作物或地盘之瑕疵于移交后五年间,任其担保之责。但此期间就石造、混凝土造、砖造或金属造之工作物为十年。

工作物因前项之瑕疵而灭失或毁损者,定作人须自其灭失或毁损之时起一年以内行使第六百四十三条之权利。

第六百四十八条 第六百四十六条及前条第一项之期间限于普通之时效期间内,得以契约伸长之。

第六百四十九条 承揽人虽特约不负第六百四十三条及第六百四十四条所定担保之责任,然就其知而不告之事实,不得免其责。

第六百五十条 于承揽人未完成工作之间,定作人得不论何时为契约之解除。但须赔偿因此于承揽人所生之损害。

第六百五十一条 定作人受破产之宣告者,承揽人或破产管财人得为契约之解除。于此情形,承揽人就其已为工作之报酬及不包含于其报酬中之费用,得加入财团之配当。

于前项情形,各当事人不得对于对方请求因解除所生损害之赔偿。

第六百五十二条 不动产工事之承揽人,就其报酬于其不动产上有抵押权。

前项抵押权因登录而生其效力。此登录于开始工作前亦得为之。

第十节 悬赏广告

第六百五十三条 悬赏广告因广告人约向为某行为之人与以一定之报酬,应募人完了,其广告所定之行为而生其效力。

第六百五十四条 广告人于无完了其所指定行为之人之间,得依与前广告同一之方法撤回其广告。但于其广告中表示不为撤回者不在此限。

不能依前项所定之方法为撤回者,得依他方法为之。但其撤回仅对于知其撤回之人有其效力。

广告人定为其指定行为之期间者,推定抛弃其撤回权。

第六百五十五条 为广告所定行为之人有数人者,仅最初为其行为之人有受报酬之权利。

数人同时为广告所定之行为者，各有以平等之比例受报酬之权利。但报酬于其性质上不便分割或广告定为仅一人应受之者，以抽签定应受之人。

第六百五十六条　前三条之规定，于有不知广告而完了广告所定行为之人者准用之。

第六百五十七条　为广告所定行为之人有数人而仅向其优等人应与报酬者，其广告以已定应募之期间者为限，有其效力。

于前项情形，应募人中何人之行为为优等，由广告中所定之人判定之。如广告中未定判定人者，由广告人判定之。

应募人对于前项之判定不得述异议。

数人之行为经判定为同等者，准用第六百五十五条第二项之规定。

第十一节　委任

第六百五十八条　委任因当事人之一方委托对方处理某事务，对方承诺之而生其效力。

第六百五十九条　受任人负从委任本旨，以善良管理人之注意，处理委任事务之义务。

第六百六十条　受任人非得委任之人许诺或有不得已之事由者，不得使第三人代自己处理委任事务。

受任人得使第三人处理委任事务者，准用第一百十七条及第一百十九条第二项之规定。

第六百六十一条　受任人于有委任人之请求者，不论何时须报告委任事务处理之状况及于委任终了后速报告其颠末。

第六百六十二条　受任人当处理委任事务所领受之金钱其他之物，须移交委任人。其所收得之孳息亦同。

受任人以自己名义为委任人所取得之权利，须移转委任人。

第六百六十三条　受任人将应移交委任人之金额或应为其利益而用之金额为自己消费者，须支付自其消费日以后之利息。如尚有损害，任其赔偿之责。

第六百六十四条　受任人非有特约不得对于委任人请求报酬。

受任人应受报酬者，非于履行委任后不得请求之。但以期间定报酬者，准用第六百三十四条第二项之规定。

委任因不应归责于受任人之事由而于其履行之半途终了者,受任人得按其已为履行之比例请求报酬。

第六百六十五条 就处理委任事务需费用者,委任人须因受任人之请求先付之。

第六百六十六条 受任人支出处理委任事务认为有必要之费用者,得对于委任人请求偿还其费用及支出日以后之利息。

受任人负担处理委任事务认为有必要之债务者,得使委任人代自己为其清偿。又其债务不在清偿期者,使供相当之担保。

受任人为处理委任事务,自己无过失而受损害者,得对于委任人请求其赔偿。

第六百六十七条 委任各当事人得不论何时为其解约之声明。

当事人之一方于不利于对方之时期为解约之声明者,须赔偿其损害。但有不得已之事由者不在此限。

第六百六十八条 委任因委任人或受任人之死亡或破产而终了,受任人受禁治产之宣告者亦同。

第六百六十九条 委任终了而有急迫之情事者,受任人、其继承人或法定代理人须于委任人、其继承人或法定代理人得处理委任事务前,继续其事务之处理。于此情形,委任视为仍然存续。

第六百七十条 委任终了之事由,不论出于委任人与出于受任人,非通知对方或对方知之者,不得以之对抗其对方。

第十二节 寄托

第六百七十一条 寄托因当事人之一方委托对方为金钱其他之物或有价证券之保管,对方承诺之而生其效力。

第六百七十二条 受寄人非有寄托人之同意,不得使用受寄物。

第六百七十三条 无报酬而受寄托之人就受寄物之保管,任为与自己之财产同一注意之责。

第六百七十四条 就寄托物主张权利之第三人,对于受寄人起诉或为扣押者,受寄人须速将其事实通知寄托人。

第六百七十五条 寄托人须赔偿受寄人由寄托物之性质或瑕疵所生之损害。但寄托人无过失而不知其性质或瑕疵或受寄人知之者,不在此限。

第六百七十六条 当事人虽定寄托之期间者,寄托人亦得不论何时为解约之声明。

第六百七十七条　当事人未定寄托之期间者,受寄人得不论何时为解约之声明。

定有期间者,受寄人非有不得已之事由,不得于期间满了前为解约之声明。

第六百七十八条　寄托物之返还,须于应为其保管之场所为之。但受寄人因正当之事由移置其物者,得于现在之场所返还之。

第六百七十九条　旅店、饮食店、浴堂其他以客之来集为目的之场屋主人,由客受寄托而其受寄物灭失或毁损者,场屋主人非证明其灭失或毁损系因不可抗力,不得免损害赔偿之责。

客虽未特为寄托之物而携带于场屋中之物,因场屋主人或其使用人之过失而灭失或毁损者,场屋主人亦任损害赔偿之责。

就客之携带物虽告示不负责任者,场屋主人亦不得免前二项之责任。

第六百八十条　就金钱、有价证券其他之高价物,非由客明告其种类及价额而以之寄托于前条之场屋主人,其场屋主人不任赔偿因其物之灭失或毁损所生损害之责。

第六百八十一条　前二条所定损害赔偿之请求,须自场屋主人返还受寄物或客持去携带之时起一年以内为之。

前项期间物之全部灭失者,自客离去场屋之时起算之。

前二项之规定,于场屋主人因故意或重大之过失而使生损害者不适用之。

第六百八十二条　旅店、饮食店、浴堂其他以客之来集为目的之场屋主人,就因其场屋之交易所生之债权,客携带于其场屋中之物上有质权。

第六百八十三条　第六百六十条、第六百六十二条至第六百六十五条及第六百六十六条第一项第二项之规定,于寄托准用之。

第六百八十四条　受寄人得依契约消费受寄物者,准用关于消费贷借之规定。但契约未定返还之时期者,寄托人得不论何时请求返还。

第十三节　组合

第六百八十五条　组合契约因各当事人约为出资营共同之事业而生其效力。

出资得以劳务为其标的。

第六百八十六条　组合员之出资其他之组合财产,属于总组合员之共有。

第六百八十七条　以金钱为出资之标的而组合员怠为其出资者,于支付其利息外,尚须为损害之赔偿。

第六百八十八条　组合之业务执行以组合员之过半数决之。

以组合契约委任业务执行之人有数人者,以其过半数决之。

组合之常务得不拘前二项之规定,由各组合员或各业务执行人专行之。但于其结了前,他组合员或业务执行人述异议者不在此限。

第六百八十九条　执行组合业务之组合员,准用第六百五十九条至第六百六十六条之规定。

第六百九十条　以组合契约对于一人或数人之组合员委任业务之执行者,其组合员非有正当之事由,不得辞任又不被解任。就解任须有他组合员之一致。

第六百九十一条　执行组合业务之组合员就其业务之执行,推定有代理权。

第六百九十二条　组合员虽无执行组合业务之权利,然得检查其业务及组合财产之状况。

第六百九十三条　当事人未定损益分配之比例者,其比例按各组合员出资之价额定之。

仅就利益或损失定分配之比例者,其比例推定共通于利益及损失。

第六百九十四条　组合之债权人于其债权发生当时不知组合员损失分担之比例者,得对于各组合员,就均一部分行其权利。

第六百九十五条　组合员中有无清偿资力之人者,其不能清偿之部分,他组合员连带任其清偿之责。

第六百九十六条　组合员就组合财产所有之持分,不得处分之。

组合员不得于清算前求组合财产之分割。

第六百九十七条　组合之债务人不得以其债务与对于组合员之债权抵销。

第六百九十八条　未以组合契约定组合之存续期间或定某组合员之终身间组合应存续者,组合员不论何时得为脱退。但除有不得已之事由者外,不得于不利于组合之时期为之。

虽定组合之存续期间而组合员有不得已之事由者得为脱退。

第六百九十九条　前条所揭者外,组合员因左列事由而脱退。

一、死亡;

二、破产;

三、禁治产;

四、除名。

第七百条　组合员之除名以有正当之事由者为限,得以他组合员之一致为之。但非向被除名之组合员通知其旨,不得以之对抗其组合员。

第七百零一条　组合员持分之扣押,对于组合员将来请求配当利益及发还持分之权利,亦有其效力。

第七百零二条　扣押组合员持分之债权人,得使其组合员脱退。但对于他组合员,须于二月以前为其预告。

前项但书之预告组合员为清偿或供相当之担保者,失其效力。

第七百零三条　脱退之组合员与他组合员间之计算,须从脱退当时之组合财产之状况为之。

脱退之组合员持分,不论其出资之种类如何,得以金钱发还之。

就脱退当时未结了之事项,得于其结了后计算之。

第七百零四条　有不得已之事由者,各组合员得请求组合之解散。

第七百零五条　组合解散者,清算由总组合员共同或其所选任之人为之。

清算人之选任以总组合员之过半数决之。

第七百零六条　清算人有数人者,准用第六百八十八条之规定。

第七百零七条　以组合契约就组合员中选任清算人者,准用第六百九十条之规定。

第七百零八条　就清算人之职务及权限准用第八十四条之规定,残余财产按各组合员出资之价额分割之。

第十四节　终身定期金

第七百零九条　终身定期金契约因当事人之一方约至自己、对方或第三人之死亡止,于定期向对方或第三人给付金钱其他之物而生其效力。

第七百十条　终身定期金按日计算之。

第七百十一条　定期金债务人受定期金之原本而怠其定期金之给付或不履行其他之义务者，对方得请求原本之返还。但须将由已领受之定期金中扣除其原本之利息之残额返还债务人。

前项规定，不妨损害赔偿之请求。

第七百十二条　第五百二十三条之规定，于前条情形准用之。

第七百十三条　死亡因应归责于定期金债务人之事由者，法院得因债权人或其继承人之请求，宣告于相当期间债权存续。

前项规定，不妨第七百十一条所定权利之行使。

第七百十四条　本节之规定，于终身定期金之遗赠准用之。

第十五节　和解

第七百十五条　和解因当事人约互为让步终止其间所存之争执而生其效力。

第七百十六条　当事人之一方依和解被认为有争执标的之权利或对方被认为无其权利者，其人从来无此权利或对方有此权利之确证出现时，其权利为因和解而移转于其人或消灭。

第三章　事务管理

第七百十七条　无义务而为他人开始事务之管理之人，须从其事务之性质，依最适于本人利益之方法为其管理。

管理人知本人之意思或可得推知之者，须从其意思而为管理。

第七百十八条　管理人为使免对于本人之身体、名誉或财产之急迫之危害为其事务之管理者，非有故意或重大之过失，不任赔偿因此所生损害之责。

第七百十九条　管理人须速将其开始管理通知本人。但本人已知之者不在此限。

第七百二十条　管理人须至本人、其继承人或法定代理人得为管理止，继续其管理。但其管理之继续反于本人意思或不利于本人显明者不在此限。

第七百二十一条　第六百六十一条至第六百六十三条之规定，于事务管理准用之。

第七百二十二条　管理人支出为本人处理事务所必要或有益之费用者，得对于本人请求其偿还。

管理人负担为本人处理事务所必要或有益之债务者，准用第六百六十六条第二项之规定。

管理人为处理事务自己无过失而受损害者，得对于本人请求其赔偿。

管理人反于本人意思而为管理者，仅于本人因此所受利益现存之限度，适用前三项之规定。

第七百二十三条　有无义务而处理他人事务之人，而其人欠缺为本人而为之意思或虽有为本人而为之意思，然其事务之处理显反于本人意思或不利于本人者，准用第六百六十一条至第六百六十三条之规定。

第四章　不当利得

第七百二十四条　无法律上之原因而因他人之财产或劳务受利益，因此致损失于他人之人，负返还其利益之义务。

第七百二十五条　为债务之清偿而为给付之人，于其当时知债务不存在者，不得请求其给付之返还。

第七百二十六条　债务人为不在清偿期之债务清偿为给付者，不得请求其给付之返还。但债务人因错误而为其给付者，债权人须返还因此所得之利益。

第七百二十七条　非债务人之人因错误为债务之清偿为给付，而其给付适于道德上之义务者，清偿人不得请求其给付之返还。

第七百二十八条　因不法之原因为给付之人，不得请求其给付之返还。但不法之原因仅存于受益人者不在此限。

第七百二十九条　受益人须返还其所受者。如不能返还时，须返还其价额。

第七百三十条　善意受益人仅于其所受利益现存之限度，任前条之责。

恶意受益人须于其所受利益附以利息而返还之。如尚有损害者，任其赔偿之责。

第七百三十一条　受益人于受益后知无法律上之原因者，嗣后为恶意受益人而负返还之义务。

善意受益人败诉者，自其起诉之时起视为恶意受益人。

第五章　不法行为

第七百三十二条　因故意或过失违法加损害于他人之人，任赔偿其损害之责。

第七百三十三条　不论害他人之身体、自由或名誉与害财产上之利益，依前条规定而任损害赔偿之责之人，对于财产以外之损害亦须为其赔偿。

第七百三十四条　未成年人加损害于他人而未具足以辨识其行为责任之知能者，就其行为不任赔偿之责。

第七百三十五条　心神丧失间加损害于他人之人，不任赔偿之责。但因故意或过失而招一时之心神丧失者不在此限。

第七百三十六条　有应监督无能力人之法定义务之人，任赔偿其无能力人违法所加于第三人损害之责。但监督义务人未怠其义务者不在此限。

代监督义务人监督无能力人之人，亦任前项之责。

第七百三十七条　为某事业使用他人之人，任赔偿被用人就其事业之执行所加于第三人损害之责。但使用人就被用人之选任及其事业之监督为相当之注意者不在此限。

代使用人监督事业之人，亦任前项之责。

前二项之规定，不妨使用人或监督人对于被用人之求偿权之行使。

第七百三十八条　因土地工作物之设置或保存有瑕疵而生损害于他人者，其工作物占有人对于被害人任损害赔偿之责。但占有人于防止损害之发生为必要之注意者，其损害须由所有人赔偿之。前项规定于树木之栽植或支持有瑕疵者准用之。

于前二项之情形而就损害之原因另有应任其责之人者，占有人或所有人得对之行使求偿权。

第七百三十九条　动物占有人任赔偿其动物所加于他人损害之责。但从动物之种类及性质，以相当之注意为其保管者不在此限。

第七百四十条　数人因共同不法行为而加损害于他人者，各自连带任其赔偿之责。不能知共同行为人中何人加其损害者亦同。

教唆人及帮助人，视为共同行为人。

第七百四十一条　对于他人之不法行为，为防卫自己或第三人之权利不得已而为加害行为之人，不任损害赔偿之责。但不妨被害人对于为不法行为之人请求损害赔偿。

前项规定于为避免由他人之物所生急迫之危难而毁损其物者准

用之。

第七百四十二条　胎儿就损害赔偿请求权,视为已生。

第七百四十三条　第三百八十条至第三百八十二条及第三百八十六条之规定,于因不法行为之损害赔偿准用之。

第七百四十四条　对于毁损他人名誉之人,法院得因被害人之请求代损害赔偿,或与损害赔偿同时命回复名誉所适当之处分。

第七百四十五条　因不法行为之损害赔偿请求权,自被害人或其法定代理人知损害及加害人之时起三年间不行使之。而其消灭时效完成自不法行为之时起经过二十年者亦同。

附则

本法施行之期日以敕令定之。

（依康德四年十一月敕令第三五〇号,自同年十二月一日施行）

《民法总则编》施行法

（康德四年十一月二十九日敕令第三四七号）

朕依《组织法》第三十六条,经咨询参议府,裁可《〈民法总则编〉施行法》,著即公布。

（国务总理、司法部大臣副署）

第一条　《民法总则编》除本法另有规定者外,于其施行前所生之事项亦适用之。但不妨依从前规定所生之效力。

第二条　外国人除法令或条约禁止者外,有权利能力。

第三条　《民法总则编》施行前,因精神耗弱受禁治产宣告之人,自其施行之日起视为准禁治产人。

第四条　未成年人无父母或父母均不能对于未成年之子女行使法定代理人之职务者,虽未成年人已结婚者,亦须置监护人。

第五条　准禁治产人须附监护人。

关于禁治产人之监护之规定,于准禁治产人之监护准用之。

第六条　无能力人之法定代理人,得代无能力人为关于财产之一切法律行为。但发生以无能力人之行为为标的之债务者,须得本人之同意。

监护人代被监护人为营业,须得亲属会之同意。

第七条　依从前规定受死亡宣告之人，自《民法总则编》施行之日起，视为依《民法总则编》之规定受失踪宣告之失踪人。

第八条　依从前规定所成立之法人，视为依《民法总则编》之规定所成立之法人。

就《民法总则编》施行前，虽得法人设立之许可而于其施行之当时未完了设立登记之社团或财团，《民法》第四十六条第一项之期间，自《民法总则编》施行之日起算之。

第九条　前条第一项之法人尚未备置财产目录或社员名簿者，须自《民法总则编》施行之日起，于三月以内作成之。

违反前项规定者，理事处一千圆以下之过料。

第十条　就依从前规定所成立之法人而于《民法总则编》施行前未为《民法》第四十六条第二项、第四十七条第一项、第四十八条第一项及第四十九条之登记者，其登记之期间自《民法总则编》施行之日起算之。

第十一条　于《民法总则编》施行前由社员请求招集总会者，其社员之数以总社员十分之一以上为足。

于前项情形，《民法》第六十七条第二项之期间自《民法总则编》施行之日起算之。

第十二条　就《民法总则编》施行前，社员对于法院请求宣告总会之决议无效者，仍依从前之规定。

第十三条　法人于《民法总则编》施行前解散者，其清算手续仍依从前之规定。

于前项情形清算结了者，清算人须为《民法》第九十一条之登记。

违反前项规定者，清算人处一千圆以下之过料。

第十四条　《民法》第九十四条之规定，于《民法总则编》施行前所生之事项不适用之。

《民法总则编》施行前，有应就法人适用从前罚则之行为者，虽其施行后仍适用其罚则。虽于《民法总则编》施行后而于应依从前规定时有应适用罚则之行为者亦同。

第十五条　就得行使《民法总则编》施行前所发生有瑕疵之意思表示之取消权之期间，仍依从前之规定。

第十六条　就《民法总则编》施行前开始进行之消灭时效之期间，仍依从前之规定。

第十七条　就因《民法总则编》施行前所为诉讼告知之消灭时效中断之效力，仍依从前之规定。

第十八条　《民法总则编》所谓署名者，包含记名盖章。

附则

本法自《民法总则编》施行之日施行。

《民法物权编》施行法

（康德四年十一月二十九日敕令第三四八号）

朕依《组织法》第三十六条，经咨询参议府，裁可《〈民法物权编〉施行法》，著即公布。

（国务总理、司法部大臣副署）

第一条　《民法物权编》除本法另有规定者外，于其施行前所生之事项亦适用之。但不妨依从前规定所生之效力。

第二条　依从前法令认为物权之权利而于《民法物权编》无规定者，除本法另有规定者外，仍依从前之法令有其效力。

第三条　《民法》第一百七十七条、第一百七十八条但书及第一百七十九条之规定，以关于依《土地审定法》之地籍整理完了之地域所存不动产之物权为限适用之。

第四条　关于依《土地审定法》之地籍整理未完了之地域所存不动产之物权之得丧变更，仅因《民法》第一百八十条所定之法律行为而生其效力。但非为登记不得以之对抗第三人。

第五条　依从前规定之公同共有人而习惯上成总合体者，自《民法物权编》施行之日起为总有人。

除前项所定者外，继承人有数人者，其遗产分割前之各继承人其他依从前规定之公同共有人，自《民法物权编》施行之日起为共有人。

第六条　《民法物权编》施行前，共有人就管理共有物之费用其他共有物之负担不履行义务者，《民法》第二百四十五条第二项之期间，自《民法物权编》施行之日起算之。

第七条　《民法》第二百四十六条之规定，于《民法物权编》施行前共有人就共有物对于他共有人有债权者，不适用之。

第八条　《民法物权编》施行前所设定之地上权而未定存续期间

者，及定短于《民法》第二百五十七条第一项期间之期间者，其存续期间算入已经过之期间。就以石造、混凝土造、砖造或类此之坚固之建筑物之所有为目的者为三十年，以不坚固之建筑物之所有为目的者十五年，以建筑物以外之工作物之所有为目的者为五年。但建筑物其他之工作物于此期间满了前朽废者，地上权因此消灭。

就《民法物权编》施行前所设定之地上权而未定存续期间，而就以坚固之建筑物之所有为目的者经过三十年，以不坚固之建筑物之所有为目的者经过十五年，就以建筑物以外之工作物之所有为目的者经过五年以上时，就以坚固之建筑物之所有为目的者每三十年，以不坚固之建筑物之所有为目的者每十五年，以建筑物以外之工作物之所有为目的者，视为每五年更新契约。

《民法物权编》施行前所设定之地上权而就以坚固之建筑物之所有为目的者定有三十年，以不坚固之建筑物之所有为目的者定有十五年，以建筑物以外之工作物之所有为目的者定有五年以上之存续期间时，地上权因其期间满了而消灭。

第一项之规定，就为临时设备其他一时使用而设定已显明之地上权不适用之。

第九条　《民法》第二百六十八条至第二百七十四条（包含《民法》第三百十一条所准用者）之规定，于《民法物权编》施行前地上权所定人或典权设定人就其权利标的之不动产与第三人缔结买卖契约者，不适用之。

第十条　《民法物权编》施行前所设定以竹木之所有为目的之地上权，自其施行之日起为耕种权。

前项耕种权而未定存续期间者及定短于二十年之期间者，其存续期间算入已经过之期间为二十年。但竹木于此期间满了前灭失者，耕种权因此消灭。

就第一项之耕种权未定存续期间而经过二十年以上者，视为每二十年更新契约。

就第一项之耕种权定有二十年以上之存续期间者，耕种权因其期间之满了而消灭。

第十一条　《民法物权编》施行前数人共同受地上权之设定者，自其施行之日起，各自连带负担其义务。

第十二条　《民法物权编》施行前，地上权设定人受其标的物之返还者，因反于其设定契约本旨之使用或收益而生之损害赔偿及地上权人所支出费用之偿还，须自《民法物权编》施行之日起，于一年以内请求之。

第十三条　《民法物权编》施行前，作为应永久存续所设定之永佃权而已完了佃租全额之支付者，自其施行之日起为所有权。

第十四条　就《民法物权编》施行前所发生之法定留置权，自其施行之日起，准用《民法物权编》关于留置权之规定。

附则

本法自《民法物权编》施行之日施行。

《民法债权编》施行法

（康德四年十一月二十九日敕令第三四九号）

朕依《组织法》第三十六条，经咨询参议府，裁可《〈民法债权编〉施行法》，著即公布。

（国务总理、司法部大臣副署）

第一条　《民法债权编》除本法另有规定者外，于其施行前所生之事项亦适用之。但不妨依从前规定所生之效力。

第二条　债权之标的应于数个之给付中依第三人之选择而定者，其第三人于《民法债权编》施行前，仅对于债权人或债务人之一方为选择之意思表示时，非仍对于他一方为选择之意思表示不生其效力。

第三条　就有不确定期限之债务，于《民法债权编》施行前债务人虽知其期限到来者，仍自受请求履行之时起任迟延之责。

第四条　《民法》第三百八十六条（包含《民法》第七百四十三条所准用者）之规定，于《民法债权编》施行前赔偿损害者，不适用之。

第五条　《民法》第四百十四条（包含《民法》第四百三十四条及第四百三十六条第一项所准用者）之规定，于《民法债权编》施行前无通知而为免责行为或未通知为免责行为者，不适用之。

第六条　受主债务人之委托而为保证之人，于《民法债权编》施行前对于主债务人请求保证责任之除去者，仍依从前之规定。

第七条　未定期间而为保证之人，于《民法债权编》施行前催告债权人应对于主债务人为裁判上之请求者,仍依从前之规定。

第八条　就连续发生之债务,于《民法债权编》施行前未定期间而为保证之人,得仍依从前之规定声明保证之解约。

第九条　就《民法债权编》施行前所为债权之让渡,仍依从前之规定。

第十条　《民法》第四百五十五条但书之规定,于《民法债权编》施行前为清偿期前之清偿者,不适用之。

第十一条　就因《民法债权编》施行前所为清偿之代位之效力,仍依从前之规定。

第十二条　《民法》第四百七十三条之规定,于《民法债权编》施行前因债权人之故意或过失而担保丧失或火少者,不适用之。

第十二条　对于债权人之给付,应为清偿之债务人提存清偿之标的物,而债权人于《民法债权编》施行前供相当之担保者,得不为其给付而领受提存物。

第十四条　就因《民法债权编》施行前,法院对定有提示期间之无记名证券所发之给付禁止命令而停止提示期间进行之效力,仍依从前之规定。

第十五条　利息、年金或利益分配之无记名证券之所持人,于《民法债权编》施行前丧失其证券且通知于证券之发行人者,得仍依从前之规定请求证券所记载之给付。

第十六条　就《民法债权编》施行前所为契约之要约及承诺之效力,仍依从前之规定。

第十七条　就《民法债权编》施行前所为要约取消之通知及承诺取消之通知迟到者,仍依从前之规定。

第十八条　就《民法债权编》施行前所授受定金之效力,仍依从前之规定。

第十九条　就《民法债权编》施行前所成立为第三人之契约之效力,仍依从前之规定。

第二十条　于契约当事人之一方或双方有数人者,于《民法债权编》施行前解除权虽就其一人消灭而他人享有或对于他人之解除权,不因此消灭。

第二十一条　赠与人或其继承人有依从前规定所发生赠与之取消

权者,仍依从前之规定。

第二十二条　就《民法债权编》施行前所为之买卖,卖主之担保责任仍依从前之规定。

前项规定,于《民法债权编》施行前所为之买卖以外,有偿契约之担保责任及附负担赠与之赠与人之担保责任准用之。

第二十三条　就《民法债权编》施行前所约买回之效力,仍依从前之规定。

第二十四条　就《民法债权编》施行前所为试验买卖之效力,仍依从前之规定。

第二十五条　就《民法债权编》施行前所为价金分期支付之买卖之效力,仍依从前之规定。

第二十六条　就《民法债权编》施行前所开始之拍卖,仍依从前之规定。

第二十七条　《民法债权编》施行前所成立之消费贷借之标的物有瑕疵者,仍依从前之规定。

第二十八条　《民法债权编》施行前,无处分之能力或权限之人为超过《民法》第五百八十七条期间之赁贷借,而于其施行当时其残存期间就以树木之栽植或采伐为目的之山林之赁贷借超过十年,就其他之土地之赁贷借超过五年,就建筑物之赁贷借超过三年,就动产之赁贷借超过六月者,其赁贷借因经过《民法》第五百八十七条之期间而终了。

第二十九条　《民法债权编》施行前数人共同赁借某物者,自其施行之日起,各自连带负担其义务。

第三十条　《民法》第五百九十八条第一项后段之规定,就《民法债权编》施行前所为租价之先付,不适用之。

第三十一条　《民法债权编》施行前,以建筑物其他之工作物之所有为目的所成立之土地赁贷借而当事人未定期间者,及定短于《民法》第二百五十七条第一项所定期间之期间者,其存续期间算入已经过之期间。就以石造、混凝土造、砖造或类此之坚固之建筑物之所有为目的者为三十年,以不坚固之建筑物之所有为目的者十五年,以建筑物以外之工作物之所有为目的者为五年。但建筑物其他之工作物于此期间满了前朽废者,赁贷借因此终了。

就《民法债权编》施行前,以建筑物其他之工作物之所有为目的所成立之土地赁贷借,当事人未定期间而就以坚固之建筑物之所有为目的者经过三十年,以不坚固之建筑物之所有为目的者经过十五年,以建筑物以外之工作物之所有为目的者经过五年以上时,就以坚固之建筑物之所有为目的者每三十年,以不坚固之建筑物之所有为目的者每十五年,以建筑物以外之工作物之所有为目的者,视为每五年更新契约。

于《民法债权编》施行前,以建筑物其他之工作物之所有为目的所成立之土地赁贷借,当事人就以坚固之建筑物之所有为目的者定三十年,以不坚固之建筑物之所有为目的者定十五年,以建筑物以外之工作物之所有为目的者定五年以上之期间时,赁贷借因其期间满了而终了。

第　项之规定,丁为临时设备其他一时使用而为土地赁贷借已显明者,不适用之。

第三十二条　《民法》第六百二十条至第六百二十六条之规定,于《民法债权编》施行前所成立之赁贷借,不适用之。

前项之赁贷借因期间之满了或解约之声明而终了后,视为为具备《民法》第六百零八条第一项之条件更为赁贷借者。前项规定于其新赁贷借亦适用之。

第三十三条　《民法债权编》施行前将农具、家畜其他之附属物与耕作地一同赁贷者,就赁贷人及赁借人应负担之责任,仍依从前之规定。

第三十四条　《民法债权编》施行前赁借人死亡者,于赁贷借虽定有期间,而其继承人得仍依从前之规定为解约之声明。

第三十五条　《民法债权编》施行前使用赁借或赁贷借终了者,就因反于契约本旨之使用或收益而生之损害赔偿,及赁借人得请求偿还其支出费用之期间,仍依从前之规定。

第三十六条　就《民法债权编》施行前所为承揽之承揽人之担保责任,仍依从前之规定。

第三十七条　《民法债权编》施行前受任人受概括委任者,其效力仍依从前之规定。

第三十八条　《民法》第六百七十九条至第六百八十一条之规定,于《民法债权编》施行前,在《民法》第六百七十九条第一项所定之场屋,客之物品灭失或毁损者，不适用之。

《民法债权编》施行前，在旅店其他以供客之宿泊为目的之场屋、饮食店或浴堂，客之物品灭失或毁损者，就其场屋主人之责任，仍依从前之规定。

第三十九条　组合于《民法债权编》施行前解散者，其清算手续仍依从前之规定。

第四十条　《民法》第七百三十六条第二项之规定，于有替代应监督无能力人之法定义务人监督无能力人之人，而其无能力人于《民法债权编》施行前违法加损害于第三人者，不适用之。

第四十一条　《民法》第七百三十七条第二项之规定，于有替代为某事业使用他人之人监督事业之人，而被用人于《民法债权编》施行前就其事业之执行加损害于第三人者，不适用之。

第四十二条　《民法债权编》施行前，因土地工作物之设置或保存有瑕疵而生损害于他人者，其损害之赔偿，仍依从前之规定。

第四十三条　就《民法债权编》施行前开始进行之因不法行为之损害赔偿请求权之消灭时效之期间，仍依从前之规定。

附则

本法自《民法债权编》施行之日施行。

关于从前依日本法所取得之先取得权及不动产质权之件

（康德四年十一月二十九日敕令第三五二号）

朕依《组织法》第三十六条，经咨询参议府，裁可《关于从前依日本法所取得之先取得权及不动产质权之件》，著即公布。

（国务总理、司法部大臣副署）

康德四年十一月三十日以前，在满洲国依日本法所取得之先取得权及不动产质权，仍依日本法有其效力。

就前项物权之得丧、变更及实行并其登录，依关于与此最类似之满洲国法所定之物权规定。

附则

本法自康德四年十二月一日施行。

利息制限法

（康德四年十二月一日敕令第三七一号）

修正　康德六年一二月第三一七号

朕依《组织法》第三十六条，经咨询参议府，裁可《利息制限法》，著即公布。

（国务总理、司法部大臣副署）

第一条　金钱之消费贷借之利息，其原本五百圆未满者为年百分之十八以下，其原本五百圆以上五千圆未满者为年百分之十六以下，其原本五千圆以上者为年百分之十四以下。

金钱以外代替物之消费贷借之利息为年百分之十八以下。

利息之约定超过前二项之限制者，就其超过部分为无效。

第二条　超过前条限制而支付利息之人，得请求返还其超过部分。

求返还前项超过部分之债权，因不行使五年间而其消灭时效完成。

第三条　有调查费、手数料其他关于消费贷借之费用，因债务人负担之约定而其额数系原本百分之十以下者，债务人得证明超过费用之实额而请求减额。于此情形，超过实额之部分视为利息。

于前项情形，约定之额数超过原本百分之十者，于原本百分之十之限度适用前项规定，超过百分之十之部分推定为利息。

除前二项规定者外，关于消费贷借无论以折扣费、延期费、报酬、礼金等如何之名义由债务人负担者，推定为利息。

前三项规定就债权人使用他人为消费贷借而由债务人对于其被用人所负担者，于债权人无过失而不知其事实者不适用之。

第四条　就利息之约定超过年百分之十二者，债务人得自消费贷借成立之日起经过六月后，对于债权人定不少于三月之期间声明清偿原本。于此情形，因其期间之满了而清偿期到来。

第五条　就消费贷借上之债务之不履行，当事人所预定损害赔偿之数额系不当，而有债务人之请求者，法院须于相当之限度减额。

第六条　乘人之知虑浅薄、无经验或生活上紧急之穷迫状态，而以甚苛酷之条件贷放金钱其他之代替物之人，处三百圆以下之罚金。

常习而犯前项之罪之人，处六月以下之徒刑或五百圆以下之罚金。

第七条　以贷放金钱其他之代替物为业之人之使用人、其他之从业员，关于其业务有抵触前条罚则之行为者，除罚该行为人外，并处罚本人。但本人如系心神丧失人或关于营业未具有与成年人同一行为能力之未成人者，则罚其法定代理人。

第八条　以贷放金钱其他之代替物为业之法人之使用人、其他之从业员，关于法人之业务有抵触第六条罚则之行为者，除罚该行为人外，并处罚执行法人业务之职员或社员。

执行法人业务之职员或社员有前项之行为者，处罚其职员或社员。

第九条　于第七条或前条第一项之情形，本人、法定代理人、法人之职员或社员证明无法防止该违反行为者不罚之。

第十条　本法之规定就卖渡担保、再买卖之附约款买卖或票据之买卖或折扣而交易上有与消费贷借同一效果者适用之。

附则

第十一条　本法自康德四年十二月一日施行。

第十二条　就本法施行前所成立之消费贷借，仍依从前之规定。但就本法施行后所生之利息及本法施行后因有不履行之事实应支付之损害赔偿之预定额，适用本法。

附则（康德六年十二月敕令第三一七号）

本法自公布日施行。

就本法施行前所成立之消费贷借仍依从前之规定。但就本法施行后所生之利息适用本法。

遗失物法

（康德四年十一月六日敕令第三〇九号）

朕依《组织法》第三十六条，经咨询参议府，裁可《遗失物法》，著即公布。

（国务总理、司法部大臣副署）

第一条　拾得遗失物之人须速将其物件返还于遗失人或所有人其他应受返还物件之人或向警察官署提出之。

拾得依法令之规定禁止私自所有或所持或认为犯罪人遗失之物件

之人，须即向警察官署提出之。

第二条　警察官署领受前条物件而不能知应受其返还人之姓名或居所者，应保管之而公告其物件之名称、种类、数量、形状其他之特征，并拾得之日时及场所。但就依法令之规定禁止私自所有或所持之物件，无须为公告。

警察官署关于认为犯罪人遗失之物件为犯罪搜查有必要者，得至公诉权消灭之日止不为公告。

第一项公告须十四日间揭示于警察官署之揭示场为之，尚认为有必要者得揭载于政府公报或新闻纸。

第三条　警察官署认为其保管之物件合于左列各款之一者，得变卖之。

一、有灭失或毁损或甚减少价格之虞者；

二、保管上有危险之虞者；

三、保管需不相当之费用或手数者。

前项之变卖费用由变卖价金支用其残额，视为拾得物而保管之。

第四条　拾得物之保管费、公告费其他必要之费用，由受返还物件之人或取得物件所有权而领取之人负担。

第五条　受返还物件之人须向拾得人给付物件价格百分之五以上百分之二十以下之酬劳金。但国库其他公法人不得请求酬劳金。

就依第三条之规定，变卖之物件以变卖价金之额为物件之价格。

第六条　第四条之费用及前条之酬劳金，自返还物件之日起经过一月者，不得请求之。

第七条　应受返还物件之人得通知保管其物件之警察官署，或拾得人抛弃其权利而免第四条费用之偿还及第五条酬劳金之给付之义务。

第八条　应受返还物件之人自有第二条公告之日起于一年以内未请求返还者，失就其物件所有之权利。就依法令之规定禁止私自所有或所持之物件，自提出警察官署之日起于一年以内未请求返还者亦同。

第九条　应受返还物件之人依前二条之规定失其权利者，拾得人取得其物件之所有权。但法令之规定禁止私自所有或所持之物件不在此限。

第十条　拾得人得预先通知警察官署抛弃一切权利而免义务。

第十一条　因侵占拾得物而被处罚之人或自拾得之日起于十五日以内,未为第一条手续之人失受第四条费用之偿还及第五条酬劳金之给付之权利,并取得拾得物所有权之权利。

第十二条　应受返还物件之人或取得物件所有权之人,自受警察官署请求领取其物件之日起于三月以内未领取者失其权利。

第十三条　就警察官署保管之物件无应受交付之人者,其所有权归属于国库。

第十四条　拾得他人之逸走家畜及家禽以外动物之人,其拾得之始系善意者,不适用第一条之第三条及第七条至前条之规定。

于前项情形,自动物逸走之日起于一月以内未受请求返还者,拾得人取得其动物所有权。

第十五条　在有管守之船车、建筑物或禁止公众通行之域内拾得他人物件之人,须将其物件交付管守人。

于前项情形,船车、建筑物等之所有人,如有因权原使用收益之人者,其人须将其物件返还于依第一条规定应受返还之人,或向警察官署提出之。

于前二项情形,现实拾得物件之人视为遗失物拾得人。

第十六条　就认为犯罪人遗留之物件,准用关于认为犯罪人遗失之物件之规定。

第十七条　就误为占有之物件或他人遗留之物件,准用关于遗失物之规定。但就误为占有之物件,不得请求第四条费用之偿还及第五条酬劳金之给付。

第十八条　就埋藏物准用关于遗失物之规定。

埋藏物自公告之日起于六月以内其所有人不明者,发见人取得其所有权。但在他人之物中发见之埋藏物,发见人及其物之所有人折半而取得其所有权。

第十九条　足供学术、技艺或考古资料之埋藏物而其所有人不明者,其所有权归属于国库。于此情形,国库须通知埋藏物之发见人及埋藏物所在之物之所有人而给付相当于其价格之金额。

埋藏物之发见人与埋藏物所在之物之所有人不同者,前项金额须折半给付之。

对于第一项金额有不服之人,得自受第一项通知之日起于六月以内提起民事诉讼。

附则

第二十条　本法自康德四年十二月一日施行。

第二十一条　本法除另有规定者外，于其施行前所生之行为亦适用之。但不妨依从前之规定所生之效力。

第二十二条　就本法施行前拾得遗失物之人第十一条之期间，自本法施行之日起算之。

婚书发给规则

（康德三年十二月三日财政部第四六号、民政部令第三七号、蒙政部第一一号）

兹制定《婚书发给规则》如左。

第一条　请求发给婚书有应向特别市长、市长、市政管理处长、县长或旗长请求发给之。

第二条　前条婚书用纸，由特别市、市、乡、县或旗按每枚一圆出售之。

第三条　发给婚书每枚征收手续费四角。

前条手续费，应以收入印纸（双喜四角）缴纳之。

附则

本令自康德四年一月一日施行。

提存法

（康德二年八月二十二日敕令第一〇二号）

改正　康德三年六月敕令第八七号、四年一一月第三二〇号

朕依《组织法》第四十一条，经咨询参议府，裁可《提存法》，著即公布。

（国务总理、司法部大臣副署）

第一条　依法令之规定所提存之金钱及有价证券，由提存局保管之。

第二条　利害关系人对提存局之处分得向管辖其提存局所在地之

地方法院声明异议。

前项异议之声明应向提存局提出声明书为之。

第三条　提存局认为异议有理由时应变更其处分,对异议声明人通知其主旨;如认为异议无理由时,应附具意见向管辖法院送交关于异议之书类。

第四条　法院认为异议无理由时应驳斥之;如认为有理由时应对提存局命为相当之处分。

依前项规定之裁判,应以附具理由之裁定为之,并送达于提存局及异议声明人。

第五条　声明人对驳斥异议声明之裁定,限于其裁定以违反法令为理由者得为抗告。

对前项抗告所为之裁判不得声明不服。

第六条　抗告除本法有特别规定者外,准用民事诉讼关于抗告之规定。

第七条　提存局依应领取提存物者之请求,受取为提存标的有价证券之偿还金利息或分派金,作为代替提存物或为其附属物而保管之。

代保证金提存有价证券者,提存人得请求其利息或分派金之交付。

第八条　司法部大臣关于依法令规定所提存非金钱或有价证券之物品,得指定应保管之仓库营业人或银行。

仓库营业人或银行限于属其营业种类之物而能得保管义务。

第九条　仓库营业人或银行对应领取依前条第一项规定所提存之物品者,得请求通常对于同种物所应请求之保管费。

第十条　凡为提存者,应将提存书与提存物一并提出。

第十一条　应领取提存物者,请求其交付时须证明其权利。

应领取提存物者应为反对给付时,非依债务人之书面、裁判或公正证书其他公正之书面证明已为其给付,不得领取提存物。(康四·第三二〇号本条中修正)

第十二条　提存人非证明依《民法》第四百七十七条之规定,提存出于错误或其原因消灭,不得取回提存物。(康四·第三二〇号本条修正)

　　　　　　　　　附则

本法自康德二年九月一日施行。

附则（康德三年六月十五日敕令第八七号）

本法自《法院组织法》施行之日施行。

附则（康德四年十一月二十五日敕令第三二〇号）

本法自康德四年十二月一日施行。

民事手续法

民事诉讼法

（康德四年六月三十日敕令第二〇六号）

修正　康德七年四月敕令第五九号

朕依《组织法》第四十一条，经咨询参议府，裁可《民事诉讼法》，著即公布。

（国务总理、司法部大臣副署）

第一编　总则

第一章　法院

第一节　管辖

第一条　诉属于被告普通裁判籍所在地之法院管辖。

第二条　人之普通裁判籍，依住所定之。

于满洲国无住所或住所不明者，普通裁判籍依居所；无居所或居所不明者，依最后之住所定之。

大使、公使其他在外国享受治外法权之满洲国人，无依前二项规定之普通裁判籍者，其人之普通裁判籍为在新京特别市。

第三条　国之普通裁判籍，依就诉讼代表国之官署所在地定之。法人其他之社团或财产〔团〕之普通裁判籍，依其主事务所或营业所；无事务所或营业所者，依主业务担当人之住所；无其住所者，依居所定之。

前项规定就外国之社团或财团之普通裁判籍于满洲国之事务所、营业所或业务担当人适用之。

第四条　基于财产权之诉，得向义务履行地之法院提起之。

第五条　基于票据上权利之诉，得向支付地之法院提起之。

第六条　对于学生、佣人其他之寄寓人基于财产权之诉，得向寄寓地之法院提起之。

　　第七条　对于军人、军属或海员基于财产权之诉，得向军用厅舍所在地或舰船本籍或船籍之所在地之法院提起之。

　　第八条　对于在满洲国无住所之人或住所不明之人基于财产权之诉，得向请求或其担保标的或可得扣押之被告财产之所在地之法院提起之。

　　第九条　对于有事务所或营业所之人之诉，以关于其事务所或营业所之业务者为限，得向其所在地之法院提起之。

　　第十条　关于船舶或航行，对于船舶所有人其他利用船舶之人之诉，得向船籍所在地之法院提起之。

　　第十一条　基于船舶债权其他以船舶为担保之债权之诉，得向船舶所在地之法院提起之。

　　第十二条　会社其他之社团对于社员之诉或社员对于社员之诉，以基于社员资格者为限，得向会社其他之社团普通裁判籍所在地之法院提起之。

　　前项规定于社团或财团对于职员之诉，及会社对于发起人或检查人之诉，准用之。

　　第十三条　会社其他之社团之债权人对于社员之诉，以基于社员资格者为限，得向前条之法院提起之。

　　第十四条　前二条之规定于社团、财团、社员或社团之债权人对于曾为社员、职员、发起人或检查人之人之诉及曾为社员之人对于社员之诉，准用之。

　　第十五条　关于不法行为之诉，得向行为地之法院提起之。

　　基于船舶冲突其他水上事故之损害赔偿之诉，得向受损害之船舶最初到达地之法院提起之。

　　第十六条　关于海难救助之诉，得向救助之地或被救助之船舶最初到达地之法院提起之。

　　第十七条　关于不动产之诉，得向不动产所在地之法院提起之。

　　第十八条　关于登记或登录之诉，得向应为登记或登录之地之法院提起之。

　　第十九条　关于继承权之诉或关于特留分或遗赠其他死亡而生效力之行为之诉，得向继承开始之时之被继承人普通裁判籍所在地之法院提起之。

被继承人系满洲国人而继承开始之时在满洲国无普通裁判籍者，其人之普通裁判籍为在新京特别市。

第二十条　关于继承债权其他继承财产之负担之诉而不合于前条规定者，以继承财产之全部或一部在前条法院之管辖区域内者为限，得向该法院提起之。

第二十一条　以一诉为数个之请求者，得向依第一条至前条之规定，就一请求有〔由〕管辖权之法院提起其诉。

第二十二条　依《法院组织法》管辖依诉讼标的之价额而定者，其价额依以诉所主张之利益算定之。

不能算定前项价额者，其价额视为超过二千圆。

第二十三条　以一诉为数个之请求者，合算其价额。

孳息、损害赔偿、违约金或费用之请求为诉讼之附带标的者，其价额于诉讼标的之价额不算入之。

第二十四条　于左列情形，有关系法院之共通直近上级法院因声明以裁定指定管辖法院。

一、管辖法院及依《法院组织法》第九十一条规定应代行其事务之法院，法律上或事实上不能行使裁判权者；

二、因法院管辖区域境界不明确致管辖法院不定者；

三、拟以数人为共同被告而起诉时，其数人无共通之裁判籍者。但第五十八条第二项之情形不在此限。

对于前项裁定不得声明不服。

第二十五条　当事人以第一审为限，得依合意定管辖法院。

前项合意非基于一定法律关系而生之诉且以书面为之，无其效力。

第二十六条　被告于第一审法院未经提出管辖错误之抗辩而就本案为辩论者，其法院有管辖权。

第二十七条　第一条、第四条至第二十一条、第二十四条第一项第三款及前二条之规定，于就诉定有专属管辖者，不适用之。

第二十八条　法院之管辖以诉之提起之时为标准定之。

第二十九条　法院认为诉讼之全部或一部不属于其管辖者，以裁定移送于管辖法院。

第三十条　法院就属于其管辖之诉讼为避免甚著之损害或迟滞，认为有必要时除属于其专属管辖者外，得因声明或以职权将诉讼之全部或一部移送于他管辖法院。

第三十一条　移送之裁判羁束受移送之法院。

受移送之法院，不得将诉讼向他法院更为移送。

第三十二条　对于移送之裁判，得为即时抗告。

对于却下声明移送之裁判，不得声明不服。

第三十三条　移送之裁判已确定者，诉讼视为自始系属于受移送之法院。

于前项情形，已为移送裁判之法院书记官须将其裁判正本添附诉讼记录向受移送之法院书记官送付之。但移送诉讼之一部者得送付其誊本以代诉讼记录。

　　第二节　法院职员之除斥、忌避及回避

第三十四条　审判官于左列情形，法律上被除斥其职务之执行：

一、审判官或其配偶或曾为配偶之人，现为或曾为事件之当事人者；

二、审判官或其配偶或曾为配偶之人，就事件与当事人有共同权利人、共同义务人或偿还义务人之关系者；

三、审判官现为或曾〈为〉当事人之四亲等内血亲或三亲等内姻亲者；

四、审判官现为当事人之监护人或家长或家属者；

五、审判官就事件现为或曾为当事人之代理人或辅佐人者；

六、审判官就事件曾为证人或鉴定人者；

七、审判官就事件曾参与仲裁判断或参与被声明不服之前审裁判者，但不妨因他法院嘱托为受托审判官执行其职务。

第三十五条　有除斥之原因者，法院因声明或以职权为除斥之裁判。

第三十六条　审判官有足妨碍裁判公正之情事者，当事人得忌避之。

当事人在审判官面前已为辩论或在准备手续已为申述者，不得忌避其审判官。但忌避之原因发生在后或当事人不知有其原因者不在此限。

第三十七条　除斥或忌避之声明须开示其原因,向其审判官所属法院为之。

除斥或忌避之原因须自声明之日起于三日以内疏明之。就前条第二项但书之事实亦同。

第三十八条　就区法院审判官之除斥或忌避,由管辖其法院所在地之地方法院之庭,就其他之法院审判官之除斥或忌避由其审判官所属法院之庭,以裁定为裁判。

审判官就其除斥或忌避,不得参与裁判。

依前项规定,因审判官不能参与裁判致法院不能为裁定者,由其直近上级法院为裁判。

第三十九条　审判官就其除斥或忌避得向前条之法院提出意见书。

第四十条　对于为有除斥或忌避原因之裁定不得声明不服,对于为无其原因之裁定得为即时抗告。

第四十一条　已有除斥或忌避之声明者,于其声明之裁判确定前,须停止诉讼手续。但就需急速之行为不在此限。

第四十二条　于第三十四条及第三十六条第一项之情形,审判官得经有监督权之审判官之许可而回避。

第四十三条　当事人或其代理人滥为除斥或忌避之声明者,法院于却下其声明之裁定,处五百圆以下之过料。

第四十四条　本节规定于法院书记官及翻译官准用之。但就区法院所属之法院书记官之除斥或忌避,由其法院;就地方法院单独审判官所属之法院书记官之除斥或忌避,由单独审判官为裁判。

第二章　当事人

第一节　当事人能力及诉讼能力

第四十五条　当事人能力、诉讼能力及无诉讼能力人之法定代理,除本法另有规定者外,从《民法》其他之法令。

第四十六条　非法人之社团或财团而定有代表人或管理人者,得以其名起诉或被诉。

第四十七条　有共同利益之多数人而不合于前条之规定者,得就其中选定或变更为总员应为原告或被告之一人或数人。

诉讼系属后,依前项规定而定为原告或被告之人者,他当事人当然由诉讼脱退。

第四十八条　依前条规定被选定之当事人中,有因死亡其他之事由丧失其资格之人者,得由他当事人为总员为诉讼行为。

第四十九条　未成年人、准禁治产人及禁治产人,仅得依法定代理人为诉讼行为。但未成年人得独立为法律行为者不在此限。

第五十条　外国人依其本国法虽无诉讼能力,如依满洲国法律应有诉讼能力者为诉讼能力人。

第五十一条　法定代理权须以书面证之。就依第四十七条规定之当事人之选定及变更亦同。

前项书面,须添附于诉讼记录。

第五十二条　诉讼能力或法定代理权有欠缺者,法院得定期间命其补正。如因迟滞有生损害之虞者,得使暂为诉讼行为。

第五十三条　诉讼能力或法定代理权有欠缺之人,所为之诉讼行为已至无其欠缺之当事人或法定代理人为追认者,溯及于行为之时生其效力。

第五十四条　前二条之规定,于依第四十七条规定之当事人为诉讼行为者准用之。

第五十五条　无法定代理人或法定代理人不能行使代理权者,对于未成年人、准禁治产人或禁治产人欲为诉讼行为之人,得疏明因迟滞有受损害之虞,声请受诉法院审判官选任特别代理人。继承人未定者,对之欲为诉讼行为之人亦同。

法院不论何时,得改任特别代理人。

特别代理人就事件得为一切诉讼行为。但诉之撤回、控诉权或上告权之抛弃、控诉或上告之撤回、和解、请求之抛弃或认诺或就依第七十条规定之脱退,须经亲属会之同意。

选任及改任特别代理人之裁定,向特别代理人亦须送达之。

第五十六条　法定代理权之消灭,非由本人或代理人向对方为通知,无其效力。

前项规定,于依第四十七条规定之当事人之变更准用之。

第五十七条　本法中关于法定代理及法定代理人之规定,于法人之代表人及非法人而得以其名起诉或被诉之社团或财团之代表人或管理人,准用之。

第二节　共同诉讼

第五十八条　诉讼标的之权利或义务就数人为共通或基于同一之事实上及法律上之原因者,其数人得为共同诉讼人起诉或被诉。

诉讼标的之权利或义务系同种而基于事实上及法律上同种之原因者,亦与前项同。

第五十九条　就他人间之诉讼标的之全部或一部为自己请求之人,得于其诉讼系属中以当事人双方为共同被告,向第一审受诉法院起诉。

第六十条　共同诉讼人之一人之诉讼行为或对此之对方之诉讼行为及就其一人所生之事项,于他共同诉讼人不及影响。

第六十一条　诉讼标的对于共同诉讼人全员仅须合一确定者,其一人之诉讼行为仅于全员利益生其效力。

对于共同诉讼人一人之对方诉讼行为,对于全员生其效力。

就共同诉讼人之一人有诉讼手续之中断或中止之原因者,其中断或中止对于全员生其效力。

第三节　诉讼参加

第六十二条　就诉讼结果有利害关系之第三人,得于诉讼系属中为辅助当事人之一方参加诉讼。

第六十三条　参加之声报须以记载参加趣旨及理由之书面,提出于依参加为诉讼行为之法院为之。

前项书面须送达于当事人双方。

参加之声报得与为参加人得为之诉讼行为同时为之。

第六十四条　当事人就参加述异议者,参加之理由须疏明之。于此情形,法院就参加之许否以裁定为裁判。

对于前项裁判得为即时抗告。

第六十五条　当事人就参加未述异议而为辩论或在准备手续已为中述者,丧失陈述异议之权利。

第六十六条　参加人就参加虽已有异议而于不许参加之裁判未确定间,亦得为诉讼行为。

参加人之诉讼行为已由当事人援用者,虽不许参加之裁判已确定时,亦有其效力。

第六十七条　参加人就诉讼得为攻击或防御方法之提出,异议之声明、上诉之提起其他一切之诉讼行为。但依参加之时之诉讼程度不得为者不在此限。

参加人之诉讼行为与被参加人之诉讼行为抵触者无其效力。

第六十八条　除依前条规定参加人不得为诉讼行为或其诉讼行为无效力者、被参加人妨碍参加人诉讼行为者，及被参加人将参加人不能为之诉讼行为因故意或过失未为者外，裁判对于参加人亦有其效力。

第六十九条　主张因诉讼结果权利被害之第三人或主张诉讼标的全部或一部为自己权利之第三人，得为当事人而参加诉讼。于此情形，准用第六十一条及第六十三条之规定。

第七十条　有依前条规定为主张自己权利参加于诉讼之人者，参加前之原告或被告，得经对方之承诺由诉讼脱退。但判决对于已脱退之当事人亦有其效力。

第七十一条　诉讼系属中主张让受其诉讼标的之权利之全部或一部依第六十九条之规定而为诉讼参加者，其参加溯及于诉讼系属之初，生中断时效或遵守法律上期间之效力。

第七十二条　诉讼系属中第三人已承继其诉讼标的之债务者，法院得因当事人之声明使其第三人承受诉讼。

法院依前项规定为裁定前，须审讯当事人及第三人。

第七十条　规定中关于脱退及判决之效力者，于依第一项规定已有诉讼之承受者准用之。

第七十三条　诉讼标的对于当事人之一方及第三人仅须合一确定者，其第三人得为共同诉讼人而参加诉讼。于此情形，准用第六十三条之规定。

第七十四条　当事人得于诉讼系属中将其诉讼告知，得为参加之第三人。

受诉讼告知之人得更为诉讼告知。

第七十五条　诉讼告知须以记载理由及诉讼程度之书面，提出于法院为之。

前项书面对于对方亦须送达之。

第七十六条　已受诉讼告知而未参加者，关于第六十八条规定之适用，亦视为于得参加之时已行参加。迟滞参加者亦同。

第四节 诉讼代理人及辅佐人

第七十七条 依法令得为裁判上行为之代理人外,非律师不得为诉讼代理人。但于地方法院及区法院得经法院许可,选任非律师之人为诉讼代理人。

法院不论何时得取消前项之许可。

第七十八条 诉讼代理人之权限须以书面证之。

前项书面如系私文书者,法院得命诉讼代理人应受该管吏员之认证。

前二项之规定,于当事人以言词选任诉讼代理人经法院书记官将其陈述记载于调书者不适用之。

第七十九条 诉讼代理人就事件得为关于反诉、参加、强制执行、假扣押及假处分之诉讼行为且受领清偿。

就左列事项须受特别之委任。

一、反诉之提起;

二、诉之撤回、和解、请求之抛弃或认诺或依第七十条规定之脱退;

三、控诉、上告或控诉权、上告权之抛弃、控诉或上告之撤回;

四、代理人之选任。

诉讼代理权不得限制之。但就非律师之诉讼代理人不在此限。

第八十条 前条规定,不妨依方令得为裁判之行为之代理人之权限。

第八十一条 诉讼代理人有数人者,各自代理当事人。

当事人虽定异于前项规定者,亦不生其效力。

第八十二条 诉讼代理人事实上之陈述,由当事人即时取消或更正者,不生其效力。

第八十三条 诉讼代理权不因当事人之死亡或诉讼能力之丧失,为当事人之法人因合并之消灭或法定代理人之死亡,诉讼能力之丧失或代理权之消灭,变更而消灭。

第八十四条 有一定资格之人而以自己之名为他人为诉讼当事人者,其诉讼代理人之代理权不因当事人资格之丧失而消灭。

前项规定,于依第四十七条规定被选定之当事人丧失其资格者准用之。

第八十五条 第五十一条第二项、第五十二条、第五十三条及第五十六条第一项之规定,于诉讼代理准用之。

第八十六条　当事人或诉讼代理人得经法院之许可协同辅佐人到场。此许可不论何时得取消之。

辅佐人之陈述如当事人或诉讼代理人不即取消或更正者,视为自己为之。

第三章　诉讼费用
第一节　诉讼费用之负担

第八十七条　诉讼费用由败诉当事人负担。

第八十八条　为法定代理人或诉讼代理人起诉而不能证明其代理权或因未得追认而被却下诉者,诉讼费用由为代理人而起诉之人负担。

第八十九条　法院得从情事,使胜诉当事人负担因伸张或防御其权利不必要之行为所生之诉讼费用,或于诉讼程度因伸张或防御对方之权利必要之行为所生之诉讼费用之全部或一部。

第九十条　因当事人不于适当时期提出攻击或防御方法,或迟误期日或期间其他因应归责于当事人之事由致诉讼迟滞者,虽于其胜诉之情形,法院亦得使其负担因迟滞而生诉讼费用之全部或一部。

第九十一条　于一部败诉之情形,各当事人应负担之诉讼费用,以法院之意见定之。但得从情事使当事人之一方负担诉讼费用之全部。

第九十二条　共同诉讼人以平等之比例负担诉讼费用。但法院得从情事使共同诉讼人连带负担诉讼费用或依地方法院负担之。

法院得不拘前项规定,使就伸张或防御权利为不必要行为之当事人负担因其行为所生之费用。

第九十三条　第八十七条至前条之规定,当事人就参加已述异议者,关于因其异议所生之诉讼费用之参加人与已述异议当事人间之负担准用之。因参加所生诉讼费用之参加人与对方间之负担亦同。

第九十四条　法院于完结事件之裁判,须以职权就其审级诉讼费用之全部为裁判。但得从情事于关于事件之一部或中间之争之裁判为其费用之裁判。

第九十五条　上级法院变更本案之裁判者,须就诉讼之总费用为裁判。受事件之发回或移送之法院为完结该事件之裁判者亦同。

第九十六条　当事人于法院为和解而就和解之费用及诉讼费用之负担未经订定者,其费用各自负担之。

第九十七条　法院于定诉讼费用负担之裁判而未定其额者,第一审之受诉法院于其裁判生执行力后,因声明以裁定定之。

为前项之声明者,须提出费用计算书及其誊本,并疏明费用额所必要之书面。

对于第一项之裁定得为即时抗告。

第九十八条　法院为定诉讼费用额之裁定前,须向对方交付费用计算书之誊本,催告其应为陈述,并于一定期间内提出费用计算书及疏明费用额所必要之书面。

对方于期间内未提出前项书面者,法院得仅就声明人之费用为裁判。但不妨对方求确定费用额之声明。

第九十九条　法院为定诉讼费用额之裁判者,除前条第二项之情形外,各当事人应负担之费用于其相当额,视为已有抵销。

第一百条　于第九十六条之情形,当事人定费用之负担而未定其额者,法院须因声明以裁定定其额。于此情形,准用第九十七条第二项、第三项及前二条之规定。

第一百零一条　除前条情形外,诉讼不因裁判而完结者,法院须因声明以裁定定诉讼费用额且命其负担。有参加或就参加之异议之撤回者亦同。

第八十七条至第九十三条、第九十七条第二项第三、第九十八条及第九十九条之规定,于前项情形准用之。

第一百零二条　法院得使法院书记官为诉讼费用额之计算。

第一百零三条　法定代理人、诉讼代理人、法院书记官或送达吏因故意或重大之过失致生无益之费用者,受诉法院得因声明或以职权对于此等人命其费用额之偿还。

前项规定,于为法定代理人或诉讼代理人而为诉讼行为之人,不能证明其代理权或未得追认者,因其诉讼行为所生之诉讼费用准用之。

对于前二项之裁定得为即时抗告。

第一百零四条　关于需费用之行为,法院得使当事人预纳其费用。当事人不从法院之命预纳费用者,法院得不为前项行为。

第二节　诉讼费用之担保

第一百零五条　原告于满洲国无住所、事务所及营业所者,法院须因被告之声明以裁定命原告供诉讼费用之担保。于担保生有不足者亦同。

前项规定，于请求之一部无争执而其额足以担保者不适用之。

第一百零六条　前条第一项规定，于为原告为参加之人于满洲国无住所、事务所及营业所者准用之。

第一百零七条　知有应供担保之事由后，被告就本案已为辩论或在准备手续已为申述者，不得为担保之声明。

第一百零八条　已为担保声明之被告，于原告或参加人供担保前得拒绝本案之辩论。

第一百零九条　法院于命应供担保之裁定，须定担保额及应供担保之期间。

担保额以被告于各审级应支出之费用总额为标准定之。

第一百十条　关于担保声明之裁判，得为即时抗告。

第一百十一条　供担保须提存金钱或法院认为相当之有价证券，应供担保之人不能供前项规定之担保者，法院得许以在满洲国有普通裁判籍而有资力之人之保证代之。

依前项规定之保证，须将保证书提出于法院为之。

第一百十二条　被告就诉讼费用，于依前条第一项规定所提存之金钱或有价证券上有质权。

依前条第二项规定，为保证之人就其保证金额负担与连带保证人同一之责任。

第一百十三条　原告于应供担保之期间内未供担保者，法院得不经言词辩论以判决将诉却下。但判决前已供担保者不在此限。

前项规定，于参加人未供担保者准用之。

第一百十四条　已供担保之人证明担保之事由终止者，法院须因声明为担保取消之裁定。

已供担保之人，就取消担保证明已得担保权利人之同意者亦与前项同。

诉讼完结后，法院因已供担保人之声明对于担保权利人催告应于一定期间内行使其权利，而担保权利人未行使者，就取消担保视为已有担保权利人之同意。

对于依第一项及前二项规定之裁定，得为即时抗告。

第一百十五条　法院得因供担保人之声明以裁定命担保之更换。

第一百十六条　第一百零八条、第一百零九条第一项、第一百十条至第一百十二条、第百十三条第一项及前二条之规定，于依他法令就诉之提起应供之担保准用之。

第三节　诉讼上之救助

第一百十七条　对于无资力支付诉讼费用之人，法院得因声明与以诉讼上救助。但以非无胜诉之望者为限。

当事人无前项声明，须疏明救助之事由。

第一百十八条　诉讼上之救助于各审级与之。

第一百十九条　诉讼上之救助就诉讼、强制执行、假扣押及假处分生左列效力。

一、暂免裁判及执行费用之支付；

二、暂免经法院命附添律师之报酬及垫款之支付；

三、免除诉讼费用之担保。

第一百二十条　诉讼上之救助仅为受救助人有其效力。

法院对于诉讼承继人命支付暂免之费用。

第一百二十一条　受诉讼上救助之人查明有支付诉讼费用之资力或已至有资力者，存有诉讼记录之法院得因利害关系人之声明或以职权，不论何时取消救助并命支付暂免之诉讼费用。

第一百二十二条　对于受诉讼上救助之人暂免支付之费用，得向被命其负担之对方直接收取之。于此情形，律师得依受诉讼上救助之人所有之执行名义，就报酬及垫款为定费用额之声明及强制执行。

律师得就报酬及垫款，代替当事人为求第一百条或第一百零一条裁判之声明。

第一百二十三条　当事人述虚伪之事实而受诉讼救助者，法院以裁定处三百圆以下之过料。

第一百二十四条　对于本节所规定之裁判，得为即时抗告。

第四章　诉讼手续

第一节　送达

第一百二十五条　送达除另有规定者外，以职权为之。

第一百二十六条　关于送达之事务，由法院书记官办理之。

前项事务之办理，得向送达地之区法院书记官嘱托之。

第一百二十七条　送达依送达吏或邮便为之。

依邮便送达者，以信差为送达之吏员。

第一百二十八条　对于就该事件已到场之人，法院书记官得自为送达。

第一百二十九条　送达除另有规定者外，向应受送达人交付应送达书类之誊本为之。

代应送达书类之提出作成调书者，交付其调书之誊本或节本而为送达。

第一百三十条　对于无诉讼能力人之送达，向其法定代理人为之。

第一百三十一条　对于属军用厅舍或舰之人之送达，向其厅舍或舰船之长为之。

第一百三十二条　对于在监人之送达，向监狱之长为之。

第一百三十三条　当事人依诉讼代理人而为诉讼者，送达向诉讼代理人为之。

第一百三十四条　数人共同行代理权者送达，向其一人为之已足。

第一百三十五条　送达于应受送达之人之住所、居所、事务所或营业所为之。但对于法定代理人之送达，于本人之事务所或营业所亦得为之。

应受送达之人于满洲国有无住所、居所、事务所或营业所不明者，送达得于会晤之场所为之。有住所、居所、事务所或营业所之人不拒绝受送达者亦同。

第一百三十六条　当事人、法定代理人或诉讼代理人于受诉法院所在地无住所、居所、事务所或营业所者，须在其法院所在地指定应受送达之场所及送达代收人而呈报之。

前项呈报应受送达之人，于受诉法院所在地有住所、居所、事务所或营业所者亦得为之。

前二项之呈报，对于在同一地之各审级法院有其效力。

第一百三十七条　于应为送达之场所不获会晤应受送达人者，得将书类交付于事务员、佣人或同居人而具有足以辨识事理之知能之人。

第一百三十八条　应受书类交付之人无正当事由而拒绝收受者，得将书类置于应为送达之场所。

第一百三十九条　不能依前二条之规定为送达者，法院书记官得将书类挂证付邮而发送之。

第一百四十条 依前条之规定已将书类付邮发送者，视为于其发送之时已有送达。

第一百四十一条 星期日其他之一般休日或日出前日没后，依送达吏为送达者，须有审判官之许可。

已有前项许可者，法院书记官须将其旨附记于应送达之书类。

违背前二项规定之送达，以应受书类交付之人收受者为限，有其效力。

第一百四十二条 应在外国为送达者，由审判官嘱托于其国管辖官署或驻在其国之满洲国大使、公使或领事为之。

第一百四十三条 对属于出阵军队之人或服役务之舰船乘员之送达，由审判官嘱托其上级司令官应为之。

前项送达，准用第一百三十一条之规定。

第一百四十四条 已为送达之吏员须作书面记载关于送达之事项，向法院提出之。

第一百四十五条 当事人之住所、居所其他应为送达之场所不明者或就应在外国为送达不能，依第一百四十二条之规定。或虽依此而认为无其效者，得因声明经审判官之许可，为公示送达。

为避免诉讼迟滞认为有必要者，得经审判官之许可，以职权为公示送达。

对于同一当事人之嗣后公示送达以职权为之。

第一百四十六条 公示送达由法院书记官将应送达之书类黏贴于法院揭示场而为之。但得将保管应送达之书类不论何时应交付于应受送达人之旨，揭示于揭示场以代送达书类之黏贴。

法院得命将已有公示送达之事揭载于政府公报或新闻纸或以适当方法公示之。但就应在外国应为之送达，得将有公示送达之事付邮通知。

第一百四十七条 公示送达因自依前条第一项规定之黏贴或开始揭示之日起，经过三星期而生其效力。但第一百四十五条第三项之公示送达，于黏贴或开始揭示之日之翌日生其效力。

前项期间之得缩短之。

第一百四十八条 关于送达之审判官权限，受命审判官、受托审判官及送达地之区法院审判官亦有之。

第二节　期日及期间

第一百四十九条　期日由审判官定之。

受命审判官或受托审判官之审问期日，由其审判官定之。

期日之指定因声明或以职权为之。

期日以有显著之事由者为限，得变更之。

第一百五十条　期日之指定以日及时定之。

期日非不得已者，不得以星期日其他之一般休日定之。

第一百五十一条　于期日之传唤，以送达传票为之。但对于就该事件已到场之人，以告知其期日为足。

第一百五十二条　期日以事件之点呼开始之。

第一百五十三条　期间之计算从《民法》。

期间之末日值星期日其他之一般休日者，期间以其翌日为满了。

第一百五十四条　于定期间之裁判而未定始期者，其期间自裁判生效力之时起开始进行。

第一百五十五条　法院得伸长或缩短法定期间或其所定之期间。但不变期间不在此限。

就不变期间，法院得对于在远方或交通不便之地有住所或居所之人，定附加期间。

审判官、受命审判官或受托审判官得伸长或缩短其所定之期间。

第一百五十六条　当事人因不应归其责之事由，不能为于不变期间内应为之诉讼行为者，得为其追复。

第一百五十七条　当事人因前条之事由，不能为言词辩论者，得声明其追复。

依前项规定有追复之声明者，对于该判决不得为上诉。但追复之声明被却下或撤回者不在此限。

第一百五十八条　前条所规定追复之声明，须具声明之趣旨及理由，向应为追复诉讼行为之法院为之。

法院认追复之声明为不当者，须以裁定却下之，对此裁定得为即时抗告。

第一百五十九条　第一百五十六条所规定之追复及第一百五十七条所规定追复之声明，须于第一百五十六条之事由终止后二星期以内为之。

前项期间为不变期间。

第三节　诉讼手续之中断及中止

第一百六十条　当事人死亡者,诉讼手续中断。于此情形,继承人、继承财产管理人其他依法令应续行诉讼之人,须承担诉讼手续。

继承人于得抛弃继承期内,不得承担诉讼手续。

第一百六十一条　为当事人之法人因合并而消灭者,诉讼手续中断。于此情形,因合并而设立之法人或合并后存续之法人,须承担诉讼手续。

前项规定于不得以合并对抗对方者不适用之。

第一百六十二条　当事人丧失诉讼能力或其法定代理人死亡或丧失代理权者,诉讼手续中断。于此情形,法定代理人或至有诉讼能力之当事人须承担诉讼手续。

第一百六十三条　有一定资格之人以自己之名为他人为诉讼当事人而丧失其资格或死亡者,诉讼手续中断。于此情形,有同一资格之人其他依法令应续行诉讼之人,须承担诉讼手续。

依第四十七条规定,被选定之当事人全员丧失其资格或死亡者,诉讼手续中断。于此情形,为选定之人之总员或新被选定为当事人之人,须承担诉讼手续。

第一百六十四条　第一百六十条第一项、第一百六十一条第一项及前二条之规定,于有诉讼代理人之间不适用之。

第一百六十五条　当事人受破产之宣告者,关于破产财团之诉讼手续中断。于此情形,于已有依《破产法》之承担前有破产手续之解止者,破产人当然承担诉讼手续。

第一百六十六条　依《破产法》有关于破产财团之诉讼手续之承担后,有破产手续之解止者,诉讼手续中断。于此情形,破产人须承担诉讼手续。破产宣告后,关于破产财团诉被提起而有破产手续之解止者亦同。

第一百六十七条　诉讼手续之承担,对方亦得为之。

第一百六十八条　已有承担诉讼手续之声明者,法院须通知对方。

第一百六十九条　承担诉讼手续之声明,法院须以职权调查之认为无理由者,以裁定却下之。

关于裁判之送达后中断之诉讼手续之承担,须由为其裁判之法院为裁判。

第一百七十条　当事人虽未为诉讼手续之承担者,法院亦得以职权命其续行。

第一百七十一条　因天灾其他之事故,法院不能执行职务者,诉讼手续于其事故终止前中止。

第一百七十二条　当事人因不定期间之障碍不能续行诉讼手续者,法院得以裁定命其中止。

前项裁定得取消之。

第一百七十三条　判决之宣告,虽诉讼手续中断中亦得为之。

诉讼手续之中断或中止、停止期间之进行,自诉讼手续承担之通知或续行之时起更开始全期间之进行。

第二编　第一审之诉讼手续
第一章　地方法院之诉讼手续
第一节　诉之提起及变更

第一百七十四条　诉之提起,须以诉状提出于法院为之。

第一百七十五条　诉状须记载当事人、法定代理人并请求之趣旨及原因。

关于准备书面之规定,于诉状准用之。

第一百七十六条　确认之诉,为确定证法律关系之书面之真否,亦得提起之。

第一百七十七条　求将来之给付之诉,以有预为其请求之必要者为限,得提起之。

第一百七十八条　数个之请求,以依同种之诉讼手续者为限,得以一诉为之。

第一百七十九条　诉状违背第一百七十五条第一项规定者,审判官须定相当期间,命于其间内应补正欠缺。不从法律规定,于诉状贴用印纸者亦同。

原告不补正欠缺者,审判官须以裁定却下诉状。

对于前项裁定,得为即时抗告。

抗告状须添附被却下之诉状。

第一百八十条　诉状须向被告送达之。

前条规定,于不能送达诉状者准用之。

第一百八十一条　有诉之提起者,审判官须定言词辩论期日,传唤当事人。

第一百八十二条　就系属于法院之事件,当事人不得更行起诉。

第一百八十三条　原告以无变更请求之基础为限,得于言词辩论终结前变更请求之趣旨或原因。但因此使诉讼手续甚为迟滞者不在此限。

请求之变更,须依书面为之。

前项书面,须向对方送达之。

第一百八十四条　法院认请求之变更为不当者,须因声明或以职权为不许变更之裁定。

第一百八十五条　裁判系于诉讼进行中为争执之法律关系之成立或不成立者,当事人得扩张请求而求确认其法律关系之判决。但其确认之请求以不专属于他法院之管辖者为限。

依前项规定之请求之扩张,须依书面为之。

前项书面,须送达于对方。

第一百八十六条　为时效之中断或法律上之期间,遵守所必要之裁判上之请求,于起诉之时或依第一百八十三条第二项或前条第二项之规定,提出书面于法院之时生其效力。

第一百八十七条　被告于言词辩论终结前得向本诉系属之法院提起反诉。但其标的之请求以不专属于他法院管辖者,及与本诉标的之请求或防御方法相牵连者为限。

反诉依关于本诉之规定。

第二节　言词辩论

第一百八十八条　当事人除另有规定者外,就诉讼须在法院为言词辩论。

第一百八十九条　言词辩论须以书面准备之。

第一百九十条　准备书面,就所记载之事项须留对方准备所必要之期间,提出于法院,由法院向对方送达之。

审判官得定提出准备书面之期间。

第一百九十一条　准备书面须记载左列事项,由当事人或代理人署名盖章。

一、当事人之姓名、名称或商号、职业及住所；

二、代理人之姓名、职业及住所；

三、事件之表示；

四、攻击或防御之方法；

五、对于对方之请求及攻击或防御之方法之陈述；

六、附属书类之表示；

七、年月日；

八、法院之表示。

第一百九十二条　当事人所持之文书于准备书面引用者，须于准备书面之各通添附其誊本。

仅以文书之一部为必要者，添附其节本。如文书为浩繁者，以表示其文书为足。

第一百九十三条　前条文书因对方之请求，须许阅览其原本。

第一百九十四条　未记载于准备书面之事实，对方如不在庭者，于言词辩论不得主张之。

第一百九十五条　言词辩论由审判官指挥之。

审判官得许发言，或对于不从其命之人禁止发言。

第一百九十六条　审判官为使诉讼关系明了，关于事实上及法律上之事项，对于当事人得发问或促立证。

当事人对于审判官得求必要之发问。

第一百九十七条　审判官得依前条之规定，指示应使当事人释明之事项，命于言词辩论期日前应为准备。

第一百九十八条　当事人就关于指挥辩论之审判官之命，或依前二条规定之审判官之处置述异议者，法院以裁定就其异议为裁判。

第一百九十九条　法院为使诉讼关系明了，得为左列处分。

一、命当事人本人或其法定代理人之到场；

二、使提出诉讼书类或于诉讼所引用之文书其他之物件而当事人所持者；

三、将当事人或第三人所提出之文书其他之物件留置于法院；

四、为检证或命鉴定；

五、嘱托必要之调查。

于前项第一款之情形，当事人本人或其法定代理人得经法院之许可,使熟悉情事之人代自己到场。

就第一项第四款所规定之检证及鉴定并第五款所规定之调查之嘱托,准用关于证据调查之规定。

第二百条　法院得命言词辩论之限制、分离或并合或取消其命。

第二百零一条　法院得命再开已终结之言词辩论。

第二百零二条　法院得于言词辩论使通事莅场。

对于聋人或哑人,得以文字发问或使陈述。

关于鉴定人之规定,于通事准用之。

第二百零三条　法院为使诉讼关系明了,得禁止不能为必要之陈述之当事人、代理人或辅佐人之陈述,为续行辩论定新日。

依前项规定,已禁止陈述而认为有必要者,法院得命附添律师。

禁止诉讼代理人之陈述或命律师之附添者,须将其旨通知本人。

第二百零四条　攻击或防御之另法,除另有规定者外,得于言词辩论终结前提出之。

第二百零五条　原告或被告于最初为言词辩论之期日不到场或到场而不为本案之辩论者,得以其人提出之诉状、答辩书其他之准备书面所记载之事项视为陈述,命到场之对方为辩论。

第二百零六条　当事人因故意或重大之过失迟于时机所提出攻击或防御之方法,认为使迟延诉讼之完结者,法院得因声明或以职权为却下裁定。

攻击或防御之方法其趣旨不明了,而当事人不为必要之释明或于应为释明之期日不到场者,亦与前项同。

第二百零七条　当事人于言词辩论,就对方所主张之事实显不争执者,视为自认其事实。但依辩论之全趣旨可认为就其事实争执者不在此限。

就对方所主张之事实陈述为不知之人,推定为争执其事实。

第一项本文之规定,当事人于言词辩论期日不到场或到场而不为辩论者准用之。

第二百零八条　当事人双方于言词辩论期日不到场或不为辩论而退庭者,审判官须定新期日传唤当事人双方。

前项新期日或以后之期日,当事人双方不到场或不为辩论而退庭者,视为诉已撤回。

第二百零九条　法院以当事人双方无异议者为限,得不经言词辩论而为判决。于此情形,法院得定期间命当事人应以书面陈述。

第二百十条　当事人不拘知关于诉讼手续规定之违背或可得知之而不速述异议者,丧失述异议之权利。但不得抛弃者不在此限。

第二百十一条　就言词辩论,法院书记官须于每期日作成调书。

第二百十二条　调书须记载左列事项,由审判官及法院书记官署名盖章。但审判官有事故者,由书记官记载其旨已足。

一、事件之表示;

二、审判官及法院书记官之姓名;

三、到场之当事人、代理人、辅佐人及通事并缺席当事人之姓名;

四、辩论之场所及年月日;

五、公开辩论或不公开者其理由。

第二百十三条　调书须记载辩论之要领,尤须明确左列事项。

一、和解、认诺、抛弃、撤回及自认;

二、证人、鉴定人之宣誓及陈述;

三、检证之结果;

四、审判官命记载之事项及因当事人请求许记载之事项;

五、不作书面之裁判;

六、裁判之宣告。

第二百十四条　审判官得于调书引用书面、像〔相〕片其他认为适当者添附于诉讼记录,而使之为调书之一部。

第二百十五条　调书之记载须因声明于法庭向关系人朗读或使阅览,且于调书记载其旨。

关系人就调书之记载述异议者,须于调书记载其旨。

第二百十六条　关于言词辩论方式之规定之遵守,得专依调书证之。但调书已灭失者不在此限。

第二百十七条　第二百十一条至前条之规定于法院之审讯、受托审判官之审问及证据调查准用之。

第二百十八条　声明其他之申述除另有规定者外,得以书面或言词为之。

以言词为申述者,须于法院书记官面前为陈述。

于前项情形,书记官须作调书署名盖章。

第二百十九条　当事人得向法院书记官请求阅览或誊写诉讼记录或交付其正本、誊本、节本或关于诉讼事项之证明书。已疏明利害关系之第三人亦同。

诉讼记录之正本、誊本或节本须记载其为正本、誊本或节本，由书记官署名盖章且盖法院之印。

第三节　证据

第一目　总则

第二百二十条　于法院当事人所自认之事实及显著之事实，无须证之。

第二百二十一条　证据之声报，须表示应证之事实为之。

证据之声报，于期日前亦得为之。

第二百二十二条　疏明须依即时可得调查之证据为之。

第二百二十三条　当事人所声报之证据而法院认为不必要者，无须调查之。

第二百二十四条　就证据调查有不定期间之障碍者，法院得不为证据调查。

第二百二十五条　法院依当事人声报之证据未能得心证其他认为有必要者，得以职权为证据调查。

第二百二十六条　法院得将必要之调查嘱托于官署、公署、外国之官署、公署或学校、商会、农会、交易所其他之团体。

第二百二十七条　证据调查，当事人于期日不到场者亦得为之。

第二百二十八条　应在外国为证据调查者，须嘱托其国之管辖官署或驻在其国之满洲国大使、公使或领事为之。

在外国所为之证据调查，虽违背其国之法律，如不违背本法者仍有其效力。

第二百二十九条　法院认为相当者，得在法院外为证据调查或嘱托区法院，使为证据调查。

受托审判官认为在他区法院为证据调查相当者，得更为证据调查之嘱托。于此情形，须将其旨通知受诉法院及当事人。

第二百三十条　受托审判官除另有规定者外，关于证据调查有与受诉法院及审判官同一之权限。

受托审判官应为裁判而认为相当者，得对于受诉法院请求为其裁判。

第二百三十一条　受托审判官须将关于证据调查之记录送付于受诉法院。

第二百三十二条　法院所为关于证据之嘱托,由审判官为之。

第二目　证人讯问

第二百三十三条　法院除另有规定者外,不论何人得以为证人而讯问之。

第二百三十四条　以公务员或曾为公务员之人为证人,而就职务上之秘密为讯问者,法院须得有监督权之官署或公署之承认。

第二百三十五条　以国务总理大臣、宫内府大臣、尚书府大臣、参议或将军或曾在此等之职之人为证人,而就职务上之秘密为讯问者,法院须得敕许。以治安部大臣或曾在其职之人为证人,而就关于军之统帅之职务上之秘密为讯问者亦同。

第二百三十六条　证人讯问之声报,须指定证人为之。

第二百三十七条　证人之传票须记载左列事项。

一、当事人之表示;

二、讯问事项之要领;

三、证人应到场之日时及场所;

四、证人不到场者其法律上之制裁;

五、法院。

法院认为相当者,得于传票省略前项第二款之记载。

第二百三十八条　证人无正当事由而不到场者,法院得以裁定命负担因此所生之诉讼费用且处三百圆以下之过料。对此裁定得为即时抗告。

第二百三十九条　法院得命拘引无正当事由而不到场之证人。

前项拘引准用关于《刑事诉讼法》中证人拘引之规定。

第二百四十条　于左列情形,得使受托审判官为证人之讯问:

一、证人无向受诉法院到场之义务或因正当事由不能到场者;

二、证人向受诉法院到场需不相当之费用或时间者。

第二百四十一条　证言关于足致证人或左列之人有受刑事上诉追或处罚之虞之事项者,证人得拒绝证言。证言关于此等人可受耻辱之事项者亦同。

一、证人之配偶、四亲等内血亲，或三亲等内姻亲，或与证人曾有此等亲属关系之人；

二、证人之家之家长；

三、证人之监护人或受证人监护之人；

四、证人以为主人而侍奉之人。

第二百四十二条 于左列情形，证人得拒绝证言。

一、第二百三十四条及第二百三十五条之情形；

二、医师、齿科医师、药师、药商、助产士、律师、辩理士、辩护人、公证人、在宗教或祷祀之职之人或曾在此等之职之人，就职务上所知之事实应守默秘而受讯问者；

三、关于技术或职业上之秘密事项受讯问者。

前项规定，于证人被免默秘之义务者不适用之。

第二百四十三条 证言拒绝之理由，须疏明之。

第二百四十四条 除第二百四十二条第一项第一款之情形外，证言拒绝之当否，由受诉法院审讯当事人而为裁判。

关于证言拒绝之裁判，当事人及证人得为即时抗告。

第二百四十五条 以证言拒绝为无理由之裁判确定后，证人无故拒绝证言者，准用第二百三十八条之规定。

第二百四十六条 审判官须使证人于讯问前为宣誓。但有特别事由者，得于讯问后为之。

第二百四十七条 宣誓须起立严肃行之。

第二百四十八条 审判官须于宣誓前，谕示宣誓之趣旨，于讯问前警告伪证之罚。

第二百四十九条 宣誓使证人朗读宣誓书，且使署名盖章为之。

证人不能朗读宣誓书者，由审判官代读之；证人不能署名者，由法院书记官代书之。

宣誓书须记载誓从良心陈述真实之旨。

第二百五十条 以左列之人为证人而讯问者，不得使为宣誓。

一、未满十六岁者；

二、不能理解宣誓之趣旨者。

第二百五十一条 讯问合于第二百四十一条规定之证人而不行使证言拒绝之权利者，得不使为宣誓。

第二百五十二条　证人就自己或第二百四十一条所揭之人有甚著之利害关系之事项受讯问者,得拒绝宣誓。

第二百五十三条　不使为宣誓而讯问证人者,须将其旨及事由记载于调书。

第二百五十四条　第二百三十八条、第二百四十三条及第三百四十四条之规定,于证人拒绝宣誓者准用之。

第二百五十五条　审判官认为有必要者,得命证人互相对质。

第二百五十六条　审判官认为有必要者,得使证人为文字之书写其他必要之行为。

第二百五十七条　审判官认为有必要者,得许后行讯问之证人在庭。

第二百五十八条　证人不得依书类为陈述。但受审判官许可者不在此限。

第二百五十九条　当事人对于审判官,得求必要之发问或受其许可而发问。

当事人得就发问之许否陈述异议。于此情形,法院就异议为裁判。

对于受托审判官发问之许否之异议,由受诉法院为裁判。

第三目　鉴定

第二百六十条　鉴定除另有规定者外,准用前目之规定。

第二百六十一条　于鉴定有必要之学职经验之人,负为鉴定之义务。

与依第二百四十一条或第二百五十二条之规定,得拒绝证言或宣誓之人,在同一地位之人及第二百五十条所揭之人,不得为鉴定人。

第二百六十二条　鉴定人不得拘引之。

第二百六十三条　鉴定人由受诉法院或受托审判官指定之。

第二百六十四条　鉴定人有妨碍为公正鉴定之情事者,当事人得忌避之。

鉴定人已就鉴定事项为陈述或提出书面者,不得忌避其鉴定人。但忌避之原因发生在后或当事人不知其原因者不在此限。

第二百六十五条　忌避之声明须开示其原因,向受诉法院或受托审判官为之。

忌避之原因及前条第二项但书之事实,须疏明之。

对于以忌避为有理由之裁定,不得声明不服。对于以此为无理由之裁定,得为即时抗告。

第二百六十六条　宣誓书须记载誓从良心为公正鉴定之旨。

第二百六十七条　审判官得使鉴定人以书面或言词,共同或各别述意见。

第二百六十八条　就关于依特别学识经验所得知之事实之讯问,依关于证人讯问之规定。

第二百六十九条　法院认为有必要者,得将鉴定嘱托于官署、公署、外国之官署、公署或有相当设备之法人。于此情形,除关于宣誓之规定外准用本日之规定。

于前项情形,法院认为有必要者,得使由官署、公署或法人所指定之人为鉴定书之说明。

第四目　书证

第二百七十条　书证之声报,须提出文书或声明,命所持人提出为之。

第二百七十一条　于左列情形,文书所持人不得拒绝其提出。

一、当事人于诉讼曾经引用之文书自己所持者;

二、举证人对于文书所持人,得求其移交或阅览者;

三、文书为举证人利益所作成或就举证人与文书所持人间之法律关系所作成者;

四、当事人自己所持其商业账簿者。

第二百七十二条　文书提出之声明,须表明左列事项。

一、文书之表示;

二、文书之趣旨;

三、文书所持人;

四、应证之事实;

五、文书提出义务之原因。

第二百七十三条　法院认文书提出之声明为有理由者,以裁定对于文书所持人命其提出。

对于第三人命文书之提出者,须审讯其第三人。

第二百七十四条　关于文书提出声明之裁定,得为即时抗告。

第二百七十五条　当事人不从文书提出之命者,法院得认对方关于文书之主张为真实。

第二百七十六条　当事人以妨碍对方之使用为目的,毁灭有提出义务之文书其他使至不能使用之者,法院得认对方关于其文书之主张为真实。

第二百七十七条　第三人不从文书提出之命者,法院以裁定处三百圆以下之过料。对此裁定得为即时抗告。

第二百七十八条　书证之声报,得不拘第二百七十条之规定,声明嘱托文书所持人送付其文书为之。但当事人得依法令求文书之正本或誊本之交付者不在此限。

第二百七十九条　法院认为有必要者,得留置所提出或送付之文书。

第二百八十条　依第二百二十九条规定使受托审判官就文书为证据调查者,法院得定应记载于受托审判官之调查之事项。

前项调书须添附文书之誊本或节本。

第二百八十一条　文书之提出或送付,须以原本、正本或有认证之誊本为之。

法院得不拘前项规定,命原本之提出或使为送付。

法院得使当事人提出曾经引用之文书之誊本或节本。

第二百八十二条　文书依其方式及趣旨,可认为公务员职务上所作成者,推定为真正之公文书。

公文书之真否有可疑者,法院得以职权,询问该官署或公署。

第二百八十三条　前条规定,于可认为外国公务员所作成之文书准用之。

第二百八十四条　私文书须证其为真正。

本人或其代理人署名或盖章之私文书,推定其为真正。

第二百八十五条　文书之真否,依笔迹或印影之对照亦得证之。

第二百八十六条　第二百七十条、第二百七十三条至第二百七十六条及第二百七十八条至第二百八十条之规定,于具有可供对照之笔迹或印影之文书其他之物件之提出或送付,准用之。

第三人无正当事由而不从前项规定之命者,法院以裁定处三百圆以下之过料。对此裁定得为即时抗告。

第二百八十七条　对照无适当之笔迹者，法院得命对方为可供对照用之文字之书写。

对方无正当事由而不从前项规定之法院之命者，法院得认举证人关于文书真否之主张为真实。改变书态而书写者亦同。

第二百八十八条　供对照用之书类之原本、誊本或节本须添附于调书。

第二百八十九条　当事人或其代理人因故意或重大之过失反于真实而争执文书真正者，法院以裁定处三百圆以下之过料。对此裁定得为即时抗告。

于前项情形，争执文书真正之当事人或其代理人于诉讼系属中认其为真正者，法院得依情事取消前项裁定。

第二百九十条　本目规定于为证征所作之物件而非文书者准用之。

第五目　检证

第二百九十一条　检证之声报，须表示检证之标的为之。

第二百九十二条　受托审判官于检证认为有必要者，得命鉴定。

第二百九十三条　第二百七十条、第二百七十三条至第二百七十六条及第二百七十八条至第二百八十条之规定，于检证标的之提示或送付准用之。

第三人无正当事由而不从前项规定提示之命者，法院以裁定处三百圆以下之过料。对此裁定得为即时抗告。

第六目　当事人讯问

第二百九十四条　法院依证据调查不能得心证者，得因声明或以职权讯问当事人本人。于此情形，得使当事人为宣誓。

第二百九十五条　审判官认为有必要者，得命当事人相互或当事人与证人对质。

第二百九十六条　当事人无正当事由而不应传唤或拒绝宣誓或陈述者，法院得认对方关于讯问事项之主张为真实。

第二百九十七条　宣誓之当事人为虚伪之陈述者，法院以裁定处三百圆以下之过料。对此裁定得为即时抗告。

第二百八十九条第二项之规定，于前项裁定准用之。

第二百九十八条　已讯问当事人者，须将其陈述及使为或不使为宣誓记载于调书。

第二百九十九条 第二百九十四条至前条之规定,于诉讼代表当事人之法定代理人准用之。但不妨讯问当事人本人。

第三百条 第二百三十七条、第二百四十条、第二百四十六条至第二百五十条、第二百五十六条、第二百五十八条及第二百五十九条之规定,于本目之讯问准用之。

第七目 证据保全

第三百零一条 法院认非预为证据调查,于使用其证据有困难之情事者,得因声明从本节规定为证据调查。

第三百零二条 证据保全之声明,于诉讼系属中须向应使用其证据之审级之法院,于其提起前须向管辖应受讯问之人或所持文书之人之居所或检证物所在地之区法院为之。

于急迫情形,虽诉之提起后,得向前项区法院为证据保全之声明。

第三百零三条 证据保全之声明,须表明左列事项。

一、对方之表示;

二、应证之事实;

三、证据;

四、证据保全之事由。

证据保全之事由,须疏明之。

第三百零四条 证据保全之声明,于不能指定对方者亦得为之。于此情形,须疏明其事由。

于前项情形,审判官得为应为对方之人,选任特别代理人。

第三百零五条 法院认为有必要者,得于诉讼系属中以职权为证据保全之裁定。

第三百零六条 对于证据保全之裁定,不得声明不服。

第三百零七条 证据调查之期日,须传唤声明人及对方。但需急速者不在此限。

第三百零八条 关于证据保全之记录,须向存有本诉讼记录之法院送付之。

第三百零九条 关于证据保全之费用,为诉讼费用之一部。

第四节 裁判

第三百十条 诉讼达于可为裁判之程度者,法院为终局判决。

第三百十一条　诉讼之一部达于可为裁判之程度者,法院得就其一部为终局判决。

前项规定,于命言词辩论并合之数个诉讼中其一达于可为裁判之程度者,及本诉或反诉达于可为裁判之程度者,准用之。

第三百十二条　就独立之攻击或防御之方法其他中间之争执达于可为裁判之程度者,法院得为中间判决。于就请求之原因及数额有争执者,就其原因亦同。

第三百十三条　法院于为判决,应斟酌其言词辩论之全趣旨及证据调查之结果,依自由心证判断事实上之主张可否认为真实。

第三百十四条　法院不得就当事人未声明之事项为判决。

第三百十五条　原告抛弃请求者,须为请求弃却之判决;被告认诺请求者,须为被告败诉之判决。

第三百十六条　对于言词辩论之懈怠有追复之声明者,基于新言词辩论应宣告之判决,与在前所宣告之判决符合者须维持之,不符合者取消之。

第三百十七条　判决由参与其基本言词辩论之审判官为之。

审判官有更迭者,当事人须陈述从前言词辩论之结果。

第三百十八条　判决因宣告生其效力。

第三百十九条　判决之宣告,基于判决原本,由审判官朗读主文为之。

审判官认为相当者,得朗读判决之理由或以言词告之要领。

第三百二十条　判决之宣告,自言词辩论终结之日起,于二星期以内为之。但事件繁杂其他有特别情事者不在此限。

第三百二十一条　判决须记载左列事项,由为判决之审判官署名盖章。

一、主文;

二、事实及争点;

三、理由;

四、当事人及法定代理人;

五、法院。

事实及争点之记载,须基于言词辩论之当事人之陈述摘示要领为之。

第三百二十二条　判决于宣告后须速交付法院书记官,书记官附记言词辩论终结并判决宣告及交付之日而盖章。

第三百二十三条　判决须自受交付之日起,于二星期以内向当事人送达之。

判决之送达以正本为之。

第三百二十四条　判决如有误算、误写其他类此之明显误谬者,法院不论何时得因声明或以职权为更正裁定。

对于更正裁定,得为即时抗告。但对于判决有适法之控诉者不在此限。

第三百二十五条　法院就请求之一部脱漏裁判者,须因声明或以职权补充裁判。

前项规定于脱漏诉讼费用之裁判者,准用之。于此情形,依第一百零一条之规定。

依前项规定之诉讼费用之裁判,对于本案判决已有适法之控诉者失其效力。于此情形,控诉法院就诉讼总费用为裁判。

前项规定对于本案判决基本言词辩论懈怠之声明追复有理由者准用之。

第三百二十六条　就关于其财产权之请求之判决,法院认为有必要者,得因声明或以职权宣示供担保或不供,得为假执行之旨。

法院得因声明或以职权宣示供担保,得免假执行之旨。

前二项之宣示,须于判决主文记明之。

第三百二十七条　第一百十一条、第一百十二条、第一百十四条及第一百十五条之规定,于前条之担保准用之。

第三百二十八条　第三百二十五条第一项之规定,于脱漏关于假执行之裁判者准用之。

第三百二十九条　假执行之宣示因变更其宣示或本案判决之判决之宣告于变更之限度,失其效力。

变更本案判决者,法院须因被告之声明,于其判决命原告返还基于假执行之宣示由被告所给付者,及赔偿因假执行或为免假执行被告所受之损害。

仅变更假执行之宣示者,就其后变更本案判决之判决,适用前项规定。

第三百三十条　确定判决以包含于主文者为限,有既判力。

为抵销所主张之请求之成立或不成立之判断,就以抵销所对抗之额,有既判力。

第三百三十一条　外国法院之确定判决,以具备左列条件者为限,有其效力。

一、于法令或条约不否认外国法院裁判权;

二、败诉之被告系满洲国人者,不依公示送达而受于诉讼开始所必要之传唤或命令之送达或虽未受之而为应诉;

三、外国法院之判决不反于满洲国公共秩序或善良风俗;

四、有互相之保证。

第三百二十二条　确定判决对于当事人、言词辩论终结后之承继人,或为其人所持请求之标的物之人,有其效力。

对于为他人为当事人之人之确定判决,对于该他人亦有效力。

前二项之规定,于假执行之宣示准用之。

第三百三十三条　不适法之诉而其欠缺不能补正者,得不经言词辩论以判决却下之。

第三百三十四条　就应以裁定完结之事件,法院定应否为言词辩论。

不为言词辩论者,法院得审讯当事人其他之关系人。

前二项之规定,于另有规定者不适用之。

第三百三十五条　裁定因告知生其效力。

裁定之告知因此开始声明不服之期间之进行者,以送达裁定为之。

前项以外之裁定之告知,以认为相当之方法为之。于此情形,法院书记官须将告知之方法、场所及年月日附记于裁定原本而盖章。

第三百三十六条　关于诉讼指挥之裁定,不论何时得取消之。

第三百三十七条　对于法院书记官之处分之异议,由其书记官所属法院以裁定为裁判。

第三百三十八条　裁定以不反于其性质为限,准用关于裁决之规定。

第五节　和解

第三百三十九条　法院不论诉讼在如何程度,得试行和解或嘱托区法院试行之。

前项嘱托，由审判官为之。

第三百四十条　法院或受托审判官为和解，得命当事人本人或其法定代理人之到场。

第三百四十一条　和解成立已记载于调书者，其记载有与确定判决同一之效力。

第六节　诉之撤回

第三百四十二条　诉讼判决确定前，得撤回其全部或一部。但对方已就本案提出准备书面或为言词辩论者，就诉之撤回，须有其同意。

诉之撤回，须依书面为之。但不妨于言词辩论以言词为之。

于诉状送达后撤回之书面，须向对方送达之。

第三百四十三条　诉讼就已有诉之撤回之部分，视为自始无系属者。

就本案已有终局判决后撤回诉之人，不得提起同一之诉。

第三百四十四条　已有本诉之撤回者，被告得不经原告同意撤回反诉。

第二章　区法院之诉讼手续

第三百四十五条　区法院之诉讼手续，除另有规定者外，准用前章之规定。

第三百四十六条　诉得以言词提起之。

前项规定，于诉讼参加之声报准用之。

第三百四十七条　当事人双方得任意到场，于法院而就诉讼为言词辩论。于此情形，诉之提起，依言词之陈述为之。

第三百四十八条　被告以反诉为属于地方法院管辖之请求而有对方之声明者，区法院须以裁定将本诉及反诉移送于地方法院。于此情形，准用第三十一条及第三十三条之规定。

对于移送之裁定，不得声明不服。

前二项之规定，于当事人依第一百八十五条规定所为确认判决之请求属于地方法院管辖者准用之。

第三百四十九条　言词辩论无须以书面准备之。

可认对方非为准备不能陈述之事项，不拘前项规定，须以书面准备之。于此情形，得于言词辩论前将其事项直接通知对方，以代准备书面之提出。

第一百九十四条之规定,于不为前项通知者准用之。

第三百五十条 判决记载事实及理由,以表示请求之趣旨及原因之趣旨,其原因之有无并排斥请求理由之抗辩之要旨为足。

关于第三百三十条第二项规定之抵销主张之判断,不拘前项规定,须于判决记载之。

第三编 上诉
第一章 控诉

第三百五十一条 控诉得对于第一审之终局判决为之。但经当事人双方合意均不为控诉者不在此限。

前项合意得保留为上告之权利而为之。

第二十五条第二项之规定,于第一项之合意准用之。

第三百五十二条 对基于财产权之诉讼之判决,因控诉应受之利益之价额不超过五十圆者,不得为控诉。

前项价额以控诉提起之时为标准定之。

于控诉审所扩张之请求之价额,于第一项之价额不算人之。

第二十二条及第二十三条之规定,于第一项之价额之算定准用之。

第三百五十三条 对于诉讼费用之裁判,不得独立为控诉。

第三百五十四条 终局判决前之裁判,受控诉法院之判断。但不得声明不服之裁判及得以抗告声明不服之裁判不在此限。

第三百五十五条 控诉得于控诉审之终局判决前撤回之。

第二百零八条、第三百四十二条第二项第三项及第三百四十三条第一项之规定,于控诉之撤回准用之。

第三百五十六条 为控诉之权利得抛弃之。

第三百五十七条 控诉权之抛弃,于控诉提起前须依对于第一审法院之申述,于控诉提起后须依对于控诉法院之申述为之。

控诉提起后有控诉权之抛弃者,视为撤回控诉。

控诉权抛弃之书面,须向对方送达之。

第三百五十八条 控诉须自送达判决之日起于三十日以内提起之。但不妨其期间前所提起之控诉之效力。

前项期间为不变期间。

第三百五十九条　控诉之提起，须以提出控诉状于第一审法院或控诉法院为之。

控诉状须记载左列事项。

一、当事人及法定代理人；

二、第一审判决之表示及对于其判决为控诉之旨。

第三百六十条　关于准备书面之规定，于控诉状准用之。

第三百六十一条　对于区法院之判决之控诉，得以言词提起之。

第三百六十二条　向第一审法院所提起之控诉，于控诉期间经过后所为者，第一审法院须以裁定却下之。对此裁定得为即时抗告。

第三百六十三条　向第一审法院已有控诉状之提出者，除前条之情形外，法院书记官须于诉讼记录添附控诉状速送付于控诉法院书记官。但诉讼之一部仍系属于第一审法院者，准用第三十三条第二项但书之规定。

向控诉法院已有控诉状之提出者，法院书记官须速向第一审法院书记官求诉讼记录之送付。

前二项之规定，于以言词提起控诉者准用之。

第三百六十四条　第一百七十九条之规定，于控诉状违背第三百五十九条第二项之规定者，不从法律规定于控诉状贴用印纸者，及不能为控诉状之送达者准用之。

第三百六十五条　控诉状须向被控诉人送达之。

第三百六十六条　被控诉人虽于控诉权消灭后，然在言词辩论终结前得为附带控诉。

第三百六十七条　附带控诉于撤回控诉或以为不适法而却下控诉者失其效力。但具备控诉要件者，视为独立之控诉。

第三百六十八条　附带控诉，依关于控诉之规定。

第三百六十九条　控诉法院以就第一审判决无声明不服之部分为限，得因声明以裁定为假执行之宣示。

第三百七十条　对关于假执行之控诉审之裁判，不得声明不服。对于却下前条声明之裁定，得为即时抗告。

第三百七十一条　言词辩论仅于当事人求第一审判决变更之限度为之。

当事人须陈述第一审之言词辩论之结果。

第三百七十二条　于第一审所为之控诉行为,在控诉审亦有其效力。

第三百七十三条　由当事人所提出之攻击或防御之方法,因故意或重大之过失于第一审未提出者,认为因此可使迟延诉讼之完结时,法院得因声明或以职权为却下之裁定。

第三百七十四条　于控诉审当事人,不得主张第一审法院无管辖权。但就专属管辖不在此限。

第三百七十五条　反诉以有对方之同意者为限,得提起之。

对方不述异议而就反诉之本案为辩论者,视为同意反诉之提起。

第三百七十六条　前编第一章之规定,除另有规定者外,于控诉审之诉讼手续准用之。

第三百七十七条　法院认为相当者,不论何时,得就诉讼之全部或一部或仅就某争点,命以依受命审判官之准备手续。

第三百七十八条　准备手续须作成调书,基于当事人之陈述,记载第一百九十一条第四款及第五款所揭之事项,尤其就证据须将其声报明确之。

受命审判官认为相当者,得以准备书面代前项之陈述及调书。

第三百七十九条　当事人之一方于期日不到场者,得送达前条调书之誊本,定新期日传唤当事人双方。

第三百八十条　受命审判官得使当事人提出准备书面。于此情形,准用第一百九十条之规定。

第三百八十一条　当事人于期日不到场或依前条规定,受命审判官所定期间内未提出准备书面者,受命审判官得终结准备手续。

第三百八十二条　反诉或控诉之撤回,于准备手续中得于受命审判官面前以言词为之。

于准备手续当事人已为申述者,就诉之撤回,须有其同意。

第二百零八条之规定,于准备手续之控诉之撤回准用之。

第三百八十三条　当事人须于言词辩论陈述准备手续之结果。

第三百八十四条　调书或代调书之准备书面未记载之事项,不得于言词辩论主张之。但其事项应由法院以职权调查者,不致甚著迟滞诉讼或疏明无重大之过失,而于准备手续未能提出者,不在此限。

前项但书之规定,不妨第一百九十四条之规定之适用。

已记载于诉状、控诉状或准备手续前所提出之准备书面之事项,虽未记载于调书或代准备书面者,不妨于言词辩论主张之。

第三百八十五条　第一百九十五条至第二百零七条、第二百十条及第三百三十九条至第三百四十一条之规定,于准备手续准用之。

第三百八十六条　第一审诉讼手续之审判官之职务,由审判长行之。

使受命审判官行其职务者,由审判长指定其审判官。

第三百八十七条　和解之试行及在法院外所为之证据调查,得使受命审判官为之。

于前项情形,受命审判官有与受托审判官同一之权限。但就依第二百二十九条第二项规定之证据调查之嘱托不在此限。

第二百十一条第二项至第二百十六条之规定,于受命审判官之审问及证据调查准用之。

第三百八十八条　陪席审判官于言词辩论得告于审判长,为明了诉讼关系,关于事实上及法律上之事项,对于当事人发问或促立证。

当事人对于前项所规定陪席审判官之处置述异议者,法院以裁定就其异议为裁判。

第三百八十九条　陪席审判官于对于证人、鉴定人或当事人之证据调查,得告于审判长向此等人发问。

第三百九十条　审判长有事故不能于言词辩论调书署名盖章者,须由资深审判官附记其事由,署名盖章。但审判官均有事故者,由作成调书之法院书记官记载其旨已足。

第三百九十一条　不适法之控诉而其欠缺不能补正者,得不经言词辩论,以判决却下之。

第三百九十二条　控诉法院以第一审判决为相当者,须弃却控诉判决。依其理由为不当而依他理由为正当者,须弃却控诉。

第三百九十三条　第一审判决之变更仅得于声明不服之限度为之。

第三百九十四条　控诉法院以第一审判决为不当者,须取消之。

第三百九十五条　第一审之判决手续违背法律者,控诉法院须取消判决。

第三百九十六条　取消以诉为不适法而却下之第一审判决者,控诉法院须将事件发回第一审法院。

第三百九十七条 前条情形外，控诉法院取消第一审判决者，就事件尚有辩论之必要时，得向第一审法院发回之。

以第一审法院之诉讼手续违背法律为理由发回事件者，其诉讼手续视为因此而被取消。

第三百九十八条 以事件系管辖错误为理由而取消第一审判决者，控诉法院须以判决将事件移送于管辖法院。

第三百九十九条 判决须由为判决之审判官均署名盖章。但审判官有事故不能于判决署名盖章者，须由他审判官于判决记载其事由，署名盖章。

第四百条 判决记载事实及理由者，得引用第一审判决。

第四百零一条 诉讼完结后无上诉之提起而上诉期间满了者，法院书记官须将判决或依第三百六十四条规定之命令之正本添附于诉讼记录，向第一审法院书记官送付之。

第二章 上告

第四百零二条 上告得对于控诉审终局判决为之。

于第三百五十一条第二项之情形，得对于一审判决径为上告。

第四百零三条 对基于财产权之诉讼之判决，因上告应受之利益之价额不超过二百圆者，不得为上告。

前项价额以上告提起之时为标准定之。

第二十二条及第二十三条之规定，于第一项之价额之算定准用之。

第四百零四条 上告非以判决违背法令为理由，不得为之。

第四百零五条 判决于左列情形当然为违背法令。

一、不从法律而构成判决法院者；

二、依法律不得参与判决之审判官参与判决者；

三、违背关于专属管辖之规定者；

四、法定代理权或诉讼代理权有欠缺者；

五、违背言词辩论公开之规定者；

六、判决不附理由或理由有龃龉者。

第四百零六条 前章之规定，除另有规定者外，于上告及上告审之诉讼手续准用之。

第四百零七条　上告法院书记官由原法院书记官受诉讼记录之送付者,须速将其旨通知当事人。

前项通知以送达通知书为之。

第四百零八条　上告状未记载上告理由者,须自有前条通知之日起,于四十日以内提出上告理由书。

第四百零九条　上告人违背前条规定未提出上告理由书者,上告法院得以判决却下上告。

第四百十条　审判长得定相当期间,命被上告人应提出答辩书。

第四百十一条　上告审之判决,不经言词辩论为之。

第四百十二条　上告法院仅于基于上告理由声明不服之限度为调查。

第四百十三条　于原判决适法确定之事实,羁束上告法院。

第四百十四条　已有依第四百零二条第二项规定之上告者,上告法院不得以原判决事实之确定违背法律为理由而破毁其判决。

第四百十五条　第四百十二条至前条之规定,于法院应以职权调查之事项不适用之。

第四百十六条　上告法院以就原判决无声明不服之部分为限,得因声明以裁定为假执行之宣示。

第四百十七条　以上告为有理由者,上告法院须破毁原判决,将事件发回原法院或移送于同等之他法院。

受发回或移送之法院,须基于新言词辩论为裁判。但受上告法院为破毁理由之事实上及法律上之判断之羁束。

参与原判决之审判官,不得参与前项之裁判。

第四百十八条　于左列情形,上告法院须就事件为裁判。

一、以就确定之事实违误法令之适用为理由破毁判决,而事件基于其事实达于可为裁判之程度者;

二、以事件不属于通常法院之权限为理由破毁判决者。

第四百十九条　有发回或移送之判决者,法院书记官须将其判决正本添附于诉讼记录,送付于受发回或移送之法院书记官。

第四百二十条　高等法院为上告审查关于法令之解释与其法院或他高等法院或最高法院曾为上告审而为之判决意见不同时,须以裁定将诉讼移送于最高法院。

第三十三条之规定,于依前项规定为移送者准用之。

第三章　抗告

第四百二十一条　对于不经言词辩论而却下关于诉讼手续之声明之裁定,得为抗告。

第四百二十二条　就不得以裁定为裁判之事项为裁定者,当事人对此得为抗告。

第四百二十三条　对于受命审判官或受托审判官之裁判,有不服之当事人得向受诉法院为异议之声明。但以其裁判如系受诉法院之裁判,对此得为抗告者为限。

抗告得对于就异议之裁判为之。

第一项规定于就系属于上告审之事件,受命审判官或受托审判官所为之裁判准用之。

第四百二十四条　对于抗告法院之裁定限于以其裁定违背法令为理由者,得更为抗告。

第四百二十五条　抗告及抗告法院之诉讼手续以不反于其性质为限,准用第一章之规定。但前条之抗告及关于其诉讼手续准用前章之规定。

第四百二十六条　即时抗告,须自告知裁判之日起于二星期以内为之。

前项期间为不变期间。

前二项之规定,于依第四百二十三条规定之异议之声明准用之。

第四百二十七条　抗告须向原法院或抗告法院以书面或言词为之。

抗告法院受抗告而认为适当者,得将事件送付于原法院。

第四百二十八条　原法院受抗告或依前条第二项规定受事件送付而认抗告为有理由者,须更正其裁判。

认抗告为无理由者,须附意见将事件送付于抗告法院。

第四百二十九条　抗告以即时抗告为限,有执行停止之效力。

抗告法院或为原裁判之法院或审判官,得于抗告裁定前停止原裁判之执行命其他必要之处分。

第四编　再审

第四百三十条　于左列情形,对于确定之终局判决得以再审之诉,声明不服。但当事人已依上诉主张其事由或知之而不为主张者，不在此限。

一、不从法律而构成判决法院者；

二、依法律不得参与判决之审判官参与判决者；

三、法定代理权或诉讼代理权有欠缺者；

四、因故意或重大之过失声明为公示送达，致妨碍当事人提出攻击或防御之方法者；

五、参与判决之审判官就事件犯关于职务之罪者；

六、因刑事上应罚之他人之行为至为自认，或经妨碍其提出足及影响于判决之攻击或防御之方法者；

七、为判决之证据之文书其他之物件系伪造或变造者；

八、以证人、鉴定人、为通译之法院书记官、通事或经宣誓之当事人或法定代理人之虚伪陈述为判决之证据者；

九、为判决基础之民事或刑事之判决其他之裁判或行政处分，依其后之裁判或行政处分而被变更者；

十、就足及影响于判决之重要事项遗脱判断者；

十一、有不服声明之判决与前所宣告之确定判决抵触者。

于前项第五款至第八款之情形，以就应罚之行为有罪之判决或过料之裁判确定，或因证据欠缺以外之理由不能得有罪之确定判决或过料之确定裁判者为限，得提起再审之诉。

于控诉审已就事件为本案判决者，不得对于第一审之判决提起再审之诉。

第四百三十一条　再审由为有不服声明之判决之法院专属管辖，对于审级相异之法院就同一事件所为判决之再审之诉，由上级法院合并管辖之。

第四百三十二条　再审之诉讼手续以不反于其性质为限，准用关于各审级之诉讼手续之规定。

第四百三十三条　再审之诉当事人须自判决确定后知再审之事由之日起，于三十日以内提起之。

前项期间为不变期间。

判决确定后已过五年者，不得提起再审之诉。

再审之事由发生于判决确定后者，前项期间自其事由发生之日起算之。

第四百三十四条　前条之规定于以第四百三十条第一项第三款、第四款及第十一款所揭事项为理由之再审之诉,不适用之。

第四百三十五条　诉状须记载左列事项。

一、当事人及法定代理人;

二、声明不服之判决之表示及对于其判决求再审之旨;

三、不服之理由。

第四百三十六条　本案之辩论及裁判得仅于不服之范围内为之。

不服之理由得变更之。

第四百三十七条　虽有再审之事由而以判决为正当者,法院须却下再审之诉。

第四百三十八条　得以即时抗告声明不服之裁定,经确定而有第四百三十条第一项所揭之事由者,得准对于确定判决之第四百三十条至前条之规定为再审之声明。

第四百三十九条　当事人或其代理人滥行提起再审之诉而却下其诉之判决经确定者,法院以裁定处三百圆以下之过料。

对于前项规定,得为即时抗告。

前二项之规定,于前条所规定之再审之声明准用之。

第五编　督促手续

第四百四十条　就以给付金钱其他之代替物或有价证券之一定数量为标的之请求,法院得因债权人之声明,发支付命令。但以在满洲国不依公示送达而得送达其命令者为限。

第四百四十一条　督促手续由债务人普通裁判籍所在地之区法院或依第九条规定之管辖区法院专属管辖。

第四百四十二条　支付命令之声明以不反于其性质为限,准用关于诉之规定。

第四百四十三条　支付命令之声明违背第四百四十条或关于管辖之规定,或依声明之趣旨显无请求之理由者,其声明须却下之。

就请求之一部不得发支付命令者,就其一部亦同。

对于声明却下之裁定,不得声明不服。

第四百四十四条　支付命令,不审讯债务人而发之。

债务人对于支付命令,得为异议之声明。

第四百四十五条 支付命令须记载当事人、法定代理人并请求之趣旨及原因，且附记债务人自支付命令送达之日起于三星期以内不声明异议者，因债权人之声明为假执行之宣示。

第四百四十六条 支付命令须送达当事人。

第四百四十七条 债务人于假执行宣示前声明异议者，支付命令于其异议之范围内失效力。

第四百四十八条 债务人自支付命令送达之日起于三星期以内不声明异议者，法院须因债权人之声明，于支付命令附记手续费用额为假执行之宣示。但其宣示前已有异议之声明者不在此限。

假执行之宣示，须于支付命令之原本及正本记载之，将其正本送达当事人。

对于却下假执行声明之裁定，得为即时抗告。

第四百四十九条 债权人自得声明假执行之时起于三十日以内不为其声明者，支付命令失其效力。

第四百五十条 自附有假执行宣示之支付命令送达之日起经过三星期者，债务人不得对于其支付命令声明异议。

前项期间为不变期间。

第四百五十一条 区法院认异议为不适法者，请求虽属于地方法院之管辖，亦须以裁定却下其异议。对于此裁定，得为即时抗告。

第四百五十二条 对于支付命令适法已有异议之声明者，就有异议之请求，视为从其标的之价额，于声明支付命令之时向发其命令之区法院或管辖其区法院所在地之地方法院已有诉之提起。于此情形，督促手续之费用为诉讼费用之一部。

依前项规定视为向地方法院已有诉之提起者，法院书记官须速将诉讼记录送付于地方法院书记官。

第四百五十三条 对于附有假执行宣示之支付命令，无异议之声明或却下异议之裁定经确定者，支付命令有与确定判决同一之效力。

附则

本法施行之期日，以敕令定之。

（依康德四年十一月敕令第三二二号，自同年十二月一日施行）

《民事诉讼法》施行法

（康德四年十一月二十五日敕令第三一一号）

朕依《组织法》第三十六条，经咨询参议府，裁可《〈民事诉讼〉施行法》，著即公布。

（国务总理、司法部大臣副署）

第一条　《民事诉讼法》除本法另有规定者外，于其施行前所生之事项亦适用之。但不妨依从前规定所生之效力。

第二条　就自《民事诉讼法》施行前所系属之事件，依《民事诉讼法》有管辖权之法院虽依从前规定无管辖权者，亦有管辖权。

就前项事件，依从前规定有管辖权之法院虽依《民事诉讼法》无管辖权者，亦有管辖权。

第三条　就依《民事诉讼法》新定期间之诉讼行为而于《民事诉讼法》施行之际应为者，其期间自《民事诉讼法》施行之日起算之。

第四条　《民事诉讼法》中关于诉讼费用担保之规定，就自《民事诉讼法》施行前所系属之诉讼不适用之。

第五条　自《民事诉讼法》施行前开始进行之法定期间及其计算，依从前之规定。

第六条　《民事诉讼法》施行前所声明之回复原状之手续，仍依从前之规定完结之。

第七条　《民事诉讼法》施行前为依从前规定应处罚款之行为之人，而于《民事诉讼法》施行前之际尚未受其裁判者，以于《民事诉讼法》应处过料者为限，依《民事诉讼法》处罚之。但过料之额不得超过从前规定之罚款之额。

《民事诉讼法》施行前为依《民事诉讼法》应处过料之行为之人并于从前规定应处罚款者，不得处罚之。

第八条　依从前规定于诉之提起前所为和解之声明，视为依《调停法》所为调停之声明。

第九条　对于《民事诉讼法》施行前所为之判决，得不拘《民事诉讼法》第三百五十二条及第四百零三条之规定，仍依从前之规定为上诉。

第十条　《民事诉讼法》施行前第一审法院或控诉法院以管辖错误

为诉之却下,而上诉法院为第一审法院无其管辖权者,须以判决将事件移送于第一审管辖法院。

于前项情形,上诉法院为第一审法院有管辖权者,须将事件发回于其法院。但就第一审法院为有管辖权之事件,控诉法院以管辖错误为诉之却下者,上告法院得将事件发回于控诉法院。

第十一条　《民事诉讼法》第四百十七条第三项之规定,暂不适用之。

第十二条　对于《民事诉讼法》施行前所为以请求原因为正当之中间判决,得仍依从前之规定为上诉。

第十三条　对于《民事诉讼法》施行前所为之判决而却下回复原状之声明,或以请求原因为不当者提起控诉而有其理由时,须依从前规定将事件发回于第一审法院。

第十四条　自《民事诉讼法》施行前所系属之证书诉讼,仍依从前规定完结之。但诉讼于《民事诉讼法》施行之际系属于第一审者,视为自《民事诉讼法》施行之日起于通常之手续而系属者。

附则

本法自《民事诉讼法》施行之日施行。

强制执行法

（康德四年六月三十日敕令第二〇七号）

第一章　强制执行

第一节　总则

第一条　强制执行,因执行名义为之。

第二条　左列者为执行名义。

一、就民事诉讼事件所为之终局判决而已确定或附以假执行之宣示者;

二、诉讼上之和解;

三、依《调停法》之调停;

四、附以假执行宣示之支付命令;

五、就民事诉讼事件所为之裁定而已确定或不待确定有其效力者;

六、外国法院就民事诉讼事件所为之确定终局判决而有满洲国法院之执行判决者;

七、公证人于其权限内依成规之方式所作之证书。但限于就以金钱其他之代替物或有价证券之一定数量之给付为标的之请求所作之证书而记载即可受强制执行者。

第三条　前条第一款至第六款之执行名义对于其所表示之当事人以外之人应有效力者，对于其人或为其人亦得执行之。但就依《民事诉讼法》第六十二条规定之参加人不在此限。

前条第七款之执行名义对于其成立后之当事人之一般承继人，或为其成立后之当事人之承继人，亦得执行之。

第四条　求执行判决之诉，由债务人之普通裁判籍所在地之区法院或地方法院。如无债务人之普通裁判籍者，由依《民事诉讼法》第八条规定管辖对于债务人之诉之法院管辖之。

第五条　执行判决，限于外国法院之判决具备《民事诉讼法》第三百三十一条之条件且执行上有相互之保证者为之。

执行判决，不调查裁判之当否为之。

第六条　强制执行于应对于执行名义所表示当事人以外之人或为其人为之时，或系于除供担保外之事实而应由债权人证明者之到来时，限于有执行认可者得为之。

前项规定，于开始强制执行后债务人死亡而对于继承财产应续行强制执行者不适用之。

第七条　前条执行认可，因债权人之声明为之。

执行认可之声明于执行名义系裁判或诉讼上之和解者，须向存有诉讼记录之受诉法院；系调停者向调停成立之法院；系公正证书者向管辖保管其证书之公证人事务所所在地之区法院为之。

第八条　执行法院于有妨害执行之虞者，得因债权人之声明认可，对于占有或所持执行标的物之人亦得为执行。

前项执行认可，无须指定应受执行之人。

第九条　法院就执行认可，得以职权为事实之调查及证据调查。

就执行认可之声明，以裁定为裁判。

对于执行认可之裁定，债务人得为即时抗告。

第十条　强制执行基于执行名义之正本为之。

需执行认可者，强制执行基于附记有执行认可之正本为之。

前项附记由为认可之法院书记官为之。

第十一条　债权人求执行名义正本之数通或不返还前所送达或交付之正本,更求同一执行名义之正本时,执行名义系裁判或诉讼上之和解者,以有存有诉讼记录之受诉法院,系调停者调停成立之法院,系公正证书者管辖保管其证书之公证人事务所所在地之区法院之审判官之命令时为限,得交付之。

交付执行名义正本之数通或更交付正本者,须将其旨通知对方。

交付正本之数通或更交付正本者,须将其旨记载于正本。

第十二条　交付执行名义之正本者,须于执行名义之原本记载其受领人及交付日。

第十三条　关于强制执行之声明,得以书面或言词为之。

第十四条　强制执行之声明,须添附有执行力之正本。

执行名义系确定之裁判者,除有执行认可者外,须添附裁判确定之公证明书。

第十五条　有执行力之正本于强制执行全部达其目的者,须记载其旨而交付债务人;于一部达其目的者,须记载其旨而交还债权人;于取消强制执行或撤回强制执行之声明者,须交还债权人。

第十六条　强制执行以将执行名义已送达或同时送达者为限,得开始之。

就强制执行需执行认可者,须于执行名义外将执行认可之裁判于开始执行前或与执行同时送达。

依第十四条第二项之规定添附裁判确定之公证明书者,须将其书面之誊本于开始执行前或与执行同时送达。

第十七条　权利之行使系于日时之到来者,以其日时之满了后为限,得开始强制执行。

强制执行系于债权人供担保者,以债权人提出已供担保之公证明书且已送达或同时送达其誊本时为限,得开始强制执行。

第十八条　对于服军务之军人或军属之强制执行,以通知其上级司令官厅后为限,得开始之。

债权人为前项通知者,上级司令官厅须因请求交付其证明书。

第十九条　强制执行,除另有规定者外,由执行官为之。

第二十条　执行官得以职权为事实之调查。

第二十一条　执行官得为债权人受领清偿。

执行官受领全部之清偿者，须于有执行力之正本记载其旨，连同领受证书一并交付债务人。受领一部之清偿者，须于有执行力之正本记载其旨交还债权人，而将领受证书交付债务人。

第二十二条　星期日其他之一般休日或日出前日没后为执行行为，须有执行法院许可。

前项许可，须于执行之际示之。

第二十三条　关于执行官所为之强制执行，执行官就送达行与法院书记官同一之职务。

于前项情形，执行官认为有必要者，得自行送达吏之职务。

第二十四条　执行官为执行得搜索债务人之住所、居所、事务所、营业所、仓库及筐匣或使开启闭锁之户扉及筐匣。

执行官有必要者，得用实力且求警察官吏之援助。如需军队之援助者，得求执行法院为其处置。

第二十五条　执行官为执行用实力者，须使成年人二人为证人在场于债务人之住所、居所、事务所或营业所。为执行而不获会晤债务人或成长之同居人或佣人者亦同。

前项规定，于依警察官吏之援助而为执行或得证人甚困难者不适用之。

第二十六条　执行官于每执行行为须作调书。

调书须记载左列事项由执行官署名盖章。

一、执行之日时及场所；

二、执行行为之标的物及其重要情事之略记；

三、以言词为关于执行之通知或催告者其旨；

四、与于执行之人之表示。

调书之记载，须向于执行之人朗读或供阅览后使其署名盖章且于调书记载其旨。如与于执行之人不署名盖章者，须于调书记载其事由。

第二十七条　属于法院管辖之强制执行及执行行为之合力，由执行法院为之。

执行法院除另有规定者外，为管辖应为执行手续之地或已为之地之区法院。

第二十八条　执行法院得以职权为事实之调查及证据调查。

第二十九条　执行法院之裁判，以裁定为之。

第三十条　于第六条第二项之情形,继承人未定或继承人之住所、居所、事务所或营业所不明者,执行法院须因债权人之声明为继承财产或继承人选任特别代理人。但以有为债务人,须知之执行行为之必要者为限。

第三十一条　执行手续之关系人或其代理人,于管辖应为执行之地之区法院所在地无住所、居所、事务所或营业所者,须于其法院之所在地定应受送达或通知或催告之场所及其领受人,而呈报于执行官或执行法院。

前项呈报应受送达或通知或催告之人,于管辖应为执行之地之区法院所在地有住所、居所、事务所或营业所者亦得为之。

第三十二条　对于执行手续关系人之送达在依前条规定所呈报之场所为之者,虽系无其效,视为于可得交付应送达书类之时已有其效。

在该执行手续曾为之送达不依邮便送达或公示送达而完了送达之场所为送达者,亦与前项同。但应受送达之人之住所、居所其他应为送达之场所明了者不在此限。

第三十三条　关于执行之通知或催告,得以书面或言词为之。

以书面为通知或催告时,应受人之住所、居所、事务所或营业所不明,或因在外国甚著生手续之迟滞者,得不为通知或催告。

在依第三十一条规定所呈报之场所为通知或催告而无其效,及在该执行手续曾完了通知或催告之场所为之而无其效者,亦与前项同。

第三十四条　强制执行之费用,以必要部分为限,归债务人负担。

前项费用得与系于强制执行之请求同时收取之。

依前项规定所收取之费用系于强制执行之请求不存在,或执行当时不得为其行使已确定者,须向债务人返还之。

第三十五条　就需费用之执行行为,执行官或执行法院得使债权人预纳其费用。

债权人不从前项之命预纳费用者,得不为执行行为或取消已为之执行手续。

第三十六条　对于执行官关于强制执行所为之处分,得向执行法院声明异议。

前项异议之声明,须自有处分之告知之日起于二星期以内为之。

第三十七条　对于执行法院关于强制执行所为之裁判,得为即时抗告。

前项规定,于执行法院关于强制执行所为之处分准用之。

第三十八条　前二条之规定,于第三人就强制执行之标的物主张所有权其他得拒绝强制执行之权利者准用之。但于此情形,异议或抗告之期间自第三人知有裁判或处分之时起算之。

第三十九条　异议或抗告之理由有数个者,须同时主张之。

第四十条　为异议或抗告之理由所主张之事由已被排斥者,不得于同一事件之他手续再主张之。

第四十一条　以执行名义因实体上之事由不可执行为理由之异议或抗告,执行名义系判决者,于言词辩论终结后;系附以假执行宣示之支付命令者,于其送达后;系其他之执行名义者,于执行名义成立后所生之事由为限,得主张之。但执行名义系公证证书者不在此限。

执行名义系裁判者,前项之异议或抗告限于其裁判确定时得为之。

第四十二条　于左列情形,该事件系属之法院得因声明以裁定命于为其裁判前,使供担保或不使供担保而停止强制执行或取消已为之执行处分,或使供担保而为强制执行。

一、对于执行认可之裁定有抗告者;

二、对于执行官所为之执行处分有异议之声明者;

三、对于执行法院关于强制执行所为之裁判或处分有抗告者;

四、有再审之诉之提起或再审之声明者;

五、对于附以假执行宣示之判决有上诉之提起,或对于附以假执行宣示之支付命令有异议之声明者。

有急迫之情事者,执行法院亦得为前项裁定。但前项第二款之情形不在此限。

执行法院依前项规定为裁定者,须定相当期间,命应于其期间内提出该事件系属之公证明书。于此期间内无证明书之提出者,须因债权人之声明取消前项裁定。

第四十三条　法院得于该事件之裁判取消或变更或认可,依前项规定所为之裁定。

于判决为前项裁判者,其裁判得暂为执行。

第四十四条　对于前二项所规定之裁判,不得声明不服。

第四十五条　提出左列书面者,强制执行须停止或限制之。

一、记载取消执行名义或假执行宣示或不许强制执行之有执行力之裁判之正本；

二、记载命停止执行或执行处分之裁判之正本；

三、证为免执行供担保之书面；

四、记载于执行名义成立后债权人受清偿或承诺暂免义务履行之书面。

第四十六条　于前条第一款及第三款之情形，须使取消已为之执行处分。于第四款之情形，须一时使保持已为之执行处分。于第二款之情形，限于未以其裁判命取消已为之执行处分者，须一时使保持其执行处分。

第四十七条　《民事诉讼法》第一百十一条、第一百十二条、第一百十四条及第一百十五条之规定，于关于强制执行之担保准用之。

第四十八条　为强制执行有必要者，法院得求官署或公署之援助。

第四十九条　对于服军务之军人或军属应在军用厅舍或舰船为强制执行者，执行法院因债权人之声明，嘱托管辖军法会议、上级司令官或厅舍或舰船之长为之。

因嘱托而扣押之物，须向该执行官交付之。

第五十条　本章所定之裁判籍为专属。

第五十一条　关于强制执行，本章另无规定者，准用《民事诉讼法》。

第二节　就金钱债权之强制执行

第一目　对于动产之强制执行

第五十二条　对于动产之强制执行，以扣押为之。

扣押不得及于清偿债权及支付强制执行费用所必要者之外，虽将应扣押之物变价而无得配当于扣押债权人金额之望者，强制执行不得为之。

第五十三条　债务人所持之动产之扣押，由执行官占有其物为之。

应扣押之物有债权人之承诺或就其搬运甚有困难者，须使债务人保管。于此情形，扣押依以封印其他之方法表明之而生其效力。

债务人不在扣押之场所其他认为不知扣押之事实者，执行官须向债务人通知已为扣押。

第五十四条　前条规定，于扣押留置权人、质权人或债权人所持之物或第三人所持而不拒绝提出之物者，准用之。

第五十五条　未由土地分离之孳息于通常成熟时期之一月以前，不得扣押之。

第五十六条　扣押之效力及于由扣押物所生之天然孳息。

第五十七条　左列之物不得扣押之。

一、为债务人及其家属四季所不可缺之衣服寝具、家具及厨具；

二、债务人及其家属三月间所必要之食料、薪炭及灯火并得此等物件所必要之金钱，或相当于其他金额之财产；

三、债务人及其家属之眼镜、假手、假足其他供补足身体之物；

四、技术人、职工、劳役人及小商人其职业上所不可缺之物；

五、以耕作、牧畜、园艺、养鸡、养鱼为业之人及林业人，其营业上所不可缺之器具、家畜、肥料，及以耕作为业之人为至下次收获止继续其营业所不可缺之农产物；

六、渔业人其渔业上所不可缺之渔船而未满五吨者、渔具及饵料其他使用禁止扣押之渔船、渔具而继续渔业所不可缺之物；

七、狩猎人其狩猎所不可缺之物；

八、以配剂为业之人为配剂所不可缺之器具及药品；

九、公务员、僧侣其他在宗教或祭祀或祷礼之职之人、教师、律师、辩理士、公证人、医师、齿科医师及助产士为执行其职业所不可缺之物及身份相当之衣服；

十、依薪金为生活之人依关于债权扣押之规定不受扣押之金额。但按自扣押起至次期支付薪金止之日数计算之；

十一、债务人之书信、账簿其他之记录；

十二、勋章及名誉之证标；

十三、交易或事务上所必要之印；

十四、系谱；

十五、神体、佛像、牌位、墓碑、墓标其他供礼拜用之物及埋葬供用物；

十六、债务人及其家属未公开之关于发明之物、未公表之著述稿本及未完成之艺术的作品；

十七、债务人及其家属属学习上所必要之书籍及器具。

于前项第二款之情形，食料或薪炭各有数种者，执行官须考虑债务人之利益而定不为扣押之范围。

于前项情形,执行官得暂为扣押后求执行法院指定应扣押之物。对此指定,不得声明不服。

有债务人之承诺者,除第一项第三款至第十二款所揭之物外,得扣押之。

第五十八条　执行官扣押金钱以外之物者,须为变价。

扣押物有损败之虞或为其保管需不相当之费用者,虽于强制执行停止中,执行官亦得经执行法院之许可为变价。

法院为前项许可前,须审讯债务人。但有急迫之情事者不在此限。

第五十九条　扣押物非有得配当于扣押债权人金额之望者,不得为变价。

第六十条　变价除另有规定者外,依拍卖之方法为之。

第六十一条　拍卖期日须公告之。

公告须记载左列事项。

一、应拍卖之物之种类、数量及其所在地;

二、拍卖之日时及场所;

三、拍卖之方法。

公告得按应拍卖之物之品质及价额,以拍卖地之适当方法为之。

第六十二条　拍卖之日时及场所,须先通知各债权人及债务人。

第六十三条　拍卖期日自公告之日起,至少须五日后。但有特别之情事者不在此限。

第六十四条　拍卖在扣押之地为之。但执行官认为相当者,得于他地为之。

第六十五条　执行官认为相当者,得使鉴定人将应拍卖之物评价,斟酌评价额而为拍卖。

第六十六条　扣押债权人得于拍卖期日前,就应拍卖之物声报自为买受之价额。

为前项声报者,须将相当于声报价额之金额以现金提供于执行官。

执行官认声报价额为甚不相当者,不许第一项之声报。

于拍卖期日无债权人所声报价额以上之拍卖要约人者,视为其债权人以其声报价额买受。于此情形,依第二项规定所提供之金额,视为对于买受价金已为支付者。

第六十七条　执行官得禁止有妨碍拍卖之虞之人入场，或命在拍卖场为不当之行状之人退场。

第六十八条　拍卖期日开始后，执行官须为拍卖要约之催告。

第六十九条　拍卖要约人须与要约同时将相当于其要约价额之金额以现金提供于执行官。

第七十条　拍卖之要约，于有更高价之拍卖要约或不为拍定而终结拍卖者失其效力。

拍卖期日非于拍卖要约之催告后经过一小时，不得终结之。

第七十一条　拍卖须依竞卖之方法为之。但执行官认为相当者，得于拍卖期日之公告前定依投标之方法而易竞卖。

第七十二条　依投标之方法者，拍买要约人须向执行官提出投标单。

投标单须记载左列事项。

一、投标人之表示；

二、求拍定之物之表示；

三、拍买价额。

第七十三条　执行官须对于最高价拍买人为拍定之宣告。但执行官认拍买价额为甚不相当者不在此限。

于依竞卖方法之情形，执行官须将最高价拍卖额高呼三回以上后为拍定之宣告。

二人以上为同价额之投标而不能定最高价者，执行官须使其人更为投标而为拍定之宣告。

第七十四条　拍定价金至足以清偿债权及支付强制执行费用者，拍卖须即终止。

第七十五条　已有拍定之宣告者，拍定人取得拍卖物之所有权，拍卖物上所存之留置权及质权消灭。

第七十六条　已有拍定之宣告者，拍定人依第六十九条规定所提供金钱，视为对于其拍定价金已为支付者。

拍定人以外之拍买要约人依第六十九条规定所提供之金钱，于拍定之宣告后须即返还之。

扣押债权人依第六十六条第二项规定，提供金钱于执行官，而有拍定之宣告者亦与前项同。

第七十七条　拍卖调书须记载左列事项。

一、扣押债权人之表示；

二、已付拍卖之物之表示；

三、拍卖之开始及终结之日时；

四、催告拍买要约之日时；

五、拍卖之场所；

六、拍卖之方法；

七、对于各拍卖物之拍定人之表示及其拍买价额如不为拍定者，其事由或无拍买之要约。

拍定人依代理人为拍买之要约者，须将证其代理权之书面添附于调书。依投标方法为拍卖者，拍买要约人所提出之投标单亦同。

第七十八条　对于扣押物之强制执行之声明，于有拍定之宣告前得撤回之。

有撤回者，须取消已为之执行处分。

第七十九条　拍卖有价证券者，执行官得代从前之权利人为移转权利所必要之名义，更换其他之处分。

第八十条　未由土地分离前所扣押之孳息，须于其成熟后拍卖之。但得执行法院之许可者不在此限。

执行官得因拍卖使收获孳息。

第八十一条　金银及金银之制品，不得以未满生金银行市之代价拍卖之。

拍卖前项所揭之物而无相当之拍买要约者，执行官得以金银实价以上之代价任意变卖之。

第八十二条　有行市之物不得以未满行市之代价拍卖之。但不妨以行市之上之代价任意变卖之。

第八十三条　执行官经执行法院之许可者，得依拍卖以外之方法将扣押物变价。

第八十四条　第六十五条、第七十四条、第七十九条及第八十条之规定，于依拍卖以外之方法将扣押物变价者准用之。

扣押物上所存之留置权及质权，因变价处分而消灭。

第八十五条　第五十三条第三项之规定，于取消执行处分者准用之。

第八十六条　对于同一债务人之数个强制执行声明事件及假扣押之执行声明事件，执行官须并合之。

第八十七条　依前条规定并合事件者，因债权人一人之声明，已为之扣押，为他债权人生其效力。

于前项情形，执行官须将其旨通知债务人。

第八十八条　配当要求，得不因有执行力之正本为之。

第八十九条　配当要求，如扣押物系金钱者，于其扣押之时前；系其他之物者，依拍卖之方法变价时，于拍卖期日之终了前；又依其他之方法变价时，于执行官收受变价金前得为之。

第九十条　执行法院虽留置权人或质权人未为扣押或配当要求者，亦须从其权利之顺位而以职权加入配当。

第九十一条　与于配当之债权人有数人而执行官收受应充配当之金钱者，须求执行法院为配当手续。

第九十二条　法院为配当手续而认为有必要者，得定相当期间催告债权人应于其期间内提出计算书。

第九十三条　前条期间满了后，法院须作配当表送达各债权人及债务人。

债权人不拘受前条催告而未于作配当表前提出计算书者，法院于依执行记录明悉之限度，计算其债权额。于此情形，其后不得补充债权额。

第九十四条　配当表须记载左列事项。

一、得配当之金额；

二、与于配当之债权人之表示；

三、与于配当之债权之额及顺位；

四、对与于配当之各债权人得配当之金额。

第九十五条　与于配当之债权额，以配当表作成之日为标准定之。

债权系附确定期限者，视为于配当表作成之日清偿期到来者。

债权系无利息者，与于配当之债权额将自其配当表作成之日起，至期限止之法定利息，由债权额扣除而算定之。

金额及存续期间确定之定期金债权，亦与前项同。但其总额超过依法定利率应生相当于其定期金之利息之原本额者，以其原本额为与于配当之债权额。

第九十六条　配当表送达后于十日以内对之无向执行法院声明异议者，须从配当表为配当。就配当表之一部分无异议之声明者，就其部分亦同。

第九十七条　对于配当表有异议之声明者，法院须以裁定定将系于异议声明之债权应于如何之金额及顺位加入配当。

前项裁判确定者，须从其裁判更正配当表而为配当。

第九十八条　配当向各债权人交付现金而为之。加入配当之债权系附不确定期限债权或附停止条件债权或假扣押而未确定之债权者，须于期限之到来或条件之成就或债权之存在确定时为其配当。

债权人不领受配当额者，得提存之。

就配当，须作调书。

第二目　对于债权之强制执行

第九十九条　对于债务人对第三人之债权而以金钱其他之物或有价证券之移交或给付为标的者之强制执行，以执行法院之扣押命令为之。

第五十二条第二项及第三项之规定，于前项情形准用之。

第一百条　前条强制执行债务人之普通裁判籍所在地之区法院。如无此区法院者，管辖应扣押债权所在地之区法院，为执行法院管辖之。

应扣押之债权为在第三债务人之普通裁判籍所在地。但以物之移交为标的之债权及有物上担保权之债权，为在其物之所在地。

第一百零一条　强制执行之声明，须表明应扣押债权之种类及数额。

第一百零二条　扣押命令不审讯债务人及第三债务人而发之。

第一百零三条　法院于金钱债权之扣押命令，须命第三债务人不得支付于债务人。又债务人不得为债权之收取其他之处分。

扣押命令须送达第三债务人及债务人，又对于债权人通知已为送达。

扣押以对于第三债务人之送达，视为已为之。

第一百零四条　票据其他得以背书移转之证券债权之扣押，由执行官占有其证券而为之。

第一百零五条　为扣押之债权有登记或登录之担保权者，执行法院须因声明或以职权,将债权扣押之登记或登录嘱托于管辖登记处或登录官署。

前项嘱托须于向已登记或登录之担保权标的物之所有人送达扣押命令后为之。

第一百零六条　薪金其他继续收入之债权之扣押,以债权额为限及于扣押后应收入之金额。

第一百零七条　前条债权之扣押,以第三债务人无变更为限及于因债务人地位变更之收入。就增薪其他之增加收入亦同。

第一百零八条　执行法院须因扣押债权人之声明对于第三债务人催告,应为左列陈述。

一、有无债权之认诺及其限度,并有无为支付之意思及其限度;

二、就债权有无由他人之请求及其种类;

三、债权有无已由他债权人扣押及其请求之种类,并为其扣押之法院。

催告书须记载第三债务人,应于催告书送达后一星期以内为陈述。如怠其陈述者,应对于扣押债权人任损害赔偿之责。

催告书须与扣押命令同时送达之。

第一百零九条　已扣押之债权之收取,由执行官为之。

执行官已为收取者,须即呈报于法院而将收取之金钱缴纳于法院。

第一百十条　收取债权以诉之提起为必要者,执行法院得因声明或以职权,选任扣押债权人之一人或数人为管理人使为之。以强制执行或担保权实行为必要者亦同。

执行法院不论何时,得取消或变更前项之选任。

第一百十一条　管理人起诉者,须向扣押债权人、要求配当之债权人及债务人告知诉讼。但应受告知之人在外国居住或其住所、居所其他应为送达之场所不明者不在此限。

第一百十二条　因管理人之声明已为强制执行或担保权实行之手续者,应交付或配当。于管理人之金钱,须交付执行官。

第一百零九条第二项之规定,于执行官依前项规定受金钱之交付者准用之。

第一百十三条　管理人怠于债权之收取致生损害于债权人或债务人者,其管理人连带任赔偿之责。

第一百十四条　债务人所持关于已扣押债权之证书者，执行官得提取之。

执行官提取前项证书者，须即移交于执行法院。

执行法院得将受移交之证书，为收取债权，交付执行官或管理人。

第一百十五条　前条规定，于债务人所持关于已扣押债权之担保物或担保权之证书者准用之。

第一百十六条　执行法院认为相当者，得命执行官以他之变价方法而易扣押债权之收取。

执行官收受变价金者，须即呈报于法院而缴纳收受之变价金。

第一百十七条　将票据其他得以背书移转之证券依拍卖之方法变价者，执行官须于证券记载因拍定而交付拍定人。

因前项记载背书，视为不欠缺其连续。但拍卖当时之所持人不以背书人负担其责任。

将票据其他得以背书移转之证券依拍卖以外之方法变价者，亦与前二项同。

第一百十八条　对于债权之强制执行之声明，就已为债权之收取或变价之部分，不得撤回之。

第七十八条第二项之规定，于有前项撤回者准用之。

第一百十九条　第一百零三条至第一百零八条、第一百零九条第一项、第一百十条、第一百十一条、第一百十二条第一项及第一百十三条至前条之规定，于以物之移交或给付为标的之债权之扣押准用之。

执行官收取动产或受交付者，须从关于扣押物变价之规定变价之。于此情形，执行官须即呈报于执行法院，缴纳所收受之变价金。执行官受不动产之移交者，须即呈报于执行法院且通知扣押债权人。

嗣后之强制执行，对于前项之不动产依第三目之规定为之。

第一百二十条　左列债权不得扣押之。

一、法律上之抚养费；

二、债务人因慈善团体其他之第三人之慈惠而受之继续之收入。但限于为债务人及其家属之生活所必要者；

三、士兵之薪金；

四、属于出阵军队或服务舰船之军人及军属之职务上之收入；

五、公务员及教师之职务上之收入；

六、依薪金而生活之人之薪金。

前项第一款、第五款及第六款所揭之收入于一年间超过六百圆者，得扣押其超过额之半额。

第一百二十一条　对于同一债权之数个强制执行声明事件及假扣押之执行声明事件，执行法院须并合之。

第一百二十二条　依前条规定并合事件者，因债权人一人之声明已为之扣押，为他债权人生其效力。

于前项情形，执行法院须向债务人及第三债务人通知其旨。

第一百二十三条　配当要求，得于执行法院收受应充配当之金钱前为之。

第八十八条之规定于配当要求准用之。

第一百二十四条　执行法院虽质权人未为扣押或配当要求者，亦须从其权利之顺位，以职权加入配当。

第一百二十五条　与于配当之债权人有数人而执行法院收受应充配当之金钱者，须为配当手续。

第九十二条至第九十八条之规定，于前项配当手续准用之。

第三目　对于不动产之强制执行

第一百二十六条　对于不动产之强制执行，依左列方法为之。

一、强制拍卖；

二、强制管理。

强制管理虽假扣押之执行，亦为之。

第一百二十七条　债权人于前条所揭之方法中，得选择其一或并二者而为其声明。

于开始执行后，法院认为相当者，得以职权依债权人声明之方法并他方法为强制执行。

第一百二十八条　对于不动产强制执行，管辖其不动产所在地之区法院为执行法院。管辖之不动产跨于数个区法院之管辖区域而存在者，各区法院管辖之。于此情形，法院认为有必要者，得将事件移送于他管辖区法院。

第一百二十九条　强制拍卖之声明，须表明左列事项。

一、债权人及债务人；

二、应拍卖之不动产之表示；

三、拍卖原因之债权及执行名义之表示。

第一百三十条　声明须添附左列书面。

一、关于不动产之登录簿之誊本；

二、就未登录之不动产证债务人之所有之书面；

三、就土地证其所在地、地种及面积之书面；

四、就建筑物证其所在地、构造及面积之书面。

依前项第一款之书面，不明不动产为债务人之所有者，并须添附证其所有之书面。

已为强制管理而于其执行记录记载第一项第一款至第四款及前项之要件者，无须添附其书面。

第一百三十一条　法院认强制拍卖之声明为适法者，为拍卖手续之开始裁定。

第一百三十二条　法院为开始裁定者，须即嘱托管辖登录官署为其登录。

于前项情形有必要者，法院因拍卖声明人之声明，得嘱托不动产之表示或登录名义人之表示之变更登录。

第一百三十三条　有前条之嘱托者，登录官署须即为其登录，且将其登录簿誊本送付法院。

第一百三十四条　登录开始裁定者，就应拍卖之不动产，生扣押之效力。

第一百三十五条　依前条规定生扣押之效力者，执行官须占有不动产。

前项占有，得依黏贴告示书其他适当之方法，明显执行官之占有而为之。

执行官占有不动产者，得经执行法院之许可，附条件或不附条件而许债务人其他之人之居住。

执行法院不论何时，得取消前项许可使执行官命居住人退去。

第一百三十六条　债务人得为扣押不动产之利用及管理。

前项规定，不妨前条规定之适用。

第一百三十七条　前二条规定，于留置权人、债权人或不拒绝移交之第三人占有不动产者准用之。

第一百三十八条　对于土地强制拍卖开始之效力及于未由其土地

分离之孳息者,须以适当之方法公示其孳息为强制执行之标的。

第一百三十九条　法院认为相当者,得将一个不动产分割拍卖。

第一百四十条　强制拍卖之声明,于拍定许可裁定确定前得撤回之。但有最高价拍买人或拍定人者,须得其同意。

第七十八条第二项之规定,于有前项撤回者准用之。

第一百四十一条　对于同一不动产之数个强制拍卖声明事件及假扣押之执行声明事件,执行法院须并合之。

第一百四十二条　依前条规定并合事件者,因债权人一人之声明已为之开始裁定,为他债权人生其效力。

于前项情形,执行法院须向债务人通知其旨。

第一百四十二条　配当要求得于收受不动产之变价金前得为之。

第八十八条之规定,于配当要求准用之。

第一百四十四条　执行法院虽留置权人或抵押权人未为拍卖开始之声明或配当要求者,亦须从其权利之顺位,以职权加入配当。

第一百四十五条　左列之人为强制拍卖手续之利害关系人。

一、扣押债权人及要求配当之债权人;

二、债务人;

三、拍卖开始之登录前已登录之不动产上之权利人;

四、证明于拍卖开始之登录前已取得无须登录之不动产上权利之人。

第一百四十六条　对于利害关系人之送达在登录簿上之住所或事务所为之者,虽系无其效,视为于可得交付应送达书类之时,有其效。但利害关系人之住所、居所其他应为送达之场所明了者不在此限。

前项规定,于将拍卖开始裁定送达债务人者不适用之。

第一百四十七条　对于利害关系人以书面为通知或催告时,虽向登录簿上之住所或事务所为通知或催告,然无其效者,得不为通知或催告。

第一百四十八条　妨碍手续开始之事实依登录官署之通知明显者,法院须即取消手续或定期间,命债权人应于其期间内证明障碍之消灭。不于此期间内为证明者,须取消手续。

第一百四十九条　法院为拍卖开始之裁定者,须通知主管租税其他之公课之官署或公署,定期间而催告,应通知有无由其不动产变价金受清偿之租税其他之公课金及其额数。

第一百五十条　法院须使鉴定人为不动产之评价。

鉴定人得为评价调查不动产之状态，如调查受妨害或有受妨害之虞者，得求执行官之援助。

第一百五十一条　法院斟酌鉴定人之评价额而定不动产之最低拍卖价额。

第一百五十二条　法院认为无得以最低拍卖价额配当于扣押债权人金额之望者，须向扣押债权人通知其旨。

扣押债权人，须自前项通知之日起于一星期以内声报，以得配当。

于扣押债权人金额之价额自为买受，且将相当于其价额之金额以现金提供于法院。

债权人不为前项声报且不提供现金者，须取消拍卖手续。

拍卖期日无债权人所声报价额以上之拍买要约人者，视为债权人以其声报价额买受之。于此情形，依第二项之规定所提供之金额，视为对于买受价金已为支付者。

第一百五十三条　除前条第三项之情形外，法院定拍卖期日及拍定期日公告之。

第一百五十四条　拍卖期日之公告须记载左列事项。

一、不动产之表示；

二、拍卖之日时及场所；

三、拍卖之方法；

四、最低拍卖价额；

五、执行官占有不动产者其旨；

六、拍定期日。

有依第一百五十二条或第一百五十八条规定之买受价额之声报者，须记载其声报价额而易最低拍卖价额。

公告揭示于法院之揭示场为之。

法院为前项所定揭示之外，得另以适当之方法为公告。

第一百五十五条　拍卖之日时及场所并拍定期日，须先通知利害关系人。

第一百五十六条　拍卖期日自公告之日起至少须为二十日后。

拍卖在法院内或法院认为适当之他场所，使执行官为之。

第一百五十七条　拍定期日自拍卖期日起不得超过十日。

拍定期日由法院开之。

第一百五十八条　扣押债权人得于拍卖期日前，就拍卖之不动产声报自为买受之价额。

前项声报价额不得少于依第一百五十一条规定所定之最低拍卖价额。

为第一项之声报者，须以现金或有价证券提供相当于声报价额五分之一之金额。

拍卖期日无债权人所声报价额以上之拍买要约人者，视为其债权人以其声报价额买受之。

第一百五十九条　拍卖须依投标之方法。但法院认为相当者，得于拍卖期日之公告前，定依竞卖之方法而易投标。

第一百六十条　拍卖期日之开始后，执行官须将执行记录供各人之阅览，而为拍买要约之催告。

第一百六十一条　拍买要约人与要约同时须将相当于其要约价额五分之一之金额，以现金或有价证券提供于执行官。

第一百六十二条　二人以上为同价额之投标而不能定最高价者，执行官须使其人更为投标而定最高价拍买人。

于依竞卖方法之情形，执行官须将最高价拍买价额高呼三回以上后定最高价拍买人。

第一百六十三条　第五十九条、第六十七条、第七十条及第七十二条之规定，于不动产之强制拍卖准用之。

第一百六十四条　最高价拍买人以外之拍买要约人，依第一百六十一条规定所提供之金钱或有价证券，执行官于拍卖终结后须即返还之。

第一百六十五条　拍卖调书须记载左列事项。

一、扣押债权人之表示；

二、已付拍卖之不动产之表示；

三、拍卖之开始及终结之日时；

四、催告拍买要约之日时；

五、对于各拍卖不动产之拍买要约人之表示及其拍买价额或无拍买之要约；

六、由最高价拍买人依第一百六十一条规定所受提供之金钱或有价证券之表示；

七、高呼最高价拍买人之姓名及其拍买价额。

拍买要约人依代理人为拍买之要约者，须将证其代理权之书面添附于调书。依投标之方法为拍卖者，拍买要约人所提出之投标单亦同。

第一百六十六条　最高价拍买人依第一百六十一条规定所提供之金钱或有价证券，执行官须连同执行记录移交于法院。依第一百六十四条之规定，对于拍买要约人应返还之金钱或有价证券而未终了返还者亦同。

第一百六十七条　拍卖期日无应许之拍买价额之要约者，须定新期日。于此情形，法院认为相当者，得低减最低拍卖价额。

新拍卖期日仍无应许之拍买价额之要约者，亦与前项同。

第一百六十八条　法院须使拍定期日到场之利害关系人，就拍定之许可为陈述。

就拍定许可之异议，须于期日之终了前声报之。对于异议之陈述亦同。

第一百六十九条　就拍定许可之异议，须基于左列理由。

一、不应许强制执行或不应续行执行；

二、最高价拍买人欠缺为拍买要约之能力，或为最高价拍买人之代理人为拍买要约之人之代理权有欠缺；

三、抵触法律上之变卖条件而为拍卖；

四、拍卖期日之公告无第一百五十四条第一项及第二项所揭要件之记载；

五、不依法律上规定之方法而为拍卖期日之公告；

六、未存有第一百五十六条第一项规定之期间；

七、拍买之催告后未经过一小时而终结拍卖；

八、以未依第一百六十一条规定提供现金或有价证券之拍买要约人，定为最高价拍买人；

九、违背第一百六十二条规定而定最高价拍买人。

第一百七十条　异议基于有关他利害关系人权利之理由，不得为之。

第一百七十一条　法院以异议之声报为正当者,不许拍定。

有第一百六十九条第一款至第九款所揭事项之一者,虽以职权亦不许拍定。但第一款之情形限于拍卖之不动产系不得让渡或为拍卖手续之停止者,第二款之情形限于能力或代理权之欠缺未经补正者,第三款之情形限于利害关系人就手续之续行不承认者。

第一百七十二条　虽有第一百六十九条第四款至第九款所揭事项之一者,法院斟酌最高价拍买价额,最高价拍买人之信用状态,手续违背之实际结果其他一切之情事认为相当者,得不拘前项规定,许可拍定。

前项规定,于认为有不正者不适用之。

第一百七十三条　以数个不动产付拍卖而其一部之卖得金足清偿各债权人之债权及支付手续费用者,对于他不动产不许拍定。

于前项情形,债务人得指定其不动产中应拍定者。

第一百七十四条　拍定许否之裁定,须宣告之。

《民事诉讼法》第二百十一条至第二百十六条之规定,于拍定期日之调书准用之。

第一百七十五条　拍定许可裁定者,须记载左列事项。

一、许可拍定之不动产之表示;

二、拍定人之表示;

三、许可拍定之拍买价额。

第一百七十六条　拍定许否之裁定,于依第一百七十四条第一项规定宣告外,须揭示于法院之揭示场而公告之。

第一百七十七条　为拍定不许可之裁定而应更为拍卖者,须定新拍卖期日,续行拍卖手续。

第一百七十八条　自拍卖期日至拍定许可裁定确定日之间,因不应归责于最高价拍买人或拍定人之事由,不动产毁损甚著者,最高价拍买人或拍定人得声请法院取消其拍买。

法院取消拍买而已有拍定许可裁定者,须一并取消其裁定。

法院取消拍买者,须更使鉴定人将其不动产评价,斟酌其评价额而定最低拍卖价额,续行拍卖手续。

第一百七十九条　利害关系人因拍定许否之裁定致害其权利者,对于其裁定得为即时抗告。

　　主张无许可拍定理由之拍定人或主张应许自己拍定之拍买人,亦得为即时抗告。

　　于前项情形,求拍定之拍买人就其声报之价额受拘束。

　　第一百八十条　对于拍定不许可裁定之抗告限于以无第一百六十九条规定,拍定不许可之原因为理由者得为之。

　　对于拍定许可裁定之抗告限于以有第一百六十九条规定,拍定不许可之原因为理由,或以拍定许可裁定抵触拍定期日之调书趣旨为理由者得为之。

　　前二项之规定,不妨为以声明再审之要件为理由之抗告。

　　第一百八十一条　对于拍定许否裁定之数个抗告,须并合审理之。

　　第一百七十条至第一百七十二条之规定,于抗告审准用之。

　　第一百八十二条　抗告法院变更或取消执行法院裁定之裁判,执行法院须揭示于法院之揭示场而公告之。

　　第一百八十三条　拍定许可裁定已确定者,法院须即使执行官将依第一百六十一条规定受提供之有价证券,从关于扣押物变价之规定变价。

　　执行官将有价证券变价者,须即呈报于法院而缴纳变价金。

　　第一百八十四条　拍定许可裁定已确定者,执行法院须定相当期间,命拍定人应于其期间内支付拍定价金。

　　法院得以拍定人依第一百六十一条规定,提供于执行官之金钱或有价证券之变价金,充拍定价金之支付。

　　第一百八十五条　拍定人支付拍定价金者,拍定人取得不动产之所有权,不动产上所存之留置权及抵押权消灭。

　　第一百八十六条　拍定人支付价金者,执行官须将其占有之不动产移交于拍定人。

　　于前项情形,执行法院须取消依第一百三十五条第三项规定所与之许可,使执行官命居住人退去。

　　第一百八十七条　拍定人支付拍定价金者,法院须嘱托管辖登录官署登录左列事项。

　　一、拍定人取得所有权;

　　二、抹消拍定人不承受之负担之登录;

　　三、抹消依第一百三十三条规定所为拍卖开始之登录。

为前项嘱托者,须添附拍定许可裁定之正本。

关于登录之费用归拍定人负担。

第一百八十八条　拍定人不于价金支付期间内为其支付而认为相当者,法院得依第二位以下之拍买要约人之声报,许可其拍买要约人拍定。于此情形,准用第一百六十一条之规定。

依前项规定许可拍定者前,拍定人负担拍定价额与第二位以下之拍买要约人之拍买要约价额之差额及手续之费用。

第一项之规定,于以前拍定人依第一百六十一条规定提供于执行官之金钱或有价证券之变价金不足充前项负担之支付者不适用之。

第一百八十九条　拍定人不于价金支付期间内为其支付者,除向第二位以下之拍买要约人许可拍定或命任意变卖者外,法院须命再拍卖不动产。

再拍卖手续之最低拍卖价额,依最初拍卖之所定。

拍定人于再拍卖期日之三日以前支付拍买价金及手续费用者,须取消再拍卖手续。

为再拍卖者,前拍定人不得参加拍买。

前条第二项之规定,于为再拍卖者准用之。

第一百九十条　拍定人不于价金支付期间内为其支付而法院认为相当者,得命执行官任意变卖不动产。

第一百十六条第二项、第一百八十六条、第一百八十七条第一项第三项及第一百八十八条第二项第三项之规定,于前项情形准用之。

从第一百八十七条第一项规定为登录之嘱托,须添附证买卖成立之书面。

不动产上所存之留置权及抵押权,因变卖而消灭。

买受人取得价金支付后所生不动产之收益。

第一百九十一条　拍卖期日无为拍买要约之人而法院认为相当者,得命执行官以不少于最低拍卖价额之价额,任意变卖不动产。

第一百十六条第二项、第一百八十六条、第一百八十七条第一项第三项及前条第三项至第五项之规定,于前项情形准用之。

第一百九十二条　扣押债权人依第一百五十二条第二项规定所提供之金钱,如有其声报价额以上之拍买要约人已支付价金者,须即返还之。依第一百五十八条第三项规定所提供之金钱或有价证券亦同。

第一百九十三条　依第一百五十八条第四项规定,视为买受不动产之债权人不于价金支付期间内支付价金者,除更命任意变卖者外,须命再拍卖。

第一百八十九条第二项至第四项之规定,于前项再拍卖准用之。

第一百九十四条　拍卖手续不为不动产之变价而终结者,法院须嘱托管辖登录官署抹消依第一百三十三条规定所为拍卖开始之登录。

第一百九十五条　第一百二十五条之规定,于配当手续准用之。

第一百九十六条　第一百二十九条至第一百三十四条、第一百四十一条、第一百四十二条、第一百四十八条及第一百四十九条之规定,于强制管理准用之。

第一百九十七条　法院于强制管理开始之裁定,须禁止债务人干涉管理人之事务,及就不动产之收益为处分,又有应给付不动产收益之第三人者,命其第三人应向管理人为嗣后之给付。

已收获或将收获之孳息或期限已到来或将到来之孳息,属于收益。

开始裁定,对于第三人因送达而生其效力。

第一百九十八条　为强制管理开始之裁定者,法院须以适当之方法公告其旨。但法院认为无公告之必要者不在此限。

就未由土地分离之孳息,须以适当之方法公示其孳息系强制管理之标的。

第一百九十九条　对于为强制管理开始之裁定之不动产,更有强制管理之声明而为事件之并合者,须将其旨通知管理人。

第二百条　配当要求,除抵押权人以外,限于有执行力之正本之债权人得为之。

有配当要求者,须将其旨通知管理人。

第二百零一条　管理人由法院选任之。

前项选任,不论何时得取消或变更之。

法院选任或变更管理人者,须即嘱托管辖登录官署为其登录。

第二百零二条　管理人为管理及收益,须占有不动产。于此情形,受妨害或有受妨害之虞者,得求执行官之援助。

管理人得收取第三人应给付之收益。

第二百零三条　有强制管理之开始者,关于不动产之管理及收益之诉讼手续中断。于此情形,管理人须承担诉讼手续。

依前项规定诉讼手续中断而于诉讼手续之承担前,有强制管理之取消者,债务人当然承担诉讼手续。

第二百零四条　依前条第一项规定,有关于不动产之管理及收益之诉讼手续之承担后,有强制管理之取消者,诉讼手续中断。于此情形,债务人须承担诉讼手续。于强制管理之开始后,关于不动产之管理及收益起诉而有强制管理之取消者亦同。

第二百零五条　管理人属于法院之监督。

法院得向管理人与以报酬。

第二百零六条　第九十一条至第九十八条之规定,于配当手续准用之。

第二百零七条　管理人须以善良管理人之注意,处理管理事务。

管理人怠为前项注意者,其管理人对于利害关系人,连带任损害赔偿之责。

第二百零八条　管理人须于每年及其业务施行之终了后,向各债权人、债务人及法院提出计算书。

各债权人及债务人于计算有异议者,须自领受计算书之日起于十日以内通知管理人。

前项期间内无异议之通知者,视为承认计算解除管理人之责任。但管理人有不正行为者不在此限。

第二百零九条　强制管理之取消以裁定为之。

以不动产之收益还清各债权人之债权者,法院须取消强制管理。有强制管理声明之撤回者亦同。

法院取消强制管理者,须嘱托管辖登录官署抹消关于强制管理之登录。

第四目　对于船舶之强制执行

第二百十条　对于应登记船舶之强制执行,依本目之规定为之。

就前项强制执行,除本目另有规定者外,准用关于不动产强制拍卖之规定。

第二百十一条　船舶之强制拍卖,管辖扣押当时之船舶所在地之区法院为执行法院,管辖之。

第二百十二条　强制拍卖之声明,须添附左列书面。

一、关于船舶之登记簿之誊本；

二、船舶系未登记者，证债务人之所有之书面；

三、债务人系船长者，证船长之书面。

依前项第一款之书面不明船舶为债务人之所有者，并须添附证其所有之书面。

第二百十三条　法院因债权人之声明，得命为监守及保存船舶所必要之处分。

为前项处分者，虽开始裁定之送达前或登记前，亦生扣押之效力。

第二百十四条　以船长为债务人为强制拍卖手续而执行名义，对于船舶所有人亦有效力者，扣押之效力及于船舶所有人。于此情形，船舶所有人亦为利害关系人。

生扣押之效力后，所有人或船长虽有变更，亦得无须执行认可续行执行。

生扣押之效力后，新为船长之人代前船长为利害关系人。

第二百十五条　受扣押之船舶于执行手续中，不得由扣押之场所出航。但法院为船舶利用认为相当者，得许其出航。

第二百十六条　船舶之现在场所及船籍港，须于拍卖期日之公告记载之。

第二百十七条　管辖船舶、船籍港之法院以外之法院为拍卖开始裁定者，拍卖期日之公告由该法院为之外，须嘱托管辖船籍港所在地之区法院为其公告。

于前项情形，受嘱托之区法院须提示于其揭示场所而为公告。

第二百十八条　本目之规定除关于登记者外，于外国船舶之强制执行准用之。但以其船舶如系满洲国船舶应为登记者为限。

第五目　对于其他之财产权之强制执行

第二百十九条　就对于不动产上权利之强制执行，准用关于对不动产之强制执行之规定。

第二百二十条　就对于前条权利以外之财产权之强制执行，准用关于对债权之强制执行之规定。

对于前项财产权之强制执行而无第三债务人者扣押，视为于向债务人送达禁止处分权利之命令之时，就因登录而发生之权利于登录扣押命令之时已定之。

于前项情形,法院得命为财产权之让渡或管理其他适当之处分。

第二百二十一条 对于应登记船舶之持分之强制执行,依前条规定为之。

前项强制执行管辖船籍港之区法院为执行法院管辖之。

第二百二十二条 第二百十二条之规定,于前条强制执行之声明准用之。

法院为扣押命令者,须嘱托管辖登记处为其登记。

扣押命令于债务人之外,亦须送达船舶管理人。

扣押命令已送达于船舶管理人者,虽送达债务人前或第二项之登记前,亦生扣押之效力。

第三节 就不以支付金钱为标的之债权之强制执行

第二百二十三条 债务人应移交或给付动产或有价证券者,执行官须由债务人提取而移交于债权人。

第二百二十四条 债务人应移交或迁让不动产或人住居之船舶者,执行官须解债务人之占有,使债权人占有之。

前项强制执行,限于债权人或其代理人为领受到场者,得为之。

非强制执行标的物之动产,执行官须提除而移交于债务人。

于前项情形,债务人不在者须移交于其代理人或债务人之成长之家属或雇人。如此等人不在者,执行官须以债务人之费用,保管前项之动产。

债务人怠于领受动产者,执行官须经执行法院之许可,从关于扣押物变价之规定而为变价,扣除其费用后提存其价金。

第二百二十五条 第三人所持应移交之物者,须因声明从关于扣押金钱债权之规定,扣押债务人对于第三人之移交请求权。

法院须于扣押命令命债权人得直接为收取。于此情形,债权人得为收取为裁判上或裁判外之行为。

第二百二十六条 债务人应为之行为系得使第三人为之者,执行法院须因声明,命债权人得以债务人之费用,使第三人为其行为。

前项费用须因声明对于债务人命其先付,如有不足者,不妨嗣后为其请求。

第二百二十七条 依前条第一项规定,第三人为行为而受妨害或有受妨害之虞者,债权人得求执行官之援助。

就为行为有使用债务人所持物件之必要者，执行法院须因债权人之声明，使执行官提取而交付债权人。

就为行为有债务人为陈述之必要者，执行法院须因债权人之声明，命债务人对于第三人为其陈述。

第二百二十八条　债务人应为之行为系不得使第三人为之，而其行为仅系于债务人之意思者，执行法院须因声明定相当之期间，命债务人不于其期间内为履行者，按其迟延之期间应为一定之赔偿或即为损害之赔偿。

第二百二十九条　债务人不履行不作为之义务者，执行法院须因声明命以债务人之费用除去其所为者，且为将来为适当之处分。

第二百三十条　第二百二十六条第二项及前二条之裁定，得准第二条第五款之执行名义执行之。

第二百三十一条　第二百二十六条、第二百二十七条第二项第三项、第二百二十八条及第二百二十九条所规定之执行法院，于执行名义系裁判或诉讼上之和解者，为第一审之受诉法院；系调停者，为调停成立之法院。

为第二百二十六条、第二百二十七条第二项第三项、第二百二十八条及第二百二十九条之裁定者，于裁定前须审讯债务人。

第二百三十二条　债务人受应陈述意思之判决者，以其判决之确定视为已为意思之陈述。有反对给付后应陈述意思者，从第六条、第七条就第九条之规定，有执行认可时生其效力。

第二章　假扣押及假处分

第一节　假扣押

第二百三十三条　假扣押得就金钱债权或得易为金钱债权之请求，为保全强制执行为之。

假扣押就期限未到来之请求，亦得为之。

第二百三十四条　假扣押限于非为之不能为执行或执行有生甚著之困难之虞者，得为之。应在外国为执行者亦同。

第二百三十五条　假扣押之命令，由管辖应扣押物所在地之区法院或本案管辖法院管辖之。

第二百三十六条　假扣押之声明，须表明左列事项。

一、请求之表示；

二、为假扣押理由之事实之表示。

请求不以支付一定金额为标的者,其价额亦须记载之。

请求及假扣押之埋由,须疏明之。

第二百三十七条　虽未疏明请求或假扣押之理由者,法院亦得使供担保命假扣押。

虽疏明请求或假扣押之理由者,法院亦得使供担保命假扣押。

第二百三十八条　假扣押之命令,须记载为得停止假扣押之执行,或为得取消假扣押之执行债务人所应提存之金额。

第二百三十九条　关于假扣押之裁判,以裁定为之。

对于前项裁定,除另有规定者外,得为即时抗告。

第二白四十条　对于不审讯债务人或未经言词辩论所为假扣押之命令,得声明异议。

异议之声明,须表明理由。

异议之声明,不停止假扣押之执行。

第二百四十一条　有异议之声明者,法院须经言词辩论为裁判。但认为无言词辩论之必要者,以审讯债务人为足。

法院于前项裁判,得认可、变更或取消以前所为假扣押之全部或一部,或使供担保而认可、变更或取消之。

第二百四十二条　第四十二条第一项、第四十三条第一项及第四十四条之规定,于对于命假扣押之裁判为抗告者准用之。

第二百四十三条　本案未系属者,假扣押法院须因债务人之声明定期间,命债权人应于其期间内起诉。

不于前项期间内起诉者,须因债务人之声明取消假扣押。

第二百四十四条　假扣押之理由消灭其他情事变更者,法院须以职权变更假扣押,或因债权人或债务人之声明,变更或取消假扣押。

法院得因债务人之声明,使供担保而取消假扣押。

前二项之裁判,由命假扣押之法院为之。如本案已系属者,由本案之法院为之。

第二百四十五条　《民事诉讼法》第一百十一条、第一百十二条、第一百十四条及第一百十五条之规定,于关于假扣押之担保准用之。

第二百四十六条　第五十条及第五十一条之规定,于假扣押准用之。

第二百四十七条　就假扣押之执行，准用关于强制执行之规定。

第二百四十八条　假扣押命令虽送达债务人前，亦得执行之。

假扣押命令自送达债务人之日起不于二星期以内着手执行者，不得执行之。

第二百四十九条　对于动产之假扣押执行，依与对于动产之扣押同一方法为之。

扣押之物及有价证券之变价不为之。但扣押物有损败之虞或其保管需不相当之费用者，执行官得经法院之许可，将其物变价。

法院于为前项许可前，须审讯债务人。但有急迫之情事者不在此限。

第二百五十条　对于债权之假扣押执行，依与对于债权之扣押同一方法为之。但扣押之债权之收取不为之。

债权假扣押之执行，由为命令之法院管辖之。

第二百五十一条　对于不动产之假扣押执行，依登录假扣押之命令为之。

第二百五十二条　为假扣押之执行为强制管理者，管理人须将所收取之收益移交于执行法院。

第二百五十三条　对于应登记船舶之假扣押执行，依登记假扣押之命令为之。

法院须因债权人之声明，命为监守及保存船舶所必要之处分。

第二百五十四条　第二百五十一条及第二百五十二条之规定，于对于不动产上权利之假扣押执行准用之。

对于前项权利以外财产权之假扣押执行，依与对于该财产权之扣押同一方法为之。但扣押之财产权之变价不为之。

对于前项财产权之假扣押执行，除对于船舶之持分者外，由为命令之法院管辖之。

第二百五十五条　提存假扣押命令所定之金额者，执行法院须取消假扣押之执行。

第二百五十六条　本节之本案管辖法院为第一审法院。但本案系属于控诉审者为控诉法院。

第二节　假处分

第二百五十七条　关于系争物之假处分，得因现状之变更当事人。

不能为权利之实行，或为权利之实行有生甚著之困难之虞者为之。

第二百五十八条　关于假扣押之规定，于假处分准用之。

第二百五十九条　假处分之命令，由本案管辖法院管辖之。

第二百六十条　法院以其意见，定为达声明目的所必要之处分。

假处分得置保管人或命对方为行为或禁止行为而为之。

以假处分禁止处分不动产或因登录而发生之权利者，法院须嘱托管辖登录官署为其登录。

第二百六十一条　有特别之情事者，得使供担保而许假处分之取消。

第二百六十二条　假处分就有争执之权利关系为定暂时之地位亦得为之。但其处分专限于就继续之权利关系为避甚著之损害或防急迫之强暴或因其他之理由为必要者。

第二百六十三条　于急迫之情形，虽管辖系争物所在地之区法院，亦得命假处分。

对于前项假处分，虽审讯债务人或经言词辩论者，亦得声明异议。异议之声明，须向本案管辖法院为之。

第三章　罚则

第二百六十四条　主张虚伪之权利其他用伪计妨碍依强制执行或假扣押或假处分之权利之实行或其保全之人，处三年以下之徒刑或二千圆以下之罚金。

第二百六十五条　依商谋其他不正之方法不当，使以廉价拍定之人，处三年以下之徒刑或二千圆以下之罚金。

第二百六十六条　以妨碍强制执行或假扣押或假处分之目的，阻障执行官之临检或对之为虚伪之陈述之人，处三百圆以下之罚金。

第二百六十七条　依第二百二十七条第三项规定，受命为陈述之债务人不为陈述或为虚伪之陈述者，处一百圆以下之过料。

附则

本法施行之期日以敕令定之。

（依康德四年十一月敕令第三二三号，自同年十二月一日施行）

《强制执行法》施行法

（康德四年十一月二十五日敕令第三一二号）

朕依《组织法》第三十六条，经咨询参议府，裁可《〈强制执行法〉施行法》，著即公布。

（国务总理、司法部大臣副署）

第一条　《强制执行法》除本法另有规定者外，于其施行前所生之事项亦适用之。但不妨依从前规定所生之效力。

第二条　法院依《公证法》规定所作之证书，有与《强制执行法》第二条第七款之执行名义同一之效力。但就以金钱其他之代替物或有价证券之一定数量之给付为目的之请求所作之证书而记载，可即受强制执行者为限。

第三条　就自强制执行法施行前所系属之执行事件，依《强制执行法》无管辖权之执行机关，须将其事件移送于有管辖权之执行机关。

第四条　《强制执行法》施行前关于强制执行之方法及执行时应遵守之手续所为异议之声明，仍依从前之规定完结之。

第五条　《强制执行法》施行前对于配当表所为异议之声明，视为依《强制执行法》第九十七条第一项规定所为异议之声明。

前项规定，于异议声明人提起关于配当之异议之诉者不适用之。于此情形，仍依从前之规定完结异议。

第六条　自《强制执行法》施行前开始进行之法定期间及其计算，依从前之规定。

第七条　就命分割继承财产判决或《强制执行法》施行前命分割共有物判决之执行，依从前之规定。

第八条　《强制执行法》之罚则，就《强制执行法》施行前之行为不适用之。

附则

第九条　本法自《强制执行法》施行之日施行。

第十条　康德三年敕令第八十六号关于民事执行管辖之件，废止之。

拍卖法

（康德三年四月十六日敕令第五三号）

修正　康德四年十一月敕令第三五四号

朕依《组织法》第四十一条，经咨询参议府，裁可《拍卖法》，著即公布。

（国务总理、司法部大臣副署）

第一章　通则

第一条　根据法令，依拍卖所为担保权之实行或变价处分之手续，应依本法。

第二条　关于拍卖手续，关系人之行为能力及无行为能力人之法定代理，依《民法》及其他法令之规定。

第三条　拍卖手续之关系人，得令行为能力人代理之。

前项代理人之权限，须以书状证明之。

第四条　拍卖手续之关系人所在不明、无行为能力人缺其法定代理人、法定代理人不能行使代理权及继承人之有无不明时，欲为拍卖之声明者，得释明因延滞有受损害之虞之情形，向所辖区法院声请为该人选任特别代理人。

前项中关于法定代理人之规定，于法人之代表人及非法人而有诉讼当事人能力之团体代表人准用之。

第五条　依前条规定，选任特别代理人之声请，须依书状为之。

法院关于选任特别代理人认为必要者，得审讯关系人。

特别代理人关于该拍卖手续有无关系人之法定代理人或代表人同一之权限。

法院得随时改任特别代理人。

特别代理人之选任及解任之命令，应送达于声请人及特别代理人。

特别代理人之选任事由消灭时，关系人得声请其解任。

特别代理人之代理权，存续至解任命令有送达时。

特别代理人之选任所需费用，应由声请人预纳之。

第六条　拍卖手续开始后，因继承或其他之原因，于利害关系人有变动时，仍应续行拍卖手续，所续行之拍卖手续对其继承人有效力。

　　拍卖手续开始后,有利害关系人所在不明、无行为能力人缺其法定代理人、法定代理人不能行使代理权及继承人之有无不明之情形时,法院得因利害关系人之声请,为该人选任特别代理人。

　　前项中关于法定代理人之规定,于法人之代表人及非法人而有诉讼当事人能力之团体代表人准用之。

　　关于本条之特别代理人,准用前条之规定。

　　第七条　法院或执行官依本法实行拍卖手续时,应以职权调查必要之事实及证据。

　　法院或执行官得将事实之调查,嘱托官公署或公法人及其他团体。

　　执行官得向所属区法院请求调查证据,或对于其他法院嘱托调查证据。

　　依本条所为之调查事实及证据,其所需费用得由国库垫付之。

　　第八条　根据本法所为之裁判因告知而发生其效力。

　　裁判之告知除另有规定者外,依法院认为相当之方法行之。

　　法院书记官应将告知之方法、场所及年月日附记于裁判之原本并盖印。

　　第九条　于为担保权之实施所为之拍卖手续,法院或执行官收受拍定价金时,以向各债权人应交付之金额为限度,视为已清算其债权者。

　　第十条　法院及执行官应以职权计算拍卖费用而由卖得金扣除之。

　　第十一条　对于根据依本法之异议声明所为之裁定,不得为不服之声明。

　　第十二条　对一宗裁定之数宗抗告,应并合审判之。

　　第十三条　对抗告法院之裁定,限于以该裁定违反法令为理由时,得再为抗告。

　　第十四条　抗告于抗告法院裁定前,得撤回之。

　　第十五条　执行官已为拍定之宣告,或拍定人根据拍定许可之裁定缴足拍定价金时,拍定人取得为拍卖标的之权利。

　　存于拍卖标的上之抵押权、质权及不得与此对抗之权利因拍定而消灭。

　　拍定人对于留置权人非清偿其债权,不得求拍卖标的之物之移交。

第十六条　关于法院职员之除斥、忌避及回避并诉讼代理人、诉讼费用、送达、期日、期间、证据调查及抗告之《民事诉讼法》之规定，除另有规定者外，于拍卖手续准用之。

第二章　动产之拍卖

第十七条　动产之拍卖因质权人及其他法令欲为其拍卖者之声明，由管辖应付拍卖物之所在地之区法院所属执行官行之。

执行官认为在他地拍卖为适当时，得移送于管辖该地区法院所属之执行官。于此情形，受移送之执行官，不得向他区法院所属之执行官再为移送。

第十八条　无记名债权人之拍卖，依本章之规定行之。

第十九条　拍卖之声明，须依书状行之。

声明书应记载左列事项，由声明人或其代理人署名盖章。

一、应付拍卖物之种类、数量、品质及其所在地；

二、债务人及所有人之姓名、住所；

三、为拍卖原因之事由；

四、声明人或其代理人之姓名、住所；

五、年月日。

声明书应添具证明为拍卖原因之事由之书状。

第二十条　应供拍卖之物，须扣押之。

扣押声明人所持之物时，由执行官占有其物而为之。

扣押系声明人所持而执行官为占有甚有困难之物或非声明人所持之物时，以封印其他之方法显明其系扣押而为之。

于前项情形，物之所持人不在扣押之场所其他认为不知扣押之事实时，执行官须通知已为扣押。

就生扣押效力之物，不得为让渡、质权之设定其他一切之处分。但不妨为其利用及管理。

第二十一条　实施拍卖之执行官对其拍卖，不得为拍买之要约。

第二十二条　执行官受理拍卖之声明时，须即核定拍卖之期日及场所。

第二十三条　拍卖之期日及场所，须先期公告之。

公告须记载左列事项。

一、应付拍卖物之种类、数量及其所在地；

二、拍卖之日时及场所；

三、拍卖方法。

公告准照应付拍卖物之品质及价格，应以拍卖地之适当方法行之。

第二十四条　拍卖之期日及场所，须先期通知于利害关系人。但应受通知者之住所或居所不明时不在此限。

第二十五条　本章所称利害关系人系指左列者而言。

一、拍卖声明人；

二、债务人；

三、所有人。

第二十六条　拍卖期日自公告日起至少须五日以后。但有特别事由者不在此限。

拍卖于应付拍卖物之存在场所或由执行官认为适当之其他场所行之。

第二十七条　执行官认为相当时，得令鉴定人为应付拍卖物之估价并斟酌价额而为拍卖。

第二十七条之二　声明人得于拍卖期日前，就应付拍卖之物声报自己欲买受之价额。

为前项声报，须将相当于声报价额之金额以现金交付于执行官。

执行官认为声报价额甚不相当时，得不许第一项之声报。

于拍卖期日无声明人所声报价额以上之拍买要约人时，视为由其声明人以其声报价额买受之。于此情形，依第二项规定，已交付之金额视为为买受价金而支付者。

第二十七条之三　执行官得禁止有妨碍拍卖之虞者入场，或命在拍卖场为不当行状者退场。

第二十八条　金银及金银制品不得以生金银行情以下之价金拍卖之。

拍卖前项所载之物时，如无相当之拍买要约者，执行官得以拍卖期日行情以上之价金任意变卖之。

第二十九条　拍卖无记名债权时，有行情者应以拍卖期日之行情任意变卖；无行情者应照一般之规定拍卖之。

第三十条　拍卖期日因执行官告知其开始为始。

执行官于拍卖期日开始后，应即为拍买要约之催告。

第三十一条　拍买要约人须与要约同时照其要约价额,如数以现金交付执行官。

第三十二条　拍卖期日于拍买要约之催告后,非过一小时不得终结之。

第三十三条　拍卖须依竞卖之方法。但由执行官认为必要时,于拍卖期日之公告前得定替代竞卖以投标之方法行之。

第三十四条　应依投标之方法时,拍买要约人应向执行官提出标单。

标单应记载左列事项。

一、投标人之姓名、住所;

二、求拍定之物之表示;

三、拍买价额。

第三十五条　执行官应向最高价拍买人为拍定之宣告。但执行官认为拍买价额甚不相当时不在此限。

依竞卖之方法时,执行官应于最高价拍买额高呼三次后为拍定之宣告。

如有二人以上为相等价额之投标不能核定最高价时,执行官应令其人再为投标而为拍定之宣告。

第三十六条　已有拍定之宣告时,由拍定人依第三十一条规定交付之金钱,视为对其拍定价金交纳者。

执行官应向拍定人交付拍定价金之收据。

执行官应向拍定人以外之拍买要约人,将依第三十一条规定已受交付之金钱,于拍定之宣告后即行返还。

拍卖声明人依第二十七条之二第二项之规定,将金钱交付于执行官,而有拍定之宣告时亦与前项同。

第三十七条　执行官须于拍卖期日终结后作成拍卖调书。

调书须记载左列事项而署名盖章。

一、拍卖声明人之表示;

二、已付拍卖物之表示;

三、拍卖之开始及终结之日时;

四、催告拍买要约之日时;

五、拍卖场所;

六、拍卖方法；

七、对于各拍卖物之拍定人之表示及其拍买价额或不为拍定时，其事由或无拍买之要约。

拍定人依代理人而要约拍买时，须将证明其代理权之书面添附于调书。依投标之方法而为拍卖时，由拍买要约人所提出之标单亦同。

第三十八条　执行官由拍定价金中扣除拍卖费用，其余额及未经拍定之物，须即交付于应收受者或为其人提存之。

第三十九条　执行官应作成关于拍卖之计算书，连同其关于计算之证明书编，附于拍卖笔录。

第四十条　执行官不受理拍卖之声明时，声明人得向该执行官所属之区法院为异议之声明。

第四十一条　不应准许拍卖时或执行官关于拍卖违反应遵守之手续时，利害关系人限于因此有害其权利者，对于执行官之处分于拍定之宣告前，得向该执行官所属之区法院为异议之声明。

依前项规定有异议之声明时，法院得命停止拍卖手续。但因停止有发生显著损害之虞者不在此限。

第四十二条　第三人证明关于拍卖之标的物业已提起诉讼时，执行官须停止其拍卖手续。但因停止有发生显著损害之虞者，执行官仍续行拍卖手续而提存其卖得金。

第四十三条　依前二条之规定停止拍卖手续时，执行官须将所占有之拍卖标的物交付拍卖声明人而使其保管。

第四十四条　拍卖之声明，于拍定之宣告前得撤回之。

第三章　不动产之拍卖

第四十五条　不动产之拍卖，因抵押权人及其他依法令欲为其拍卖者之声明，由管辖应付拍卖不动产之所在地之区法院行之。如其不动产涉在数个区法院之管辖区域者，各法院均有管辖权。于此情形，法院认为必要时，得将案件移送于他管辖法院，惟受移送之法院不得再移送于他法院。

第四十六条　拍卖之声明须依书状为之。

声明书应记载左列事项，由声明人或其代理人署名盖章。

一、应付拍卖之不动产之表示；

二、债务人及所有人之姓名、住所；

三、为拍卖原因之事由；

四、声明人或其代理人之姓名、住所；

五、年月日。

第四十七条　前条声明书应添具左列文件。

一、关于应付拍卖之不动产之登录簿誊本；

二、关于未登录之不动产证明其所有权之书面；

三、证明为拍卖原因之事由之书状；

四、关于土地证明其所在地、地种及面积之书面；

五、关于建筑物证明其所在地、构造及面积之书面。

第四十八条　拍卖手续之开始以裁定行之。

开始之裁定，应记载第四十六条第二项第一款至第四款所载之事项及裁定之年月日，由审判官署名盖章。

第四十九条　关于已为拍卖开始裁定之不动产，虽再有拍卖之声明，亦不得根据此声明为开始裁定。

于前项情形，应将后之声明书添附于拍卖笔录。于此情形，如最初声明业经撤回或根据拍卖手续业经取消或停止时，应视为根据后之声明为开始裁定者，续行其手续。

于前项情形，根据先所为开始裁定之扣押效力，仍继续存在。

第五十条　法院已为开始裁定时，须即将其登录嘱托于管辖登录官署。

于前项情形有必要时，法院得因拍卖声明人之声明，嘱托不动产表示或登录名义人表示之变更登录。

第五十一条　遇有前条嘱托时，登录官署应即为其登录，并将该登录簿誊本送交法院。

第五十二条　登录拍卖开始裁定时，对于应付拍卖之不动产，发生扣押之效力。

所有人关于已发生扣押效力之不动产，不得为让与、抵押权之设定及其他一切之处分并登录之声请。但不妨为其利用及管理。

第五十二条之二　依前条规定发生扣押之效力时，执行官须占有不动产。

前项占有得以告示书之黏贴其他适当之方法，显明其系执行官之占有而为之。

执行官占有不动产时,得受法院之许可,附条件或不附条件而许所有人其他之人居住。

法院不论何时,得取消前项许可而使执行官为居住人退去。

前条第二项但书之规定,不妨前四项规定之适用。

前五项规定,于留置权人、拍卖声明人或不拒绝移交之第三人占有不动产时准用之。

第五十三条　法院应令鉴定人估价应付拍卖之不动产,以其估价额为最低拍卖价额。

鉴定人为估价,得调查不动产之状态,如受妨害调查或有受妨害之虞时,得求执行官之援助。

第五十三条之二　拍卖声明人得于拍卖期日前就应付拍卖之不动产声报自己欲买受之价额。

前项声报价额不得少于依第五十三条规定所定之最低拍卖价额。

为第一项声报,须以现金或有价证券交付相当于声报价额五分之一之金额。

于拍卖期日无声明人所声报价额以上之拍买要约人时,视为由其声明人以其声报价额买受之。

第五十四条　法院须定拍卖期日及拍定期日而公告之。

公告须记载左列事项。

一、不动产之表示;

二、拍卖之日时及场所;

三、拍卖方法;

四、最低拍卖价额;

五、执行官占有不动产时其旨;

六、拍定期日。

有声报依前条规定之买受价额时,须记载其声报价额,以代最低拍卖价额。

公告揭示于法院之揭示场为之。

法院为前项所定揭示外,得另以适当之方法为公告。

第五十五条　拍卖之期日、场所及拍定期日,须先期通知于利害关系人。但应受通知者之住所或居所不明者不在此限。

第五十五条之二　法院为拍卖开始之裁定时,须通知于主管租税其他之公课之官署或公署，并将应通知由其不动产换价金应受清偿之租税其他之公课金之有无及其额之旨，定期间而催告。

第五十六条　本章所称利害关系人系指左列者而言。

一、拍卖声明人；

二、债务人及所有人；

三、拍卖开始登录前已登录之不动产上之权利人；

四、拍卖开始登录前证明已取得无须登录之不动产上之权利者。

第五十七条　拍卖期日自公告之日起至少须二十日以后。

拍卖于法院内或由法院认为适当之其他场所，令执行官行之。

第五十八条　拍定期日自拍卖期日起不得过十日。

拍定期日在法院开之。

第五十九条　拍卖须依投标之方法。但法院认为必要时，于拍卖期日之公告前得定代替投标，以竞卖之方法行之。

第六十条　拍买之要约人须与要约同时，照其要约价额五分之一之金额如数以现金或有价证券交付执行官。

于为担保权之实行所为之拍卖手续，债务人非照要约价额之全额金额如数以现金交付执行官，不得为拍买之要约。

第六十一条　依竞卖之方法时，执行官应于最高价拍买价额高呼三次后定最高价拍买人。

如有二人以上为相当价额之投标，不能核定最高价时，执行官应令其人再为投标而定最高价拍买人。

第六十二条　第二十七条之三、第三十条、第三十二条及第三十四条规定，于本章拍卖手续准用之。

第六十三条　执行官须向最高价拍买人以外之拍买要约人依第六十条规定已受交付之金钱或有价证券，于拍卖期日终结后即行返还。

第六十四条　拍定许可裁定已确定时，法院须即令执行官将拍定人交付于执行官之有价证券，从关于扣押物换价之规定为换价。

执行官为有价证券之换价时，须即将其旨呈报于法院而移交换价金。

法院得以拍定人交付于执行官之金钱，或依前项规定受移交之换价金充作拍定价金之支付。

第六十五条　执行官于拍卖期日终结后应作成拍卖调书。

调书须记载左列事项而署名盖章。

一、拍卖声明人之表示；

二、已付拍卖不动产之表示；

三、拍卖之开始及终结之日时；

四、催告拍买要约之日时；

五、对于各拍买不动产之拍买要约人之表示及其拍买价额或无拍买之要约；

六、由最高价拍买人依第六十条规定所受交付之金额或有价证券之表示；

七、最高价拍买人之姓名及高呼其拍买价额。

拍买要约人依代理人要约拍买时，须将证明其代理权之书面添附于调书。依投标之方法为拍买时，由拍买要约人所提出之标单亦同。

第六十六条　最高价拍买人依第六十条规定所交付之金钱或有价证券，须由执行官与拍卖记录，一并移交于法院。

依第六十三条规定，对于拍买要约人应返还之金钱或有价证券而尚未终了返还者亦同。

第六十七条　于拍卖期日，如无应准许之拍买价额要约时，法院得酌减至相当之最低拍卖价额，再定拍卖期日。如至期仍无应准许之拍买价额要约时亦同。

第六十八条　因实行担保权将数宗之不动产付拍卖时，如以某宗不动产之卖得金足敷清偿拍卖声明之基本债权及应得优先于此之债权并拍卖费用者，对于他宗不动产即不准许拍定。

于前项情形，所有人于拍定许可之裁定前，得指定其不动产中应为拍定者。

第六十九条　法院关于许否拍定应为裁定。

前项裁定须行宣告，并于法院之揭示处揭示而公告之。

《民事诉讼法》第二百十一条至第二百十六条之规定，于拍定期日之调书准用之。

已为拍定不许可之裁定时，如再行拍卖者，法院应续行拍卖手续。

第七十条　拍定许可之裁定，应记载左列事项及裁定之年月日，而由审判官署名盖章。

一、业经许可拍定之不动产之表示；

二、拍定人之姓名、住所；

三、业经许可拍定之拍买价额。

第七十一条　法院于拍定许可裁定已确定时，须定相当期间，命拍定人应于其期间内支付拍定价金。

法院由拍定人收受价金时，须交付收据。

第七十二条　拍定人于价金支付期间内不为其支付而认为相当时，法院得因第二位以下之拍买要约人之声报，向其拍买要约人许可拍定。于此情形准用第六十条之规定。

条〔依〕前项规定许可拍定者时，拍定人负担拍定价额与第二位以下之拍买要约人之拍买价额之差额及手续费用。

第一项之规定，以前拍定人依第六十条规定交付于执行官之金钱或有价证券之换价金充作前项负担之支付不十分时，不适用之。

第七十二条之二　拍定人于价金支付期间内不为其支付时，除向第二位以下之拍买要约人许可拍定或命任意变卖者外，法院须命不动产之再拍卖。

再拍卖手续之最低拍卖价额，依为最初拍卖所定者。

拍定人于再拍卖期日之三日以前支付拍买价金及手续费用时，须取消再拍卖手续。

前条第二项规定，于为再拍卖时准用之。

第七十二条之三　拍定人于价金支付期间内不为其支付而法院认为相当时，得命执行官将不动产任意变卖。

第七十二条第二项及第七十七条第一项第三项之规定，于前项情形准用之。

从第七十七条第一项规定而应为之登录之嘱托，须添附证明买卖已成立之书面，买受人取得于支付价金后所生不动产之收益。

第七十三条　于依第七十二条之二第一项规定之拍卖前，拍定人不得为拍头之要约。

于前项之拍卖，其拍定价金较低于以前之拍定价金时，于其差额之限度前，拍定人依第六十条规定已交付执行官之金钱算入于拍定价金，不返还于前拍定人。

第七十四条　拍定人及拍卖声明人对于法院自有拍定许可之裁定后，迄于支付拍定价金以前，得声请管理不动产。于此情形，法院认为必要时,得选任管理人令其管理不动产。

依前项规定令管理人管理不动产时,如所有人拒绝其移交法院,应因拍定人或拍卖声明人之声请,令执行官取消所有人之占有,将其不动产移交管理人。

依前项规定已有移交后,拍定人支付拍定价金时,法院应令管理人将其占有之不动产移交拍定人。

第一项之管理所需费用及第二项之移交所需费用,由声请人负担。

前预费用须由声请人预纳之。

第七十五条　拍定人支付价金后,所有人拒绝不动产之移交时,拍定人得向法院声请移交命令。

依前项规定已有移交命令后,所有人拒绝其移交时,法院应因拍定人之声请,令执行官取消所有人之占有,将其不动产移交拍定人。

前项之移交所需费用,由拍定〈人〉之负担。

前项费用,须由拍定人预纳之。

第七十六条　拍卖期日与拍定许可裁定之确定日之间,因有不可归责于最高价拍买人或拍定人之事由,不动产受显著之毁损时,最高价拍买人或拍定人得向法院请求取消其拍买。

依前项规定有取消之请求时,法院应对其取消为许否之。

裁定如于准许拍买之取消时,已有拍定许可之裁定,则须一并取消其裁定。

依前项规定法院准许拍买之取消时,应再令鉴定人估价该不动产,以其估价额为最低拍卖价额,实施拍卖手续。

第七十七条　拍定人支付拍定价金时,法院须将左列事项之登录,嘱托于管辖登录官署。

一、拍定人之所有权取得;

二、拍定人未承受负担之登录之抹消;

三、依第五十一条规定所为拍卖开始之登录之抹消。

为前项嘱托,须添附拍定许可裁定之正本。

关于登录之费用,由拍定人负担。

第七十八条　法院须由拍定价金之中扣除拍卖费用,其余额即时向应收受人交付或为其人提存之。

第七十九条　法院应作成关于拍卖之计算书,连同关于计算之证明书,编附于拍卖笔录。

第八十条　第三人证明关于拍卖之标的物业经提起诉讼时,法院须停止其拍卖手续。但因停止有发生显著损害之虞时,得续行拍卖手续而提存其卖得金。

第八十一条　不应准许拍卖时或拍卖开始之裁定及其他关于拍卖手续之法院处分违反法令时,利害关系人限于因此有害其权利时,对于拍卖开始之裁定及其他法院之处分,于有许否拍定之裁定前,得向该法院为异议之声明。

依前项规定有异议之声明时,法院得停止拍卖手续。但因停止有发生显著损害之虞者不在此限。

第八十二条　拍卖声明人对于驳回声明之裁定,得为抗告。

第八十三条　利害关系人限于因许否拍定之裁定有害其权利时,对其裁定得为即时抗告。

前项即时抗告根据以第八十一条之异议得主张之事由所为者,不准许之。但其事由系以不可准许拍卖为理由者,或发生于许否拍定之裁定后者,或利害关系人不知有其事由时不在此限。

主张无应准许拍定人理由,或以裁定所载以外之条件应为准许之拍定人,或主张对于自己应准许拍定之拍买要约人,亦得为即时抗告。

于前项情形,求拍定之拍买人就其声报之价额受拘束。

第八十四条　未经拍定而拍卖手续完结时,法院应嘱托管辖登录官署,抹消第五十一条规定所为之拍卖开始之登录。

第八十五条　拍卖之声明,于许否拍定之裁定确定前,得撤回之。但有最高价拍买人或拍定人时,须得其同意。

第四章　权利之拍卖

第八十六条　债权及其他财产权之拍卖,因质权人及其他依法令欲为其拍卖者之声明,由债务人或第三债务人之普通裁判籍所在地之区法院行之。

第八十七条　拍卖之声明,须依书状行之。

声明书应记载左列事项,由声明人或其代理人署名盖章。

一、应付拍卖权利及其附属担保之表示;

二、债务人或有应付拍卖之权利者之姓名、住所;

三、第三债务人之姓名、住所;

四、为拍卖原因之事由；

五、声明人或其代理人之姓名、住所；

六、年月日。

第八十八条　前条声明书,应添具左列文件。

一、关于应付拍卖权利之登录簿誊本；

二、证明为拍卖原因之事由之书状；

三、证明应付拍卖权利之书状；

四、关于声明人占有之应付拍卖权利之证书或证券；

五、证明附属于应付拍卖权利之担保之书状。

第八十九条　拍卖手续之开始,以裁定行之。

开始之裁定,应记载第八十七条第二项第一款至第五款所载事项及裁定之年月日,由审判官署名盖章。

第九十条　法院已为开始裁定时,应即以职权将该裁定送达于债务人及有应付拍卖之权利者并第三债务人。

应付拍卖之权利,如系业经登录者,法院应嘱托其管辖登录官署,登录拍卖开始之裁定。

第九十一条　遇有前条第二项之嘱托时,登录官署应即为其登录,并将该登录簿誊本送交法院。

第九十二条　依第九十条第一项规定,将开始裁定已送达于权利人及第三债务人时,或依前条规定为登录时,对于应付拍卖之权利发生扣押之效力。

权利人关于发生扣押效力之权利,不得为让与、质权之设定及其他一切之处分并登录之声请,第三债务人对权利人不得为清偿。

第九十三条　本章所称利害关系人,系指左列者而言。

一、拍卖声明人；

二、债务人及有应付拍卖之权利者；

三、于拍卖开始之登录前有就为拍卖标的之权利已为登录之权利者；

四、于拍卖开始之登录前证明关于为拍卖标的之权利已取得权利者；

五、第三债务人。

第九十四条　法院须定拍卖期日及拍定期日公告之。

公告须记载左列事项。

一、拍卖声明人之表示；

二、应付拍卖之权利及其附随担保之表示；

三、第三债务人之表示；

四、拍卖之日时及场所；

五、拍卖方法；

六、拍定期日。

公告揭示于法院揭示场为之。

法院为前项规定所定揭示外，得另以适当之方法为公告。

第九十五条　拍定人缴纳拍定价金时，法院应将关于许可拍定之权利证书或证券交与拍定人。

第九十六条　拍定人支付拍定价金时，法院须将左列事项，嘱托于管辖登录官署。

一、拍定人之权利取得；

二、拍定人未承受负担之登录之抹消；

三、依第九十一条规定所为拍卖开始之登录之抹消。

为前项嘱托，须添附拍定许可裁定之正本。

关于登录之费用，由拍定人负担。

第九十七条　法院应令执行官代从前之权利人为移转权利必要之更名、背书、让与之通知及其他处分。

第九十八条　未经拍定而完结拍卖手续时，法院应嘱托管辖登录官署抹消依第九十一条规定所为之拍卖开始之登录。

第九十九条　第二十七条之三、第三十条、第三十二条、第三十四条、第五十三条之二、第五十五条、第五十七条至第六十一条、第六十三条至第六十六条、第六十八条至第七十三条、第七十八条至第八十三条及第八十五条之规定，于本章拍卖手续准用之。

第一百条　对于不动产物权之拍卖，准用前章规定。

第五章　船舶之拍卖

第一百零一条　对于已登记船舶之拍卖除本章另有规定者外，准用第三章规定。

第一百零二条　已登记船舶之拍卖，因抵押权人及其他依法令欲为其拍卖者之声明，由声明当时或拍卖开始之裁定当时管辖，应付拍卖船舶之现在地之区法院行之。

第一百零三条 拍卖之声明,须依书状行之。

声明书应记载左列事项,由声明人或其代理人署名盖章。

一、应付拍卖船舶之表示;

二、债务人及所有人之姓名、住所;

三、船长之姓名;

四、船舶之现在地;

五、船籍港;

六、为拍卖原因之事由;

七、声明人或其代理人之姓名、住所;

八、年月日。

第一百零四条 前条声明书应添具左列文件。

一、关于应付拍卖船舶之登记簿誊本;

二、关于未经登记之船舶证明其所有权之书状;

三、证明为拍卖原因之事由之书状;

四、证明船舶之现在地之书状。

第一百零五条 法院已为开始裁定时,应即以职权将该裁定送达于债务人、所有人及船长。

第一百零六条 登记拍卖开始裁定时,就应付拍卖之船舶,发生扣押之效力。

所有人及船长关于发生扣押效力之船舶,不得为让与、抵押权之设定及其他一切之处分并登记之声请。

发生扣押效力之船舶,于拍卖手续中不得由扣押当时之场所开行。但法院认为适当时,得许可其开行。

第一百零七条 已有开始裁定后,法院因拍卖声明人之声请,得命为船舶之监守及保存必要之行为。

前项行为所需之费用,由声请人负担。

前项费用须由声请人预纳之。

第一百零八条 船舶之现在场所及船籍港,应于拍卖日期之公告记载之。

第一百零九条 管辖船舶船籍港之法院以外之法院为拍卖开始裁定时,拍卖日期之公告,除由该法院为之外,应嘱托管辖船籍港所在地之区法院。于此情形,受嘱托之区法院应于其揭示处为公告之揭示。

第一百十条　本章所称利害关系人系指左列者而言。

一、拍卖声明人;

二、债务人及所有人;

三、证明系船舶债权人者;

四、于拍卖开始之登记前已登记之船舶抵押权人;

五、证明于拍卖开始之登记前对船舶取得无须登记之权利者;

六、船长。

附则

本法施行之日期以敕令定之。

(依康德三年六月敕令第一〇一号,自同年七月一日施行)

非讼事件法

(康德四年十一月二十九日敕令第三三六号)

朕依《组织法》第三十六条,经咨询参议府,裁可《非讼事件法》,著即公布。

(国务总理、司法部大臣副署)

第一编　总则

第一条　就属于法院管辖之非讼事件,除本法其他之法令另有规定者外,适用本编之规定。

第二条　法院之土地管辖,依事件关系人之住所定之者,在满洲国无住所或住所不明时,依居所定之;无居所或居所不明者,依最后之住所定之。

于前项情形,无最后之住所或住所不明者,以管辖新京特别市之法院为管辖法院。

第三条　有数个管辖法院者,由最初受事件声明之法院管辖其事件。但法院得以职权将事件移送于认为适当之他管辖法院。

受移送之法院,不得更将事件移送于他法院。

第四条　于左列情形,有关系法院共通之直近上级法院因事件关系人之声明或检察官之请求,以裁定指定管辖法院。

一、管辖法院及依《法院组织法》第九十一条之规定，应代行其事务之法院法律上或事实上不能行使裁判权者；

二、就数个法院之土地管辖有疑者。

对于前项裁判，不得声明不服。

第五条　非讼事件手续之事件关系人之行为能力及无行为能力人之法定代理，从《民法》其他之法令。

第六条　事件关系人得使行为能力人代理。但命本人到场者不在此限。

第七条　命到场之事件关系人无正当之事由而不到场者，法院命负担因此所生之费用，且处三百圆以下之过料。

第八条　声明须依书面为之。

声明书须记载左列事项，由声明人或其代理人署名盖章。

一、声明人之姓名及住所；

二、依代理人为声明者其姓名及住所；

三、声明趣旨及其原因之事实；

四、年月日；

五、法院。

声明书须添附证代理权之书面及证据书类之原本或誊本。

前三项之规定，于检察官之请求准用之。

第九条　官署或公署知发生应因检察官之请求为裁判之事项者，须通知管辖检察厅。

第十条　依法令得为声明人之人，得为共同之声明人而加入手续或代声明人而续行手续。

第十一条　有数个声明者，法院须并合之。

第十二条　法院得以职权为事实之调查及证据调查。

第十三条　法院就审问，须每期日使法院书记官作成调书。

第十四条　调书须记载左列事项，由审判官及法院书记官署名盖章。但审判官有障碍者，书记官记载其旨已足。

一、事件之表示；

二、审判官及法院书记官之姓名；

三、莅场之检察官之姓名及其陈述；

四、到场之事件关系人、代理人及通事之姓名；

五、审判官命记载之事项；

六、证人及鉴定人之宣誓及陈述；

七、检证之结果；

八、审问之场所及年月日。

审判官得于前项调书引用书面其他认为适当者，添附于记录，以为调书之一部。

第十五条　裁判以裁定为之。

裁定须记载左列事项，由为裁定之审判官署名盖章。

一、主文及理由；

二、事件关系人及法定代理人；

三、年月日；

四、法院。

第一审之裁判，得不附理由。

第十六条　裁判因告知生其效力。

裁判之告知系因之开始不服声明期间之进行者，送达裁判而为之。

前项以外裁判之告知，以认为相当之方法为之。于此情形，法院书记官须将告知之方法、场所及年月日，附记于裁判之原本盖章。

第十七条　于应为裁判之公告者，对于其裁判之不服声明之期间，自公告之日起算之。但就受送达人之不服声明不在此限。

第十八条　依本法规定应为之公告，以政府公报及应揭载登记事项公告之新闻纸为之。

公告于最终揭载日之翌日生其效力。

在法院之管辖区域内无第一项之新闻纸者，揭示于法院之揭示场，而为公告以代新闻纸之公告。于此情形，公告自揭示之日起经过三日后生其效力。

第十九条　法院认其所为之裁判为不当者，得取消或变更之。

得以即时抗告声明不服之裁判，不得取消或变更之。

第二十条　事件关系人得于法院书记官声请，付与裁判之正本及誊本。

事件关系人之人限于疏明有法律上利害关系者，得为前项声请。

〈署〉名盖章且盖法院之印。

第二十一条　因裁判而权利受害之人，对于其裁判得为抗告。

于仅应因声明而为裁判者,对于却下声明之裁判限于声明人,得为抗告。

第二十二条　第十条及第十一条之规定,于抗告法院之手续准用之。

第二十三条　声明于有基于声明之裁判前,得撤回之。

第二十四条　法院于完结事件之裁判,须就手续费用为裁判。

第二十五条　手续费用由声明人负担。但事件之开始依法院之职权或因检察官之请求者,由国库负担。

第二十六条　法院有特别之情事者,得对于非依本法规定应负担手续费用人之事件关系人,命负担手续费用之全部或一部。

第二十七条　应共同负担手续费用之人有数人者,以平等之比例负担其费用。但法院得从情事,使连带负担费用或依他方法使负担。

第二十八条　对于手续费用之裁判不得独立声明不服。

第二十九条　法院于命负担手续费用之裁判未定其额数者,第一审法院于其裁判确定后因声明或以职权定之。

对于前项裁判,得为即时抗告。

第三十条　手续费用之裁判,得准于《强制执行法》第二条第五款之执行名义执行之。

第三十一条　就需费用之行为,法院得使声明人预纳其费用。

以职权所为事实之调查、证据调查其他必要之处分之费用,得由国库代垫。

第三十二条　关于法院职员之除斥、忌避及回避、诉讼代理人、期日、期间、送达、证据调查及抗告之《民事诉讼法》之规定,除另有规定者外,于非讼事件手续准用之。

第二编　各则
第一章　关于准禁治产及禁治产之事件

第三十三条　准禁治产宣告之声明,由应受准禁治产宣告人住所地之区法院管辖。

第三十四条　准禁治产宣告之手续,不公行之。

第三十五条　检察官就事件得陈述意见,莅场于审问。

事件及审问期日,须通知检察官。

第三十六条　法院对于声明人,得命提出应受准禁治产宣告之人之诊断书。

第三十七条　法院须使鉴定人莅场,审讯应受准禁治产宣告之人。但虽为其审讯或有害其人之健康者不在此限。

前项审讯,得嘱托他区法院为之。

第三十八条　准禁治产之宣告,非就心神之状况讯问鉴定人后,不得为之。

第三十九条　前三条之规定,于就因浪费而有使自己或家属陷于穷迫之虞之人所为准禁治产宣告之手续,不适用之。

第四十条　为准禁治产之宣告者,手续费用由准禁治产人负担。

第四十一条　法院于准禁治产之宣告前,得就应受其宣告之人之监护或其财产之保存,命必要之处分。准禁治产之宣告后认其处分为必要者亦同。

第四十二条　准禁治产宣告之裁判及却下准禁治产宣告之声明之裁判,须附理由。

第四十三条　声明人对于却下准禁治产宣告之声明之裁判,得为即时抗告。

第四十四条　准禁治产宣告之裁判,向检察官及准禁治产人之法定代理人或应为法定代理人之人亦须告知,且须公告之。

第四十五条　准禁治产宣告之裁判,因告知于准禁治产人之法定代理人或应为法定代理人之人而生其效力。

无法定代理人或应为法定代理人之人者,因告知于检察官而生其效力。

第四十六条　依《民法》规定得为准禁治产宣告声明之人,对于准禁治产宣告之裁判,得为即时抗告。

前项即时抗告之期间为三十日。

前项期间对于准禁治产人,自知准禁治产宣告之日起算之。

第一项之即时抗告,无停止执行之效力。

第四十七条　第三十四条及第三十五条之规定,于抗告法院之手续准用之。

第四十八条　抗告法院取消准禁治产宣告之裁判者,于其裁判之确定前得就准禁治产人之监护或其财产之保存,命既为处分之取消、变更其他所必要之处分。

第四十九条　法定代理人于取消准禁治产宣告之裁判前所为之行为，不因取消妨其效力。

准禁治产人于取消准禁治产宣告之裁判前所为之行为，不得基于准禁治产宣告之裁判取消之。

第五十条　取消准禁治产宣告之裁判之裁判已确定者，第一审法院须公告之。

第五十一条　以准禁治产之原因终止为理由求取消其宣告之声明，由准禁治产人之住所地之区法院管辖。

第五十二条　第三十四条及第三十九条、第四十二条及第四十三条之规定，于依前条规定取消准禁治产宣告之手续准用之。

第五十三条　为准禁治产宣告之取消者，手续费用由准禁治产人负担。

第五十四条　取消准禁治产宣告之裁判，向检察官及准禁治产人亦须告知之。

检察官对于前项裁判，得为即时抗告。

第五十五条　取消准禁治产宣告之裁判已确定者，第一审法院须公告之。

第五十六条　本章之规定，于关于禁治产之手续准用之。

第二章　关于管理财产之事件

第五十七条　对于管理不在人财产之事件，由其住所地或其财产所在地之区法院管辖。

第五十八条　法院不论何时，得改任其所选任之管理人。

管理人拟辞其任务者，须向法院呈报其旨。于此情形，法院须更选任管理人。

第五十九条　法院于应选任或选任管理人者，得询利害关系人之意见。

第六十条　对于选任或改任管理人之裁判，不得声明不服。

第六十一条　法院得命其所选任之管理人报告财产之状况，且为管理之计算。

不在人之生死不明而有利害关系人或检察官之请求者，法院对于不在人所置之管理人，亦得命前项手续。

对于前二项之裁判，不得声明不服。

第六十二条　利害关系人得声请阅览关于依前条第一项或第二项规定之报告及计算之书类或交付其誊本。

检察官须阅览前项书类。

第六十三条　《民法》第六百五十九条、第六百六十二条、第六百六十三条及第六百六十六条之规定，于法院所选任之管理人准用之。

第六十四条　法院得命增减、变更或免除管理人所供之担保。

第六十五条　法院命于管理人之不动产或船舶上设定抵押权者，须即向管辖登录官署或登记官署，嘱托其登录或登记。

前项嘱托须添附命设定抵押权之裁判之誊本。

前二项之规定，于已设定之抵押权之变更或消灭之登录或登记准用之。

第六十六条　命封印之裁判及命除去封印之裁判，向管理人亦须告知之。

声明人及管理人对于前项裁判得为即时抗告。

对于命封印之裁判之即时抗告，无停止执行之效力。

第六十七条　命封印之裁判及命除去封印之裁判之执行，由管辖财产所在地之区法院所属之执行官为之。

执行官须定执行之期日，向声明人、管理人及保管人通知之。

声明人、管理人及保管人得于第一项之执行莅场。

第六十八条　《强制执行法》第二十四条之规定，于命封印之裁判及命除去封印之裁判之执行手续准用之。

第六十九条　左列之物不得为封印。

一、不在人家属之日用品；

二、不适于为封印之物；

三、属于第三人占有之物。但不拒绝其提出者不在此限。

第七十条　执行官已为封印者，须选任财产之保管人。

第五十八条、第六十条、《民法》第六百六十条第一项、第六百七十二条至第六百七十五条及第六百七十八条之规定，于执行官选任保管人者准用之。但《民法》第六百七十四条之通知，须向检察官及管理人为之。

第七十一条　法院因利害关系人、管理人或检察官之请求，于第七十八条及《民法》第二十一条第二项以外之情形,亦得命除去封印。

第七十二条　执行官为封印或除去封印者,须作调书。

调书须记载左列事项,由执行官及莅场人署名盖章。

一、声明人之姓名及住所;

二、命封印之裁判或命除去封印之裁判之表示;

三、为封印或除去封印之日时及场所;

四、为封印时之调书、为封印之物件或未为封印之物件之概略及其事由;

五、除去封印时之调书作制或不作制财产之目录,并封印之状况及有异状者其事由。

调书须作二通,其一通提出于法院,其一通交付保管人。

第七十三条　执行官除去封印者,须即作制财产之目录。但于第七十八条及《民法》第二十一条第二项之情形,莅场人同意不作制者不在此限。

第七十四条　依前条及《民法》第二十三条第一项第三项之规定,应作制之财产之目录,须记载左列事项,由作制之人署名盖章。

一、声明人之姓名及住所;

二、作制之日时及场所;

三、不动产之表示;

四、动产之种类及数量;

五、债权及债务之表示;

六、账簿、证书其他之书类。

财产之目录须作制二通,其一通由管理人保管,其一通提出于法院。

第七十五条　法院认管理人所作制财产之目录为不十分者,得使执行官作制之。

前条规定,于依前项规定执行官应作制财产之目录者准用之。

第七十六条　利害关系人得声请阅览财产之目录或交付其誊本。

检察官得阅览财产之目录。

第七十七条　法院命变卖不在人之财产者,须依《拍卖法》之规定变卖之。

第七十八条　本人至自得管理其财产或其死亡分明或有失踪之宣

告者,法院须因本人、利害关系人或检察官之请求,取消其所命之处分。

第七十九条　利害关系人对于就管理或保存不在人财产所命处分或取消其处分之裁判,得为抗告。就许可管理人为超过其权限之行为之裁判亦同。

不在人所置之管理人,对于命其改任之裁判,得为即时抗告。

第八十条　法院以职权为裁判或为相当于声明之裁判者,手续费用由不在人之财产负担。就法院所命处分之必要费用亦同。

第八十一条　法院为相当于抗告人之声明之裁判者,抗告手续之费用及归抗告人负担之。前审之费用,由不在人之财产负担。

第八十二条　第五十八条至第六十条及第八十条之规定,于依《国税征收法》第二十二条第二项之规定选任遗产管理人者准用之。

第三章　关于失踪之事件

第八十三条　求宣告失踪之声明,由不在人住所地之区法院管辖。

第八十四条　第三十五条之规定,于失踪宣告之手续准用之。

第八十五条　认失踪宣告之声明为有理由者,法院须为公示催告。

公示催告须记载左列事项。

一、声明人之表示;

二、知不在人之生死之人,至公示催告期日止应为其呈报;

三、不在人至公示催告期日止,应为其生存之呈报,如不为其呈报者,应受失踪之宣告;

四、公示催告期日之指定。

公示催告期间不得少于六月。

第八十六条　公示催告之公告,须揭示于法院之揭示场,且揭载于政府公报为之。

法院认为相当者,尚得揭载于新闻纸,或依其他适当之方法为公告。

第八十七条　虽公示催告期日终了后于失踪之宣告前为呈报者,视为至公示催告期日止为之者。

第八十八条　不在人之出生后经过百年以上者公示催告之公告,以揭示于法院之揭示场为足。

于前项情形,公示催告期间以自其公告之日起二月以上为足。

第八十九条　失踪宣告之裁判及却下失踪宣告之声明之裁判,须附理由。

第九十条　为失踪之宣告者,手续费用由继承财产负担。

第九十一条　失踪宣告之裁判,须公告之。

第九十二条　利害关系人对于失踪宣告之裁判得为即时抗告。但《民法》第二十八条第一项所定之事由,不得为抗告之理由。

第四十六条第二项及第四项之规定,于前项情形准用之。

第九十三条　取消失踪宣告之裁判之裁判已确定者,第一审法院须公告之。

第九十四条　《民法》第二十八条第一项但书及第二项之规定,于为取消失踪宣告之裁判之裁判者准用之。

第九十五条　依《民法》第二十八条第一项规定,求取消失踪宣告之声明,由不在人住所地之区法院管辖。

第九十六条　第三十五条之规定,于取消失踪宣告之手续准用之。

第九十七条　求取消失踪宣告之声明,须自声明人知有失踪宣告之裁判之日起,于三十日以内为之。

前项期间为不变期间。

自有失踪宣告之裁判之日起经过五年者,第一项之声明不得为之。

以失踪人之生存为理由者,前三项之规定不适用之。

第九十八条　取消失踪宣告之裁判及却下取消失踪宣告之声明之裁判,须附理由。

第九十九条　取消失踪宣告之裁判,向检察官亦须告知之。

检察官对于前项裁判,得为即时抗告。

第一百条　取消失踪宣告之裁判已确定者,第一审法院须公告之。

第四章　关于法人之事件

第一百零一条　《民法》第四十一条所定之事件,由法人设立人死亡时之住所地之区法院管辖。

法人之设立人在满洲国无住所或其住所不明者,由其死亡时之居所地或法人设立地之区法院管辖。

第一百零二条　暂行理事或特别代理人之选任及解散或清算之监督,由法人主事务所所在地之区法院管辖。

第一百零三条　法院得使特所选任之人为法人之解散或清算之监督所必要之检查。

第一百零四条　对于选任暂行理事、特别代理人或依前条规定为检查之人之裁判，不得声明不服。

第一百零五条　依第一百零三条规定被选任之人，须将调查之结果以书面报告于法院。

法院就检查以说明为必要者，得审讯曾为检查之人。

第一百零六条　《民法》第六十七条第二项及第九十三条所定之事件，由法人主事务所所在地之区法院管辖。

第一百零七条　依《民法》第六十七条第二项或第九十三条之规定，声明求许可招集总会者，须疏明理事，或清算人怠于总会之招集。

第一百零八条　对于许可招集总会之裁判，不得声明不服。

第一百零九条　关于选任及解任清算人之事件，由法人亡事务所所在地之区法院管辖。

第一百十条　对于选任及解任清算人之裁判，不得声明不服。

第一百十一条　法院选任法人之清算人或依第一百零三条规定为检查人者，得使法人与以报酬，其额数听理事及监事之陈述，由法院定之。

法人及清算人或为检查之人，对于前项裁判得为即时抗告。

第一百十二条　《民法》第八十八条第二项所定之事件，由法人之主事务所所在地之区法院管辖。

第一百十三条　法院选任鉴定人者，其手续费用由法人负担。传唤及讯问之费用亦同。

第一百十四条　对于选任鉴定人之裁判，不得声明不服。

　　　第五章　关于意思表示之送达、登录、质物清偿
　　　　　　　充当、代位及提存之事件

第一百十五条　《民法》第一百零九条之意思表示之送达于对方之姓名不明者，由表意人住所地之区法院管辖之；对方之所在不明者，由对方在满洲国最后之住所地；无最后之住所地或不明时，表意人住所地之区法院管辖之。

第一百十六条　法院为公示送达之许可前，须审讯表意人。

第一百十七条　《民法》第二百二十四条所定之事件，由不动产所在地之区法院管辖。

第一百十八条　《民法》第三百三十条第二项所定之事件，由债务

履行地之区法院管辖。

第一百十九条　法院就前条所定之事件为裁判前,须审讯债权人及债务人。

法院许可声明者,其手续费用并鉴定人之传唤及讯问之手续费用,由债务人负担。

第一百二十条　《民法》第三百九十一条第二项所定之事件,由债务人住所地之区法院管辖。

第一百二十一条　代位之声明,于第八条第二项所揭之事项外,须记载左列事项。

一、债务人及第三债务人之姓名及住所;

二、声明人所欲保全之债权及其拟行使之权利。

第一百二十二条　法院认代位之声明为有理由者,得使供或不供担保而许可之。

第一百二十三条　许可声明代位之裁判,须向债务人告知之。

前项告知有与《民法》第三百九十二条所定之通知同一之效力。

第一百二十四条　对于却下声明代位之裁判,得为即时抗告。

对于许可声明代位之裁判,债务人得为即时抗告。

第一百二十五条　许可声明代位者,手续费用由债务人负担。

第一百二十六条　对于许可声明代位之裁判有抗告,而法院为相当于抗告人之声明之裁判者,抗告手续之费用及归抗告人负担之前审费用,由声明人负担。

第一百二十七条　第一百十八条及第一百十九条第一项之规定,于《民法》第四百七十六条第二项所定之事件准用之。

法院为提存所之指定及提存物保管人之选任者,其手续费用由债权人负担。

第一百二十八条　第五十八条、第六十条、《民法》第六百六十条第一项、第六百七十二条至第六百七十五条及第六百七十八条之规定,于依前条规定选任保管人者准用之。但《民法》第六百七十四条之通知,须向清偿人为之。

第一百二十九条　第一百十八条及第一百十九条第一项之规定,于《民法》第四百七十八条所定之事件准用之。

法院许可求许可拍卖之声明者,其手续费用由债权人负担。

第一百三十条　对于依本章规定为指定或选任或与以许可之裁判，不得声明不服。

第六章　关于匿名组合及拍卖之事件

第一百三十一条　《商人通法》第七十二条第二项所定之事件，由营业人主营业所所在地之区法院管辖。

第一百三十二条　依《商人通法》第七十二条第二项规定，为求许可检查之声明者，须疏明需检查之事由。

第一百零八条之规定，于许可前项声明之裁判准用之。

第一百三十三条　《商人通法》第六十五条、第九十一条第一项及第九十二条规定所定之事件，由应付拍卖之物品或有价证券之所在地之区法院管辖。

第一百三十四条　依《会社法》第六十八条第一项、第二百四十九条第一项、第三项及第二百九十一条第二项规定之株式之拍卖，由会社本店所在地之区法院所属之执行官为之。

前项拍卖，依《拍卖法》之规定为之。

第一百三十五条　《会社法》第六十八条第一项但书、第二百四十九条第二项第三项及第二百九十一条第二项所定之事件，由会社本店所在地之区法院管辖。

第七章　关于会社事件

第一百三十六条　《会社法》第八条、第二十条第一项第二项、第二十七条、第三十条第一项、第九十二条第二项、第一百十五条第二项、第一百三十二条第一项、第一百三十九条、第一百五十二条第二项、第一百五十三条第三项、第一百五十六条、第一百七十五条、第一百七十六条、第一百七十七条第二项、第一百八十六条、第一百八十七条第三项、第一百九十三条、第二百零四条第一项、第二百零五条第三项、第二百二十条第一项、第二百三十七条第一项、第二百四十二条第二项、第二百四十六条第二项、第二百九十一条第一项、第二百九十六条第三项、第三百九十四条、第四百二十条第二项、第四百二十四条及第四百三十条第二项所定之事件，由会社本店所在地之地方法院管辖。

第一百三十七条　依《会社法》第八条第一项或第二项之规定所为解散会社之命令，须附理由。

法院为裁判前须听董事及利害关系人之陈述，求检察官之意见。

第一项之裁判向检察官,亦须告知之。

第一百三十八条　会社及检察官对于前条第一项之裁判,得为即时抗告。

第一百三十九条　为解散会社之命令者,手续费用由会社负担。

法院为相当于抗告人声明之裁判者,抗告手续之费用及归会社负担之前审费用,由国库负担。

第一百四十条　第五十八条至第六十五条之规定,依《会社法》第八条第三项之规定,选任管理人者准用之。

第一百四十一条　依《会社法》第一百五十六条第一项之规定,声明选任检查人者,法院为裁判前须听董事及监查人之陈述。

第一百四十二条　对于依《会社法》第二十条第一项、第三十条第一项、第一百五十六条第一项或第二百二十条第一项规定选任检查人之裁判,不得声明不服。

第一百四十三条　第一百十一条之规定,于依《会社法》第二十条第一项、第三十条第一项、第一百五十六条第一项或第二百二十条第一项之规定,法院选任检查人者准用之。

第一百四十四条　第一百零五条之规定,于检查人准用之。

第一百四十五条　依《会社法》第二十条第二项规定所为之裁判,须附理由。

法院为裁判前,须听发起人及董事之陈述。

第一百四十六条　依《会社法》第一百五十六条第三项之规定,法院命招集株主总会者,须命应于一定期间为其招集。

第一百四十七条　第一百零七条及第一百零八条之规定,于依《会社法》第九十二条第二项或第一百八十七条第三项之规定,声明求许可招集株主总会或社债权人集会者准用之。

第一百四十八条　依《会社法》第一百三十二条第一项或第一百三十九条之规定,声明停止董事或监查人执行职务或选任职务代行人者,须疏明声明之事由。

就前项声明所为之裁判,须附理由。

声明人及董事或监查人,对于前项裁判得为即时抗告。

前项即时抗告,无停止执行之效力。

第一百四十九条　对于停止董事或监查人之执行职务或选任职务

代行人之裁判有抗告，而法院为相当于抗告人声明之裁判者，抗告手续之费用由声明人负担。

第一百五十条　依《会社法》第一百五十二条第二项或第一百五十三条第三项规定声明认可定款者，须由总发起人或总董事为之。

前项情形，须疏明开业前需配当利息之事由。

第一百零八条之规定，于许可第一项声明之裁判准用之。

第一百五十一条　依《会社法》第一百九十三条之规定，声明求认可社债权人集会之决议者，须向法院提出社债权人集会之议事录之誊本。

声明求认可社债权人集会之代表人所为之决定者，须提出证已有其决定之书面。

第一百五十二条　就前条声明所为之裁判，须附理由。

法院为前项裁判前，须审讯发行社债之会社及受社债募集之委托之会社。

第一项之裁判向发行社债之会社及受社债募集委托之会社，亦须告知且公告之。

发行社债之会社、受社债募集之委托之会社或社债权人对于第一项之裁判，得为即时抗告。

第一百五十三条　依《会社法》第二百四十二条第二项之规定，声明求命令增减缴纳金额或缴纳未缴纳之株金额者，须疏明声明之事由。

就前项声明所为之裁判，须附理由。

前项裁判，向会社亦须告知且公告之。

新株之株主及会社对于第二项之裁判，得为即时抗告。

第一百五十四条　对于依《会社法》第二百四十六条第二项或第二百九十一条第一项规定，伸长异议期间之裁判，不得声明不服。

第一百五十五条　依《会社法》第二百九十六条第三项、第三百九十四条第一项或第四百二十四条规定，定会社之负担部分或持分之裁判者，须附理由。

法院为裁判前须审讯各会社。

各会社对于第一项之裁判，得为即时抗告。

第一百五十六条　第一百三十二条之规定，于依《会社法》第四百三十条第二项规定声明求许可检查者，准用之。

第八章 关于整理及清算之事件

第一百五十七条 《会社法》第二百五十一条、第二百六十二条第二项、第二百六十六条第三项、第二百六十七条第二项、第二百七十四条第二项、第二百七十五条、第三百条、第三百零二条第二项第三项、第三百零四条、第三百零九条第二项、第三百十三条第二项、第三百十四条第四项、第三百二十条第二项、第三百二十三条至第三百二十五条、第三百二十九条、第三百三十二条第二项、第三百三十三条第三项、第三百三十五条第二项、第三百三十九条第三项第四项、第三百四十条第二项、第三百四十六条第二项、第三百四十九条、第三百五十条、第三百五十四条、第三百五十五条、第四百零三条第二项、第四百十二条、第四百十六条第二项、第四百十九条第一项及第四百二十四条所定之事件，由会社本店所在地之地方法院管辖。

第一百五十八条 会社之整理开始之命令或特别清算开始之命令，须附理由。

法院为裁判前须听董事、清算人及监查人之陈述。

会社对于第一项之裁判得为即时抗告。

第一百五十九条 对于整理终结之裁判或特别清算终结之裁判，不得声明不服。

第一百六十条 对于选任或解任检查人、整理委员、监督员或管理人之裁判，不得声明不服。

第一百零五条及第一百十一条之规定，于选任检查人、整理委员、监督员或管理人者准用之。

第一百十一条之规定，于选任监查委员者准用之。

第一百六十一条 确定株式之数及未缴纳株金额之裁判，须附理由。

法院为裁判前须审讯董事、清算人及述异议之株主。

第一项之裁判向述异议之株主，亦须告知之。

会社及述异议之株主对于第一项之裁判，得为即时抗告。

第一百六十二条 声明认可株金之缴纳金额者，须向法院提出株主表。

第一百六十三条 对于认可株金缴纳金额之裁判，不得声明不服。

第一百六十四条 会社基于认可株金缴纳金额之裁判为强制执行

者,得对于法院书记官声请付与附记已有认可之株主表之节本。

前项节本须记载其系节本,由书记官署名盖章且盖法院之印。

第一百六十五条　法院书记官依前条第一项规定付与株主表之节本者,须于株主表记载其受领人及交付之年月日。

第一百六十六条　对于选任或解任清算人之裁判,不得声明不服。就定代表会社之清算人或定数人之清算人共同代表会社之裁判亦同。

第一百六十七条　第一百十一条之规定,于选任清算人者准用之。

第一百六十八条　第一百四十八条之规定,于依《会社法》第三百二十四条之规定声明停止清算人之执行职务或选任职务代行人者,准用之。

第一百六十九条　第一百十三条及第一百十四条之规定,于法院选任鉴定人者准用之。

第一百七十条　第一百零七条及第一百零八条之规定,于依《会社法》第三百二十四条或第三百三十三条第三项规定,声明求许可招集株主总会或债权人集会者,准用之。

第一百七十一条　依《会社法》第三百四十条第二项规定,声明求法院之许可者,须疏明有急迫之情事。

第一百七十二条　第一百四十一条之规定,于依《会社法》第三百五十条第一项规定法院选任检查人者,准用之。

对于选任检查人之裁判,不得声明不服。

第一百七十三条　有《会社法》第三百三十五条第二项之异议者,清算人须向法院声明其确定。

第一百七十四条　依《会社法》第三百三十五条第二项规定所为之裁判,须附理由。

法院为裁判前,须审讯清算人及述异议之债权人。

第一项之裁判向述异议之债权人,亦须告知之。

会社及述异议之债权人对于第一项之裁判,得为即时抗告。

第一百七十五条　依《会社法》第三百四十六条第二项或第三百四十九条规定求认可之声明,须由清算人为之。

为前项声明者,须提出债权人集会之议事录之誊本。

第一百七十六条　就前条声明所为之裁判,须附理由。

法院为前项裁判前,须审讯清算人、监查人及监查委员。

第一项之裁判向会社,亦须告知且公告之。

会社及债权人对于第一项之裁判,得为即时抗告。

<h3 style="text-align:center">第九章　关于外国法人之事件</h3>

第一百七十七条　《外国法人法》第九条及第十条所定之事件,由在满洲国始设支店所在地之地方法院管辖。

第一百七十八条　第一百三十七条至第一百三十九条之规定,于命闭锁在满洲国所设之支店者准用之。

第一百七十九条　第五十八条至第六十五条之规定,于依《外国法人法》第九条第三项之规定选任管理人者准用之。

第一百八十条　对于依《外国法人法》第十条第一项规定,命开始清算之裁判,不得声明不服。

第一百八十一条　第一百五十八条至第一百七十六条之规定,于清算之情形准用之。

<h3 style="text-align:center">附则</h3>

本法自康德四年十二月一日施行。

关于本法施行前所声明之禁治产宣告及死亡宣告之手续,仍依从前之规定。

附则(康德七年四月敕令第六三号)

本法自公布日施行。

<h2 style="text-align:center">过料手续法</h2>

(康德四年十月七日敕令第二九一号)

朕依《组织法》第三十六条,经咨询参议府,裁可《过料手续法》,著即公布。

(国务总理、司法部大臣副署)

第一条　过料事件,除法令另有规定者外,由法院管辖之。

第二条　属于法院管辖之过料事件之裁判及其执行,除法令另有规定者外,依本法之规定。

第三条　过料事件由有应处过料行为之地或应处过料人之住所、居所或现在地之区法院管辖之。

第四条 同一事件系属于数个管辖法院者,由最初开始审判之法院审判之。但法院得将事件移送于认为适当之他管辖法院。

受移送之法院,不得将事件更移送于他法院。

第五条 官署或公署知有应处过料之行为者,须速通知于管辖法院。

第六条 法院须为事实之调查及必要之证据调查。

第七条 法院须于为裁判前审讯被审人。

第八条 法院须就审问于每期日,使法院书记官作成调书。

第九条 调书须记载左列事项,由审判官及法院书记官署名盖章。但审判官有事故者,由书记官记载其旨已足。

一、事件之表示;

二、审判官及法院书记官之姓名;

三、被审人及通事之姓名;

四、审判官命记载之事项;

五、证人及鉴定人之宣誓及陈述;

六、检证之结果;

七、审问之场所及年月日。

第十条 裁判以裁定为之。

裁定须记载左列事项,由为裁定之审判官署名盖章。

一、主文及理由;

二、被审人及法定代理人;

三、年月日;

四、法院。

裁判之正本或誊本,须记载其为正本或誊本,由法院书记官署名盖章,且盖法院之印。

第十一条 裁判因告知而生其效力。

裁判之告知,依送达为之。

第十二条 受过料裁判之人,得对于其裁判为即时抗告。

第十三条 过料处分之时效,因自应处过料行为终了时起,经过三年而完成。

时效因审判之开始而中断。

第十四条 受过料裁判之人,于其裁判确定后经过二年者,因时效而免除裁判之执行。

时效因裁判执行之开始而中断。

第十五条　手续费用，于有过料之裁判者由受裁判之人负担之。于其他情形，由国库负担之。

第十六条　法院须于过料之裁判，就手续费用为裁判。

第十七条　对于手续费用之裁判，不得独立声明不服。

第十八条　法院于命负担手续费用之裁判未定其额者，第一审法院须于其裁判确定后定之。

对于前项裁判，得为即时抗告。

第十九条　过料及手续费用之裁判，得准于《强制执行法》第二条第五款之执行名义执行之。

第二十条　《民事诉讼法》关于法院职员之除斥、忌避及回避、期日、期间、送达、证据调查及抗告之规定，除另有规定者外，于过料事件之手续准用之。

附则

本法施行之期日以敕令定之。（康德四年十一月敕令第三三〇号自同年十二月一日施行）

过怠金、罚款其他以金钱所科之秩序罚，就本法之适用视为过料。

附则（康德七年敕令第六三号）

本法自公布日施行。

关于适用《过料手续法》之件

（康德五年十月一日司法部训令第六七八号）

为令遵事，查本法非系其他各种法令中所规定之过料事件之刑罚，乃为关于以金钱所科秩序罚之手续之一般法，故于其他法令，仅规定应处过料之事项，而就其管辖及其他手续并未设有何等规定之过料事件之裁判及执行，均得适用，自不待论。惟从前关于其适用，似存有疑义，仰嗣后应留意左开事项，以期本法适用之无误为要。除分令外，合行令仰遵照并由高等法院、地方法院转饬所属县旗审判机关、区法院一体遵照办理，切切此令。

计开

一、民事法规中应受本法之适用者，大要例示如左：

法令	条项
一、民法	九四
二、商人通法	一四Ⅱ、一八
三、会社法	四四六
四、会社法施行法	一二Ⅱ、五七Ⅱ、七一Ⅱ、二〇Ⅱ、二九Ⅱ
五、票据法	六九
六、外国法人法	一三、一五Ⅱ
七、强制执行法	二六七
八、调停法	四二
九、非讼事件法	七
一〇、不动产登录法	二〇五
一一、船舶登记法	六七

在前开法规以外之各种产业法规中,多有应适用本法者,亦应注意。

二、本法第十九条所规定之关于过料及手续费用之裁判之执行,系应于为其裁判之法院专办理者,对此无须检察厅有任何之关与,自不待言。惟向来于此情形,均适用《刑事诉讼法》第四百三十八条之规定,故当前开裁判之执行似有误解、须要检察厅之命令者,嗣后关于此点应特别注意,善处为要。

三、关于过料及手续费用之缴纳与一般岁入金之缴纳毫无差异,故其办理手续应准据《关于使用收入印纸缴纳岁入金之件》(大同二・九、二七教令第七九号),及《司法部收入事务暂行办理章程》(康德元・六、六司法部训令会字第二〇五号)等处理。

民事手续费用法

(康德四年十一月二十五日敕令第三一四号)

改正　康德七年四月敕令第六五号

朕依《组织法》第三十六条,经咨询参议府,裁可《民事手续费用法》,著即公布。

(国务总理、司法部大臣副署)

第一章　总则

第一条　就关于民事手续之费用之算定,除法令另有规定外,依本章之规定。

第二条　从《民事手续手数料法》之规定,所贴用印纸之费额,依其额面金额。

第三条　书类之书记费,就半枚十行行格二十字者为一角。未满半枚者亦同。

图面就一叶为二角。但另需测量者,其费用依法院之所定。

依司法代书人法规定,所支付之代书费与前二项所定不同者,依其额数。

第四条　翻译费就半枚十行行格二十字者为五角。未满半枚者亦同。

第五条　邮便费、电信费及运送费,依其实费。

第六条　以政府公报其他之公报或新闻纸为公告之公告费,依其定价。

第七条　送达吏所为之送达手数料,就一通为一角。

第八条　当事人及证人之每日津贴,就到场一次于二圆以内,由法院定之。

第九条　鉴定人及通事之每日津贴,就到场一次于五圆以内,由法院定之。

第十条　当事人及证人之旅费在铁道或轮船通航之水路,依最低之火车费或船费。

有定期通行之汽车者,依其汽车费。

不能依前二项之规定算出旅费者,每一千米为五分。但未满一千米之零数舍弃之。

第十一条　鉴定人及通事之旅费在铁道或轮船通航之水路,依二等以下之火车费或船费,由法院定之。

有定期通行之汽车者,依其汽车费。

不能依前二项之规定算出旅费者,每一千米为一角。但未满一千米之零数舍弃之。

第十二条　前二条所揭之人在外国者,其旅费由法院定之。

第十三条　当事人及证人之止宿费,就一夜于五圆以内,由法院定之。

第十四条　鉴定人及通事之止宿费，就一夜于十圆以内，由法院定之。

第十五条　就鉴定、通译或翻译需特别之技能或多数之费用或时间者，于每日津贴之外得支给鉴定费、通译费或翻译费。

前项之鉴定费、通译费或翻译费之额，由法院定之。

第十六条　向官署、公署、外国之官署或公署、学校、商会、农会、交易所其他之团体嘱托调查，或向官署、公署、外国之官署或公署或有相当设备之法人嘱托鉴定者，其报酬由法院定之。

于前项情形，使为鉴定书之说明者，其说明人之每日津贴、旅费、止宿费其他之费用准于鉴定人。

第十七条　审判官为执行职务于实地出差者，其每日津贴、旅费及止宿费准用鉴定人。

第十八条　执行官或书记官为执行职务于实地出差者，其每日津贴、旅费及止宿费准于证人。

第十九条　送达吏为执行职务于实地出差者，其每日津贴、旅费及止宿费，依司法部大臣之所定。

第二十条　本法未定之费用，依其实费。

第二十一条　证人、鉴定人、通事及鉴定书说明人之每日津贴、旅费、止宿费其他之费用并调查或鉴定之报酬，因请求由法院支付之。

第二十二条　当事人未预纳之费用，法院得向因裁判应负担其费用之人收取之。

依前项规定之费用之收取，依第一审法院之裁定为之。

前项裁定，得准于《强制执行法》第二条第五款之执行名义而执行之。

第二章　民事诉讼

第二十三条　诉讼费用，于伸张或防御权利所必要之限度算定之。

第二十四条　依《民事诉讼法》第二百零三条第二项之规定，命附添律师者，其报酬由法院定之。

第二十五条　第二十一条所揭之每日津贴、旅费、止宿费其他之费用及报酬，非于判决前请求不支给之。

第二十六条　依《民事诉讼法》第一百二十条第二项或第一百二十

一条之规定，命支付费用之裁定，得准于《强制执行法》第二条第五款之执行名义执行之。

第二十七条　第二十二条之规定，于由受诉讼上救助之人之对方收取裁判费用者准用之。

第三章　强制执行及拍卖

第二十八条　为拍卖者按卖得金之额从左列区别，由卖得金征收手数料。

一、二十圆以下	一圆
二、五十圆以下	一圆五角
三、一百圆以下	二圆五角
四、二百五十圆以下	三圆七角
五、五百圆以下	五圆
六、一千圆以下	七圆

七、超过一千圆者，每增一千圆或其零数，加收二圆

第二十九条　关于强制执行任命保管人或管理人者，其费用由法院定之。

第三十条　前章规定，于强制执行及拍卖手续之费用准用之。

第四章　非讼事件及调停

第三十一条　关于非讼事件任命保管人或管理人者，其费用由法院定之。

第三十二条　第二章之规定，于非讼事件及调停手续之费用准用之。

附则

第三十三条　本法自康德四年十二月一日施行。

第三十四条　《民事诉讼费用法》废止之。

第三十五条　就本法施行前所需之费用仍依从前之例。

附则（康德七年四月敕令第六五号）

本法自公布日施行。

民事手续手数料法

（康德四年十一月二十五日敕令第三一五号）

修正　康德六年一二月敕令第三二五号

朕依《组织法》第三十六条,经咨询参议府,裁可《民事手续手数料法》,著即公布。

（国务总理、司法部大臣副署）

第一章　总则

第一条　关于民事手续之声明、声请、声报其他之手数料之缴纳,除法令另有规定者外,依本章之规定。

第二条　手数料须以收入印纸缴纳之。

第三条　收入印纸须于声明、声请、声报其他之书类贴用之。但以言词为声明、声请或声报而作成其调书者,须于其调书贴用之。

第四条　就声请阅览或誊写记录,其手数料就一件为二角。但当事人于事件之系属中声请阅览或誊写记录者,无须缴纳手数料。

第五条　除本法规定者外,关于民事手续之声明、声请、声报其他之手数料为三角。

第六条　除《民事诉讼法》第一百十九条第一款之情形外,不从本法规定贴用印纸之书类无其效力。但法院得使贴用相当印纸而为有效。

第二章　民事诉讼

第七条　基于财产权之诉之第一审之手数料,按诉讼标的之价额从左列之区别。

一、十圆以下	四角
二、三十圆以下	八角
三、五十圆以下	一圆五角
四、七十五圆以下	二圆二角
五、一百圆以下	三圆
六、二百五十圆以下	六圆
七、五百圆以下	十二圆
八、七百五十圆以下	十五圆
九、一千圆以下	十八圆
十、二千圆以下	二十五圆
十一、三千圆以下	三十圆
十二、五千圆以下	三十五圆
十三、超过五千圆者,每增一千圆或其零数,加收三圆	

算定诉讼标的之价额,从《民事诉讼法》第二十二条第一项及第二十三条之规定。

于《民事诉讼法》第二十二条第二项之情形,诉之第一审之手数料为三十圆。

第八条　非基于财产权之诉,其第一审之手数料为十二圆。

第九条　非基于财产权之诉,与基于因其诉讼所生财产权之诉并合者,须依其多额之一方之诉讼标的之价额,缴纳手数料。

第十条　本诉与反诉之诉讼标的系同一者,就反诉无须缴纳手数料。

第十一条　控诉之手数料为第七条或第八条所规定之手数料加其半额者,上告之手数料为第七条或第八条所规定手数料之倍额。

上诉与附带上诉之诉讼标的系同一者,就附带上诉无须缴纳手数料。

第十二条　就依《民事诉讼法》第六十九条或第七十三条规定之参加之声报,须准于第七条至第九条及前条之规定,缴纳手数料。

第十三条　就支付命令之声明,须从第七条之规定,缴纳其半额之手数料。

第十四条　依《民事诉讼法》第四百五十二条第一项之规定诉讼系属者,须从第七条之规定缴纳手数料。但依前条规定已缴纳之手数料之额通算之。

第十五条　就求再审之诉,须依应提起之法院之审级从第七条至第九条及第十一条之规定,缴纳相当之手数料。

第十六条　就左列之声明或声报,须缴纳五角之手数料。

一、除斥或忌避之声明;

二、依《民事诉讼法》第六十二条规定之参加之声报;

三、追复之声明;

四、关于假执行之声明;

五、抗告;

六、再审之声明。

第三章　强制执行及拍卖

第十七条　就左列之声明须缴纳一圆之手数料。

一、执行认可之声明;

二、交付执行正本之声明。但求二通以上之交付者，须每通缴纳手数料；

三、强制执行之声明；

四、依《强制执行法》第四十一条第一项规定之异议之声明或抗告；

五、配当要求；

六、依《强制执行法》第二百二十五条至第二百二十九条规定之声明；

七、假扣押或假处分之声明；

八、执行假扣押裁定或假处分裁定之声明；

九、依《拍卖法》之拍卖之声明。

第十八条　就本章无规定之事项，准用前章之规定。

第四章　非讼事件及调停

第十九条　就非讼事件之声明或声请，须缴纳五角之手数料。

第二十条　基于财产权之调停声明之手数料，从左列之区别。

一、求调停之事项之价额	五十圆以下	二角
二、同	一百圆以下	三角
三、同	五百圆以下	五角
四、同	一千圆以下	一圆
五、同	二千圆以下	二圆
六、同	超过二千圆以下	三圆

不能算定前项之价额者，调停声明之手数料为三圆。（康六·第三二五号本条修正）

第二十条之二　前条以外之调停声明之手数料为五角。（康六·第三二五号本条追加）

第二十一条　就依《调停法》第二十四条第一项规定之参加之声明，须缴纳二角之手数料。（康六·第三二五号本条中修正）

第二十二条　就本章无规定之事项，准用第二章之规定。

附则

本法自康德四年十二月一日施行。

附则（康德六年十二月二十六日敕令第三二五号）

本法自康德七年一月一日施行。

调停法

（康德四年十一月二十九日敕令第三三八号）

修正　康德七年四月第六一号

朕依《组织法》第三十六条，经咨询参议府，裁可《调停法》，著即公布。

（国务总理、司法部大臣副署）

第一条　调停以融和当事人遵条理而图争议之公正圆满之解决为其目的。

第二条　就私法上之法律关系发生争议者，当事人得依本法为调停之声明。但事件其性质上不适于调停者不在此限。

第三条　就基于属区法院管辖之财产权之请求，须于诉之提起前依本法经调停。但就性质上不适于调停之事件及反诉不在此限。

第四条　调停之声明，关于期间之遵守或时效之中断，有与诉之提起同一之效力。

第五条　调停有与裁判上之和解同一之效力。

第六条　调停之声明，须向管辖对方住所、居所、营业所或事务所、或争议标的物之所在地之区法院为之。

当事人得不拘前项规定，向依合意所定之区法院为调停之声明。

第七条　受调停声明之法院就调停认为相当者，得以裁定将事件移送于他区法院。无管辖权之法院受调停之声明者亦同。

对于前项裁定，不得声明不服。

第八条　调停之声明须陈明争议之实情为之。

第九条　调停之声明，得以书面或言词为之。

以言词为声明者，法院书记官须作成其调书。

第十条　事件其性质上不适于调停者，法院以裁定却下调停之声明。

第十一条　当事人以不当之目的滥为调停之声明者，法院得以裁定却下其声明。

前项裁定于开调停委员会者，须询其意见而为之。

第十二条　对于依前二条规定之裁定，不得声明不服。

第十三条　调停之声明依第十一条之规定被却下者,当事人得不拘第三条之规定,即时起诉。

第十四条　于调停手续之当事人或利害关系人之行为,不得于民事诉讼援用之。

第十五条　就私法上之法律关系之争议诉讼系属者,受诉法院得以职权将事件付调停。

第十六条　当事人就第三条所规定之请求不经调停而起诉者,受诉法院须以职权将事件付调停。

第十七条　就第三条所规定之请求有诉之提起时,认为于调停手续之当事人之行为不诚意或不充分者,受诉法院得因声明或以职权将事件更付调停。因情事之变更其他之事由更为调停认为相当者亦同。

第十八条　对于支付命令有逾法异议之声明而事件合于第三条所规定之请求者,受诉法院须以职权付调停。

第十九条　依前四条之规定,事件付调停者,于调停终了前中止诉讼手续。

第二十条　就受理调停声明之事件诉讼系属者,受诉法院得以裁定,于调停终了前中止诉讼手续。

第二十一条　调停事件系属之法院为调停认为有必要者,得以裁定命保全财产其他之处分。

第二十二条　调停事件系属之法院为调停认为有必要者,得以裁定使供或不使供担保而暂时停止就其事件之强制执行手续,或依《拍卖法》之拍卖手续。

《民事诉讼法》第一百十一条、第一百十二条、第一百十四条及第一百十五条之规定,于前项担保准用之。

第二十三条　对于依前三条规定之裁定,不得声明不服。

第二十四条　就调停之结果有利害关系之人,得经法院之许可参加调停。

法院得求就调停之结果有利害关系之人参加。

就依第一项规定之参加之声明,准用第九条之规定。

第二十五条　法院须定期日传唤当事人。

第二十六条　当事人及利害关系人,须本人到场。但有特别情事者,得经法院之许可,使代理人到场或同伴辅佐人。

法院不论何时,得取消前项许可。

第二十七条　法院得询当事人之意见,使认为适当之人为调停之补助。

第二十八条　法院就调停认为相当者,得在法院外为调停。

第二十九条　调停手续不公开之。但法院得许认为相当之人旁听。

第三十条　法院得就需费用之行为,使当事人之一方或双方预纳其费用。

第三十一条　调停成立或不成立者,法院须使法院书记官作成调书。

第三十二条　调书须记载左列事项,由审判官及法院书记官署名盖章。但开调停委员会者,须由调停主任、调停委员及法院书记官署名盖章。

一、事件之表示;

二、审判官或调停主任及调停委员并法院书记官之姓名;

三、当事人及其代理人之姓名;

四、争议之要点;

五、调停之结果;

六、审判官或调停主任命记载之事项;

七、调停之场所及年月日。

第三十三条　法院受理调停之声明者,得开调停委员会。

有当事人双方之声明者,法院须得开调停委员会。

第三十四条　调停委员会以调停主任一人及调停委员二人以上组织之。

第三十五条　调停主任每年预先由地方法院长就审判官中指定之。

调停委员就适当于调停之人而由地方法院长所选任,或依当事人之合意所选定之人中,于各事件由调停主任指定之。

第三十六条　调停委员会之调停手续,由调停主任指挥之。

第三十七条　调停委员会之决议,依调停主任及调停委员会员一致之意见。

第三十八条　调停委员会之评议为秘密。

第三十九条　开调停委员会者,第二十四条至第三十一条所规定法院之权限,属于调停主任。

第四十条　对于调停委员及依第二十七条之规定补助调停之人,依司法部大臣之所定给予旅费、每日津贴及止宿费。

第四十一条　当事人或利害关系人得向法院书记官声请记录之阅览或誊写或其正本、誊本、节本,或关于事件事项之证明书之付与。

记录之正本、誊本或节本须记载其为正本、誊本或节本,由法院书记官署名盖章,且盖法院之印。

第四十二条　于期日受传唤之当事人,无正当之事由而不到场者,调停事件系属之法院得处三百圆以下之过料。但开调停委员会者须询其意见。

附则

第四十三条　本法自康德四年十二月一日施行之。

第四十四条　本法除另有规定者外,于其施行前已有声明之民事调停事件亦适用之。但无妨依从前规定所生之效力。

第四十五条　本法施行前地方法院所受理之民事调解事件,仍依从前之规定完结之。

第四十六条　依从前之规定经调解之事件,就第三条之适用视为经调停者。

附则(康德六年六月敕令第六一号)

本法自公布日施行。

关于《调停法》之运用之件

(康德五年七月二十六日司法部训令第五二五号)

为令遵事查《调停法》,于康德四年十一月二十九日业见公布。惟因无遑准备其施行,故不出数日,已由十二月一日起施行矣。自施行以来,仅逾半载有余,今者如即议论其运用之当否及成效之如何,不免失于性急。然鉴及过去半年之实绩,抑或尚有未能充分彻底《调停法》立法趣旨之嫌,故须加以讨论。

查《调停法》,虽仅以四十六条而编成之一小法典,惟立法者之对于本法所期待者,颇为重大。观夫晚近世界各国之司法趋势,其解决民事纷争方法之重点,竟由强制的解决(裁判、执行),而急向自治的解决方法（调停、仲裁、和解）移转者，乃属明显之事实，诚可谓指示司法进步发展之方向者矣。复查挪威、丹麦等国，殆皆采用与我国相仿之制度，其必要之调停事件中，乃有百分之八〇至九〇调停事件之成立。我国如亦能依本法而将民事纷争事件之大部分解决时，则可谓我国司法之一大跃进也。我国于制定《调停法》之前，固有《民事调解法》之存在，其精神虽亦与调停法相同，但其内容因有不当之处，故始制定《调停法》。其全文虽仅为四十六条，然其规定洵为精致且富有伸缩性。故若得其运用之适切，其成果甚可期待。仰各法院务宜深明本法之精髓，而期于民事纷争解决方法上开拓其新面目，实为至要。兹仅征诸过去六个月间之实绩，略开要紧事项如左。

一、县审判权限亦应实行调停

依最近之报告，其为县审判机关觉有谓虽于《调停法》施行后，亦毫无调停事件。查属于区法院应管辖之事件，除其性质上不适于调停者外，凡皆可于提起诉讼前声请调停或于提起诉讼后附诸调停，故不能谓为绝无调停事件。盖县审判机关抑或误解《调停法》专为依《法院组织法》就法院管辖事件而适用者，惟查县审判机关之管辖事件，亦应适用《调停法》，自不待论。原来关于区法院应管辖之基于财产权之请求事件，依《调停法》第三条所载，以必经调停为必要者也。

二、调停必须按照条理真挚且诚实为之

查调停系依当事人双方之互相让步，尤须按照条理，以使公正无私解决为要。故当调停时，必须深晓人情之微细，以使其了解条理。是以调停之成立，决非易事，其劳苦无异于裁判，故特须致意努力也。复稽诸实例，似有试行调停，仅一二次即为不成立之处理者。查于《调停法》施行前之《民事调解法》施行中，只为具备诉讼提起之前提要件而取其形式的调解，故其不成立之事例非鲜。是乃未能认识调解之趣旨所致，其为调停之审判官实不可不洞察《调停法》之立法趣旨，而以真挚且诚实之态度当其任也。

三、须速选任调停委员

《调停法》施行，业经半载有余，尚有未选任调停委员者。查调停委员会仍系调停之重要机关，决不可视睹等闲，故应急速选任。惟当选任之际，应考究民意，以征协和会等之推荐为妥当。如调停委员已选任时，应依本部训令之趣旨，将其名簿呈部。

四、关于认为适当之事件,应即召开调停委员会

查当调停之际,其议尽其条理以真挚之态度而担当者,已如上述。惟因事件复杂或当事人之感情硬化,仅以审判官之劝解,恐有调停不能成立之虞。故于斯时,如更召开调停委员会,力加劝解,结果当事人之感情或可互相融合,以致调停成立。然征诸从前实绩,往往仅由审判官试行一两次之调停,其后亦不召开调停委员会,以致调停不成立者为数非鲜。故宜理解前述调停委员会之机能,而妥加活用为要。

除分令外,合行令仰遵照并由各高等法院、地方法院转饬所属县旗审判机关、区法院,一体遵照办理,切切此令。

关于调停委员及调停补助人之
旅费、每日津贴并止宿费之件

（康德四年十二月七日司法部令第三七号）

兹制定《关于调停委员及调停补助人之旅费、每日津贴并止宿费之件》如左。

第一条　旅费在铁道或通轮船之水路就设其等级者,依法院所定之等级,就未设其等级者依实费。

有定期通行之汽车者,依其汽车费。

依前二项之规定未能算出旅费者,每一千米为一角。但一千米未满之零数削除之。

前三项之规定,以其距离超过五千米者为限,就其超过部分适用之。

第二条　每日津贴,就到场一次于三圆以内,由法院定之。

第三条　止宿费,就一夜于十圆以内,由法院定之。

附则

本法自康德四年十二月一日施行。

仲裁手续法

（康德四年十一月二十五日敕令第三一三号）

朕依《组织法》第三十六条,经咨询参议府。裁可《仲裁手续法》,著

即公布。

（国务总理、司法部大臣副署）

第一条　当事人就争执之标的得为和解者，得为使仲裁人一人或数人判断争执之合意。

第二条　仲裁契约，非关基于一定法律关系之争执且以书面为之，无其效力。

第三条　仲裁契约不为关于选定仲裁人之订定者，当事人各选定仲裁人一人。

第四条　当事人双方有选定仲裁人之权利者，一方得向对方指示其所选定之仲裁人，且催告应于二星期以内，为同一之手段。

经过前项期间者，管辖法院因为催告之当事人之声请，选定仲裁人。

第五条　向对方为选定仲裁人之通知后，不得取消其选定行为。

第六条　非以仲裁契约选定之仲裁人，因死亡其他之事由而欠缺或拒绝职务之承受或执行者，选定其仲裁人之当事人，须因对方之催告，于二星期以内更选定仲裁人。

经过前项期间者，管辖法院因为催告之当事人之声请，选定仲裁人。

第七条　左列情形当事人得忌避仲裁人。

一、仲裁人有与审判官被除斥或忌避同一之事由及条件者；

二、仲裁人系无能力人、聋人及哑人者；

三、非以仲裁契约选定之仲裁人以不当迟延其职务之执行者。

忌避声明于管辖法院为之。

第八条　于左列情形，除当事人另有订定者外，仲裁契约失其效力。

一、以仲裁契约所选定之仲裁人，因死亡其他之事由而欠缺、拒绝职务之承受或执行，或以不当迟延其职务之执行者；

二、仲裁人以其意见之可否为同数之旨通知当事人者。

第九条　仲裁人须于仲裁判断前审讯当事人，且调查必要之事实。

就仲裁手续无当事人之合意者，其手续以仲裁人之意见定之。

第十条　仲裁人得讯问任意到场之证人、鉴定人及当事人。

仲裁人不得使证人、鉴定人或当事人为宣誓。

第十一条　仲裁人认为必要之行为而非法院不得为之者，因仲裁人之声请，由管辖法院为之。

法院关于证据调查，有与受诉法院及审判官同一之权限。

于证据调查之期日，须传唤仲裁人。

证据调查之期日所到场之仲裁人，得对于审判官求必要之发问或受其许可而为发问。

第十二条　仲裁人虽当事人主张不能许仲裁手续者，仍得续行手续且为仲裁判断。

第十三条　应为数人之仲裁人为仲裁判断者，其判断从过半数之意见决之。但仲裁契约另有订定者不在此限。

第十四条　仲裁判断须作成判断书，记载其作成之年月日，由仲裁人署名盖章。

仲裁判断须附理由。但当事人另为订定者不在此限。

仲裁判断因对于当事人双方送达判断书之正本而生其效力。

判断书之正本须由仲裁人署名盖章。

第十五条　判断书之原本须与记载关于送达正本之事项之书面一并保管之。

除就保管之方法仲裁契约另有订定者外，前项书类为保管须寄存于管辖法院。

第十六条　仲裁判断有与确定判决同一之效力。

第十七条　于左列情形，得提起取消仲裁判断之诉。

一、仲裁判断系基于不适法之手续所为者；

二、仲裁判断反于公共秩序或善良风俗者；

三、于仲裁手续代理当事人之人，其代理权有欠缺者；

四、于仲裁手续不审讯当事人者；

五、违背第十四条第二项之规定而仲裁判断不附理由；

六、于《民事诉讼法》第四百三十条第五款至第九款之情形，存有许再审之诉之事由及条件者。

第十八条　就仲裁判断有执行判决者，其判决得准于《强制执行法》第二条第六款之执行名义执行之。

执行判决于有前条所揭取消仲裁判断之事由者，不得为之。

第十九条　取消仲裁判断之诉于有执行判决后，以基于第十七条第六款之事由者为限，得提起之。于此情形，当事人须疏明其于前手续非因自己之过失而不能主张其事由。

第二十条　取消仲裁判断之诉，于前条情形，须自执行判决之确定后，当事人知取消理由之日起，于三十日之不变期间内提起之。执行判决之确定后经过五年者，不得提起之。取消仲裁判断者，须取消执行判决。

第二十一条　第四条、第六条、第七条、第十一条及第十五条所规定之管辖法院为仲裁契约所指定之区法院或地方法院。如无指定者，为于裁判上主张请求时应有管辖之区法院或地方法院。

前项管辖法院之裁判以裁定为之，对于此裁定得为即时抗告。

第二十二条　前条所揭之法院，就主张不能许仲裁手续之诉、求取消仲裁判断之诉及求执行判决之诉有管辖权。

第二十三条　依前二条之规定，有管辖之法院有数个者，最初参与仲裁手续之法院有管辖权。

第二十四条　关于仲裁手续，本法另无规定者，准用《民事诉讼法》。

第二十五条　依仲裁手续之请求之主张，关于期间之遵守或时效之中断，有与裁判上之请求同一之效力。

权利人为仲裁人之选定其他仲裁手续之开始所必要之行为者，虽于请求之主张以前，亦生期间遵守或时效中断之效力。

第二十六条　仲裁人或曾为仲裁人之人以不正泄漏关于职务所得知之机密者，处三年以下之徒刑或禁锢或一千圆以下之罚金。

附则

第二十七条　本法自康德四年十二月一日施行。

第二十八条　本法施行前所开始之公断手续，仍依从前之规定完结之。

公证法

（康德四年十一月二十九日敕令第三三九号）

修正　康德五年九月敕令第二四〇号　七年四月敕令第六二号

朕依《组织法》第三十六条，经咨询参议府，裁可《公证法》，著即公布。

（国务总理、司法部大臣副署）

第一章　总则

第一条　就法律行为其他关于私权之事实之公证证书之作成及私署证书之认证，由区法院管辖之。

第二条　公证证书之作成及私署证书之认证，因当事人其他之关系人之声请为之。

第三条　执行官或书记官处理公证事务者，本法其他之法令中关于审判官执行公证事务之规定，于执行官或书记官之准用。

第四条　法院执行其职务之际认为有必要者，得使书记官莅场。

第五条　法院所作成之文书，非具备本法其他之法律所定之要件，尤公证之效力。

第六条　就违反法令之事项、无效之法律行为及因无能力得取消之法律行为，不得作成公证证书或对私署证书与以认证。

第七条　依代理人为声请或承继人或依法令行使权利之人为声请者，须提出可证其权限之书面。

第八条　就须经第三人之许可或同意之法律行为声请证书之作成或私署证书之认证者，须提出可证经其许可或同意之书面。

第九条　声请人系聋人或哑人其他不能发言语之人而不解文字者，须使通事莅场。

第十条　声请人系盲人或不解文字者，须使莅场人莅场。

第十一条　依代理人为声请者，前二项之规定于代理人适用之。

第十二条　通事及莅场人须由声请人或其代理人选定，受法院之认可。

莅场人得兼通事。

第十三条　作成文书须用普通平易之语，且字画明了。应接续之字行有空白者，须以墨线接续之。

记载数量、年月日、号数其他之数字，须用壹、贰、叁及拾之文字。

第十四条　文字不得改篡之。

插入文字须将其文字及个所记载于栏外或末尾之余白，由管〔审〕判官、声请人或其代理人及莅场人盖章。

削除文字,其文字须留尚得读之字体,并将削除之字数及个所记载于栏外或末尾之余白,由审判官、声请人或其代理人及莅场人盖章。

违反前三项之规定所为之订正,无其效力。

第十五条 文书涉于数页者,须由审判官、声请人或其代理人及莅场人于每页之连缀处盖印。

第十六条 声请人及利害关系人对于法院之公证事务之处理,得为异议之声明。

对于执行官或书记官处理公证事务之异议之声明,须向其所属区法院为之。

第十七条 前条异议之声明,须依书面为之。

声明书须记载左列事项,由声明人或其代理人署名盖章。

一、声明人及代理人之姓名及住所;

二、异议标的之处分;

三、声明异议之陈述;

四、年月日;

五、法院。

第十八条 法院认为异议无理由者,须却下之。认为有理由者,须变更其处分或对于为处分之人命相当之处分。

依前项规定之裁判,须以附理由之裁定为之,送达于异议声明人。

第十九条 关于公证之声请,须缴纳手数料。

关于前项手数料之事项,以敕令定之。

第二十条 证书之原本、其附属书类及依法令所作成之账簿,除为避免事变者外,不得带出于法院外。但于执行职务有必要或有法院或检察厅之命令或嘱托者不在此限。

关于书类及账簿之保存及废毁之规定,由司法部大臣定之。

第二章 证书之作成

第二十一条 作成证书,须由审判官录取其听取之陈述、目击之状况其他实验之事实,且记载其实验之方法为之。

第二十二条 证书于其本旨外,须记载左列事项。

一、证书之号数;

二、声请人之住所、职业、姓名及年龄;

三、依代理人声请者其旨及代理人之住所、职业、姓名及年龄;

四、使提出可证经第三人之许可或同意之证书者其旨及其事由，并第三人之住所、职业、姓名及年龄；

五、使通事或莅场人莅场者其旨及其事由，并通事或莅场人之住所、职业、姓名及年龄；

六、使书记官莅场者其旨及书记官之姓名；

七、作成之年月日及场所。

第二十三条　法院得将他之书面引用于证书，且添附于证书为证书之一部。

第二十四条　法院须将其所作成之证书向声请人或其代理人及莅场人朗读或使阅览，得其承认，且将其旨记载于证书。

使通事莅场者于前项外，并须使通事通译证书之趣旨，且将其旨记载于证书。

为前二项之记载者，须由审判官、声请人或其代理人及莅场人于证书署名盖章。有不能署名之人者，须由审判官记载其旨，并署名盖章。

第二十五条　法院须因声请人或其承继人之声请，将已有清偿或契约解除之旨附记于证书之原本。

于前项情形，须记载其年月日，并由审判官与声请人、其代理人及莅场人共同署名盖章。

第二十六条　可证代理人权限之证书、可证第三人之许可或同意之证书其他之附属书类，须连缀于法院所作成之证书。

审判官、声请人或其代理人及莅场人，须于证书与附属书类之连缀处及附属书类互相之连缀处盖印。

第二十七条　证书之原本灭失者，法院须征已交付之证书之正本或誊本以代灭失之证书而保存之。

前项证书系有执行力之正本、证明登录或登记或有灭失之虞者，得新作成誊本以代原本而保存之。

前二项之证书须记载代灭失之证书而保存之旨，由审判官署名盖章。

第二十八条　法院须使声请人依《印花税法》于证书之原本，贴用收入印纸。

依前项规定所贴用之收入印纸，须由审判官盖消印。

第二十九条　声请人、其承继人或依法令行使权利之人或证明就证书之趣旨法律上有利害关系之人，得声请阅览证书之原本或附属书类。

检察官不论何时，得请求阅览证书之原本。

第三十条　声请人或其承继人或依法令行使权利之人，得向法院书记官声请交付证书之正本。

第三十一条　证书之正本须记载左列事项，由法院书记官署名盖章且盖法院之印。

一、证书之全文；

二、为正本之旨；

三、声请交付之人之姓名；

四、作成之年月日。

违反前项规定者，无为证书正本之效力。

第三十二条　就列记数事件之证书或数人各自异其关系之证书，得抄录有用部分及关于证书方式之记载而作成其正本。

前项正本须记载为抄录正本之旨。

第三十三条　交付证书之正本者，须于原本之末尾记载为某人交付正本之旨及其交付之年月日，由法院书记官署名盖章。

第三十四条　声请人、其承继人或依法令行使权利之人或证明就证书之趣旨法律上有利害关系之人，得向法院书记官声请交付证书或其附属书类之誊本。

第三十五条　证书之誊本须记载左列事项，由法院书记官署名盖章且盖法院之印。

一、证书之全文；

二、为誊本之旨；

三、作成之年月日。

第三十六条　证书之誊本，得就其一部作成之。

前项誊本须记载为抄录誊本之旨。

第三十七条　前二条之规定，于证书之附属书类誊本之作成准用之。

第三十八条　声请交付证书之正本或证书或附属书类之誊本之人，得自记载其应记载之事项，声请法院书记官署名盖章及盖法院之印。

法院书记官于前项之正本或誊本署名盖章且盖法院之印者,其正本或誊本有与法院书记官所作成者同一之效力。

第三章 认证

第三十九条 私署证书之认证当事人在审判官之面前,于证书署名或盖章或自认证书之署名盖章者,记载其旨为之。

私署证书誊本之认证与证书对照认其符合者,记载其旨为之。

私署证书有文字之插入、削除、改篡、栏外之记载其他之订正,或有破损或外观上甚有可疑之点者,须将其状况记载于认证文。

第四十条 应与以认证之证书须记载登簿号数、认证之年月日及其场所,由审判官及莅场人署名盖章,且于其证书与认证事件簿盖半印。

第四章 账簿

第四十一条 区法院备置证书事件簿及认证事件簿。

前项账簿之样式,由司法部大臣定之。

第四十二条 证书事件簿须于每作成证书,按进行之顺序记载左列事项。

一、证书之号数及种类;

二、声请人之姓名及住所;

三、作成之年月日。

第四十三条 认证事件簿须于每与以认证,按进行之顺序记载左列事项。

一、登簿号数;

二、声请人之姓名及住所;

三、证书之种类及署名盖章人;

四、认证之方法;

五、莅场人之姓名及住所;

六、认证之年月日。

第四十四条 账簿记载声请人之姓名及住所,而声请人系多数者,以仅记载当事人双方各一人之姓名、住所及他人员为足。

第四十五条 账簿就一司法年度为一册。

记载事项系多者,得将一司法年度之分为分册。

记载事项系少者,得以一册通数年间而使用之。

第四十六条　证书事件簿及认证事件簿,须由高等法院长将其枚数记载于表纸背面,并署职姓名盖职印,且于每页连缀处盖职印。

第四十七条　第十三条及第十四条之规定,于证书事件簿及认证事件簿之记载准用之。

附则

第四十八条　本法自康德四年十二月一日施行。

第四十九条　依从前之规定,公证人所作成公证证书之原本、附属书类及账簿,须于本法施行后迅速移交于管辖公证人事务所所在地之区法院。

第五十条　依前条规定,受移交之公证证书之正本或誊本或附属书类之誊本,由受移交之区法院书记官作成之。

附则(康德五年九月二十二日敕令第二四〇号)

本法自康德五年十月一日施行。

附则(康德七年四月敕令第六二号)

本令自公布日施行。

公证手数料规则

(康德四年十一月二十九日敕令第三四〇号)

朕经咨询参议府,裁可《公证手数料规则》,著即公布。

(国务总理、司法部大臣副署)

第一条　关于公证之手数料之缴纳,依本令之所定。

第二条　就法律行为之证书作成之手数料,除另有规定者外,按法律行为之标的价额,从左列之区别。

一、一百圆以下	一圆
二、二百五十圆以下	一圆三角
三、五百圆以下	一圆五角
四、七百五十圆以下	一圆八角
五、一千圆以下	二圆
六、二千五百圆以下	二圆五角
七、五千圆以下	三圆

八、超过五千圆者至五万圆为止,每增五千圆或其零数,加收五角;

九、超过五万圆者,每增一万圆或其零数,加收五角。

第三条 法律行为之标的价额,依着手作成证书时之价额。

第四条 因当事人双方之声请作成证书者,法律行为之标的价额,依合算各给付价额之额数。但仅当事人一方之给付以金钱为标的者,依其二倍之额数。

第五条 因当事人一方之声请作成证书者,以声请人给付之价额为法律行为之标的价额。但对方之给付以金钱为标的者,依其额数。

第六条 就主法律行为与附随之法律行为一并作成证书者,依主法律行为算定手数料。

第七条 债权之担保价额,以其标的价额与债权额比较,而依其少额。

就以移转担保为目的之法律行为,以担保价额与因移转被附担保之债权额比较,而依其少额。

就以移转担保顺位为目的之法律行为,以因其移转取得优先顺位之担保价额与丧此之担保价额比较,而依其少额。

第八条 定时给付之价额,依全期间给付之总价额。但其价额就动产之赁贷借不得超过一年分,就不动产之赁贷借及不以商工业之学习为目的之雇佣契约不得超过五年分,于其他之情形不得超过十年分之给付价额。

未定期间之定时给付之价额,依前项但书所定期间内之给付总额。

于前二项之情形,其对方之给付标的非系金钱者,其价额视为与定时之给付价额同一。

第九条 地役之价额,以因地役所生之要役地之增价额与承役地之减价额比较,而依其多额。

第十条 不能算定仅当事人一方之给付之价额者,其给付视为有与对方之给付同一之价额。

第十一条 挛息、损害赔偿、违约金或费用系法律行为附带之标的者,其价额不算入于法律行为之标的价额。

第十二条 不能算定法律行为之标的价额者,其标的视为有五百圆之价额。但其最低价额超过五百圆或其最高价额未满五百圆已显明者,以其最低价额或最高价额为法律行为之标的价额。

第十三条　就左列事项之证书作成之手数料,从第二条之区别,依其二分之一之比例。

一、承认、许可及同意;

二、当事人双方不履行之契约之解除;

三、遗嘱之全部或一部之取消。

第十四条　在就法律行为作成公证证书之法院,就其法律行为之补充或更正作成证书者,其手数料依前条之例。

第十五条　就法律行为之证书作成之手数料证书之纸数超过四枚者,就超过部分每一枚加二角。但虽未满一枚者仍为一枚。

第十六条　就非法律行为之事实之证书作成之手数料,除另有规定者外,就其事实之实验及证书之作成所需之时间,一小时为一圆。但超过一小时者,每一小时加五角。

前项时间虽未满一小时者,仍为一小时。

第十七条　关于株主总会其他之集会决议之证书作成之手数料,依前条之例。

第十八条　就法律行为及与此牵连之事实一并作成证书者,其手数料依第十六条之例。但其额数少于仅就法律行为之证书作成之手数料之额数者,依其多数。

第十九条　就数个之事实作成证书而其事实系牵连者,就手数料额数之算定为一个事实。

第二十条　委任状或领受书作成之手数料为五角。

第十六条第一项但书及第二项之规定,于前项情形准用之。

第二十一条　于公证证书之原本,附记已有清偿或契约解除之手数料为一圆。

第二十二条　会社定款之认证之手数料,按会社之资本额从左列之区别。

一、十万圆以下　　　　　　　　　　　五圆

二、五十万圆以下　　　　　　　　　　十圆

三、一百万圆以下　　　　　　　　　　十五圆

四、五百万圆以下　　　　　　　　　　二十圆

五、超过五百万圆者,每增一百万圆或其零数,加收五圆。

第二十三条　除前条情形外,认证之手数料为证书作成之手数料

二分之一。

第二十四条 就交付证书之正本或誊本或附属书类誊本之手数料,每一枚为一角五分。但于《公证法》第三十八条第一项之情形,每一枚为一角。

第十五条但书之规定,于前项情形准用之。

第二十五条 就阅览证书之原本或附属书类之手数料,每一回为一角。

第二十六条 就未定手数料之事项,依与最类似之事项同一之手数料。

第二十七条 手数料须以收入印纸贴附于缴纳书缴纳之。

第二十八条 有数人之声请人者,各声请人连带负担缴纳手数料之义务。

第二十九条 法院对于声请人得命预纳手数料之概算额。声请人不为前项预纳者,法院得拒绝其声请。

第三十条 声请人不为手数料之缴纳者,法院得拒绝付与公证证书之正本或誊本。

附则

本令自《公证法》施行之日施行。

关于证书之确定日期之件

（康德四年十一月二十九日敕令第三五一号）

朕依《组织法》第三十六条,经咨询参议府,裁可《关于证书之确定日期之件》,著即公布。

（国务总理、司法部大臣副署）

第一条 以左揭之日期或日为证书之确定日期。

一、区法院于私署证书盖有日期之印章者,其印章之日期;

二、公正证书之日期;

三、私署证书之署名人中有死亡之人者,其死亡之日;

四、就有确定日期之证书中所引用之私署证书,即所引用其私署证书之证书之确定日期;

五、官署或公署于私署证书记入某事项而记载日期者,其日期。

第二条　就有确定日期之证书,第三人不得否认其系至迟于确定日期之日作成。

第三条　私署证书之当事人,得缴纳手数料,对于区法院请求于其证书附以确定日期。

第四条　法院得使其所属之书记官处理关于付与确定日期之事务。

第五条　区法院备置确定日期簿。

第六条　确定日期簿须预先印刷登簿号数,由高等法院长于表纸背面记载其枚数,并署职姓名,盖职印,且于每页连缀处盖职印。

第七条　有第三条之请求者,须于确定日期簿按请求之顺序记载证书署名人之姓名,或仅其一人之姓名及他之人员并证书之种类,于其证书记入登簿号数,于账簿及证书盖有日期之法院印章,且以其印章于账簿与证书盖半印。

证书涉于数页者,须以前项所揭之印章,于每页之连缀处或继续处盖印。

第八条　第三条之手数料就一件为三角。

前项手数料,须将收入印纸贴附于缴纳书而缴纳之。

有数人之请求人者,其手数料由各请求人连带负担缴纳之义务。

附则

本法自康德四年十二月一日施行。